선생님, 우리 영화로
세계시민 만나요!

선생님, 우리 영화로 세계시민 만나요!

초판 1쇄 인쇄 2023년 3월 20일
초판 1쇄 발행 2023년 3월 27일

지은이 변지윤, 윤승희, 권부연, 김경희, 김민희, 김은지,
　　　　 김향숙, 문윤주, 박병준, 박지희, 이상모, 한유미
그림 이호은

펴낸이 김승희
펴낸곳 도서출판 살림터

기획 정광일
편집 조현주, 송승호
북디자인 이순민

인쇄.제본 (주)신화프린팅
종이 (주)명동지류

주소 서울시 양천구 목동동로 293 22층 2215-1호
전화 02) 3141-6553
팩스 02) 3141-6555
출판등록 2008년 3월 18일 제313-1990-12호
이메일 gwang80@hanmail.net
블로그 https://blog.naver.com/dkffk1020

ISBN 979-11-5930-253-4 03370

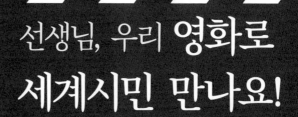

선생님, 우리 영화로
세계시민 만나요!

글 변지윤, 윤승희, 권부연, 김경희, 김민희, 김은지   그림 이호은
김향숙, 문윤주, 박병준, 박지희, 이상모, 한유미

살림터

교육부, 교육청의 위촉을 받은 각 지역에서 활동하는 세계시민교육 선도교사들이 유네스코아시아태평양국제이해교육원(UNESCO APCEIU)의 중앙연구회에서 만나 이 책을 구성했습니다.

포스트 코로나 시대와 함께 온라인과 미디어 활용 교육은 이제 거스를 수 없는 흐름이 되었습니다.

이 책은 온라인 수업 콘텐츠 중에서도 학생과 교사의 사랑을 함께 받는 영화로 세계시민교육을 풀어냈습니다. 세계의 다양한 지역, 다양한 사람들의 삶이 녹아든 영화를 단순히 감상하는 것을 넘어서, 영화 속의 교육적인 가치를 지속가능발전목표(SDGs: Sustainable Development Goals)로 연계하고자 했습니다. 세계시민교육을 처음 접하는 분들도 이 책으로 세계시민교육에 한 걸음 다가서길 바랍니다.

전국의 초·중·고등학교 선생님들이 참여하였으므로 이 책은 학교급과 관계없이 개별 학생의 역량에 맞추어 세계시민교육 수업의 참고 자료로 활용할 수 있을 것입니다.

글쓴이들이 모일 수 있게 도와주시고 검토해 주신 유네스코아시아태평양국제이해교육원 그리고 추천사를 써 주신 세계시민교육의 선두주자들께 존경을 표합니다. 바쁜 와중에 집필하고 책이 세상에 나오기까지 수고한 이 책의 모든 저자 선생님들께도 감사드립니다.

2023년 2월
글쓴이를 대표하여
변지윤

차 례

1장 PEOPLE
세계시민, 영화로 사람을 만나다

2장 PROSPERITY
세계시민, 영화로 번영을 만나다

5P와 K-SDGs란?[1]

2015년 제70차 국제연합(UN: United Nations) 총회에서는 2030년까지 달성할 17개의 지속가능발전목표(SDGs)를 정했습니다. 지속가능발전목표(SDGs)는 사람(People), 번영(Prosperity), 지구(Planet), 평화(Peace), 협력(Partnership)의 5개 영역에서 인류가 나아가야 할 방향성으로 17개 목표를 제시했습니다.

우리나라도 세계의 일원으로 세계 공동의 목표 달성에 기여하고 한국 사회가 처한 다양한 문제들을 해결하기 위해 한국형 지속가능발전목표(K-SDGs: Korean Sustainable Development Goals)를 수립하였습니다. 5대 전략으로 '사람: 모두가 사람답게 살 수 있는 사회', '번영: 삶의 질을 높이는 경제성장', '환경: 모든 세대가 누리는 깨끗한 환경', '평화: 인권 보호와 남북 평화 구축', '협력: 지구촌 협력'을 세웠습니다. 그리고 17개의 목표를 설정하여 이를 실천하기 위해 노력하고 있습니다.

---

1) 환경부: 제4차 지속가능발전 기본 계획 2021-2040.

한국형 지속가능발전목표(K-SDGs)

1	빈곤층 감소와 사회안전망 강화	**2**	식량안보 및 지속가능한 농업 강화	**3**	건강하고 행복한 삶 보장
4	모두를 위한 양질의 교육	**5**	성평등 보장	**6**	건강하고 안전한 물 관리
7	에너지의 친환경적 생산과 소비	**8**	좋은 일자리 확대와 경제성장	**9**	산업의 성장과 혁신 활성화 및 사회기반시설 구축
10	모든 종류의 불평등 해소	**11**	지속가능한 도시와 주거지 조성	**12**	지속가능한 생산과 소비
13	기후변화 대응	**14**	해양 생태계 보전	**15**	육상 생태계 보전
16	평화·정의·포용	**17**	지구촌 협력 강화		

책 속에서 찾아보는 K-SDGs

사람	빈곤을 넘어 존엄으로, 공감과 연대의 힘	**1** **8**
	우리 모두의 식량, 어떻게 확보할까요?	**2**
	자라서 좋은 사람이 되고 싶었어요.	**3** **16**
	우리 모두의 존재는 기적인가요?	**4** **5** **11** **16**
	지금 우리가 사는 세상, 이곳은 모두가 행복한 유토피아인가요?	**5** **10**
번영	재난으로부터 안전하고 지속가능한 도시	**1** **3** **11**
	우리 모두의 적절하고 깨끗한 에너지	**7** **12**
	디지털 세상 속 우리는 안전한가요?	**9** **11**
환경	오늘 내가 마신 물은 깨끗할까요?	**6** **17**
	기후위기에 대처하는 에코 레인저	**12** **13**
	물러서지 않는 정의, 신념, 용기가 만들어 낸 위대한 여정	**13** **14**
	자연과의 공존, 지속가능한 지구를 꿈꾸며	**14** **15**
평화·협력	틀리다? 다르다! 혐오와 차별이 아닌 차이의 존중	**10** **16**
	평화와 정의를 숨 쉬게 하려면	**16**

PEOPLE

세계시민,

영화로

사람을 만나다

1장에는 다음과 같은 영화 이야기가 나옵니다.

- 빈곤을 넘어 존엄으로, 공감과 연대의 힘

〈미안해요, 리키(Sorry, We Missed You)〉(2019)
〈개를 훔치는 완벽한 방법(How To Steal A Dog)〉(2014)
〈카트〉(2014)
〈노매드랜드(Nomadland)〉(2020)
〈부력(Buoyancy)〉(2019)
〈아이, 로봇(I, Robot)〉(2004)

- 우리 모두의 식량, 어떻게 확보할까요?

〈승리호〉(2020)
〈인터스텔라(Interstellar)〉(2014)
〈마션(The Martian)〉(2015)
〈설국열차〉(2013)
〈쿠바와 카메라맨(Cuba and the Cameraman)〉(2017)
〈겨울나비〉(2011)
〈기적의 사과(Miracle Apples)〉(2013)
〈더 나은 세상을 위한 레시피(Food for Change)〉(2020)
〈대지에 입맞춤을(Kiss the Ground)〉(2020)
〈내일(Demain)〉(2015)
〈소에 관한 음모(Cowspiracy: The Sustainability Secret)〉(2014)
〈도미니언(Dominion)〉(2018)
〈잡식가족의 딜레마〉(2014)
〈옥자〉(2014)
〈지구생명체(Earthlings)〉(2005)
〈푸드 주식회사(Food, Inc.)〉(2008)
〈우유에 대한 불편한 진실(Got The Facts On Milk?)〉(2008)
〈100억의 식탁(10 Milliarden, 10 Billion: What's on Your Plate?)〉(2015)
〈우리는 왜 육식을 멈추고 채식을 사랑하게 되었나?(What the Health)〉(2017)
〈몸을 죽이는 자본의 밥상(What the Health)〉(2017)

〈더 게임 체인저스(The Game Changers)〉(2018)

〈남극의 쉐프(The Chef Of South Polar)〉(2009)

〈음식물 쓰레기의 불편한 진실(Taste the Waste)〉(2010)

〈모따이나이 키친(Mottainai Kitchen)〉(2020)

- 자라서 좋은 사람이 되고 싶었어요

〈가버나움(Capharnaum)〉(2018)

〈딸(Dukhtar)〉(2014)

〈아무도 모른다(Nobody Knows)〉(2014)

〈시타라: 렛 걸스 드림(Sitara: Let Girls Dream)〉(2019)

〈뷰티풀 라이(The Good Lie)〉(2014)

- 우리 모두의 존재는 기적인가요?

〈나의 특별한 형제〉(2018)

〈원더(Wonder)〉(2017)

〈형〉(2016)

〈길버트 그레이프(What'Eating Gilbert Grape)〉(2013)

〈아이 엠 샘(I Am Sam)〉(2001)

〈서프러제트(Suffragette)〉(2015)

〈82년생 김지영〉(2019)

〈포레스트 검프(Forrest Gump)〉(1994)

- 지금 우리가 사는 세상, 이곳은 모두가 행복한 유토피아인가요?

〈천하장사 마돈나〉(2006)

〈톰보이(Tomboy)〉(2011)

〈빌리 엘리어트(Billy Elliot)〉(2000)

〈미녀는 괴로워〉(2006)

〈걸(Girl)〉(2021)

빈곤을 넘어 존엄으로,
공감과 연대의 힘

김경희(전북 부안여자고등학교 교사)

〈미안해요, 리키〉(2019)

"안 해 본 일 없습니다. 온갖 일 다 했죠." 어느 나라든지 먹고사는 일이 녹록지 않은 것은 마찬가지인가 봅니다. 빈곤에서 벗어나는 것부터 인간다운 존엄을 지키기까지 일자리는 우리 삶 전체의 토대가 됩니다.

SDG 1. 빈곤층 감소와 사회안전망 강화

SDG 8. 좋은 일자리 확대와 경제성장

우리의 삶은 선택의 연속입니다. 할까? 말까? 두 갈림길에서 경험은 큰 영향력을 발휘합니다. 모든 일을 직접 겪을 수 없는 우리에게 영화는 풍부한 간접 경험을 제공합니다. 어떤 영화를 보고 영화에서 다룬 주제에 관심을 두게 된 적이 있다면, 그것은 아주 자연스러운 일입니다. 감동적인 영화는 그동안 '남의 문제'라고 여겼던 일들을 '우리의 문제'로 인식하게 해 줍니다. 영화가 주는 공감의 힘입니다.

빈곤이나 실업 문제처럼 우리 사회의 어두운 면을 다룬 영화들의 힘은 그래서 더 큽니다. 이런 주제를 다룬 통계수치나 연구 자료는 머리로는 와닿지만, 마음을 움직이기에는 뭔가 아쉽습니다. 영상으로 세상을 접하고 이해하는 것에 익숙한 청소년 세대에게는 더욱 그렇습니다. 오히려 이러한 통계수치가 나타나게 된 배경이나 우리 이웃들이 처한 현재 상황이 이야기로 펼쳐질 때 더 큰 울림을 줍니다. 이 울림이 공감을 끌어낼 수 있을 때, 우리는 경험하지 못한 빈곤이나 실업과 같은 공동체의 과제에 관심이 생기고, 해결할 방법을 고민하게 되며, 더 나아가 함께 연대하고 행동할 용기를 얻습니다.

아이들의 시선에서 본 빈곤

빈곤은 분류하는 기준에 따라 다를 수 있지만, 보통 절대적 빈곤과 상대적 빈곤으로 나뉩니다. '절대적 빈곤'은 의식주와 같은 기본적 욕구를 충족할 최소한의 소득도 얻을 수 없는 물질적 결핍 상태를 말합니다. 반면에 '상대적 빈곤'은 동일 사회 집단 내에서 다른 사람들과 비교하여 설정한 기준선 이하의 소득을 얻는 불평등 상태를 나타냅니다. 일반적으로 한 사회의 빈곤 문제를 다룰 때는 상대적 빈곤 개념을 주로 사용합니다. 즉, 그 사회의 평균 소득 수준과 비교했을 때 상대적으로 소득이 낮은 계층을 빈곤층으로 정의하는 것이죠. 절대적 빈곤의 문제가 주로 저개발국과 관련된 것이라면, 상대적 빈곤 문제는 저개발국과 선진국 모두의 문제입니다. 빈부격차가 파생시키는 사회 문제들은 모든 공동체에 심각한 영향을 주기 때문입니다.

영화 〈개를 훔치는 완벽한 방법〉에서 초등학생 지소는 어느 날 갑자기 집을 나간 아빠를 기다리며, 엄마와 동생과 함께 피자 배달 봉고차에서 생활합니다. 당장 하루 살아가는 것도 걱정인 엄마를 대신해 다시 집을 사기 위해 돈을 마련하려는 지소의 계획은 나름대로 완벽합니다. 영화는 차에서 노숙하는 상황과 집 살 돈을 마련하려 노력하는 과정을 아이의 시선에서 유쾌하게, 때론 감동적으로 그리고 있습니다. 하지만 안정적인 거주지가 없는 영화 속 아이의 모습이 하루하루 급등하는 집값과 겨울철 노숙인에 대한 뉴스와 겹쳐 보일 때, 영화는 주거 빈곤에서 파생될 수 있는 다른 문제들까지 생각하게 합니다.

우리 주변에는 적절한 주거의 권리를 누리지 못하고, 최소한의 존엄한 삶도 살기 어려운 사람들이 여전히 많습니다. 2017년 한국도시연구소가 작성한 「최저 주거 기준 미달 가구 및 주거 빈곤 가구 실태 분석」이라는 보고서를 보면 2015년 기준, 주거 빈곤 비율은 12%에 이릅니다. 자세한 연구통계를 보면 주택 이외의 기타 거처, 예를 들어 농사를 위한 비닐하우스나 화물을 운반하는 컨테이너와 같이 '거주할 용도로 지어지지 않은 곳에 사는' 사람들은 지속해서 증가하고 있습니다. 뉴스에 종종 등장하는 내용 중 비닐하우스나 컨테이너에 거주 중인 이주노동자들이나 한 사람이 겨우 들어갈 크기의 쪽방촌 노인들, 고시원의 1인 가구 이야기는 더는 낯설지 않습니다. 청년들이 자조적으로 말하는 거주 형태 '지옥고(반지하, 옥탑방, 고시원)'라는 표현은 주거 빈곤의 열악한 현실을 보여 줍니다.

주거환경이 열악한 상황에서 먹고 입는 것이 나을 리 없습니다. 경제협력 개발기구(OECD: Organization for Economic Cooperation and Development)에서는 매년 상대적 빈곤율을 발표합니다. 한 국가의 전체 가구를 소득수준으로 일렬로 나열한 뒤, 제일 가운데인 중위소득을 정하고, 이 중위소득 50% 미만 가구를 빈곤층으로 정의합니다. 우리나라도 2016년부터「국민기초생활 보장법」개정에 따라 그동안 수급자 선정 및 급여 기준이 되었던 '최저생계비'를 '기준 중위소득'으로 개편해서 상대적 빈곤 개념을 사회복지 시스템에 도입했습니다.

한국의 상대적 빈곤율은 2020년 기준 15.3%이지만, 한 부모 가정이나 1인 가구, 노인과 같은 취약 계층으로 세분화하면 이 수치는 더 높아집니다. 실제로 2020년 65세 이상 노인의 상대적 빈곤율은 38.9%이고, 2019년 기준 1인 가구의 연소득은 2,162만 원으로 전체 가구의 36.5% 수준에 불과합니다. 이는 그만큼 노인이나 1인 가구의 빈곤율이 더 심각하다는 것을 의미합니다. 갑작스럽게 확산된 감염병인 코로나19로 인한 경제적 충격이 반영된 이후의 통계 자료는 아직 발표되지 않았지만, 그 결과가 사회적 약자에게 희망적이지 않을 것이란 점은 분명합니다. 그리고 이런 암울한 예상은 경제력과 복지제도가 열악한 저개발국가의 빈곤 문제가 우리가 생각하는 것 이상으로 심각함을 가늠하게 해 줍니다.

경제력이 없으면 의식주에 들어가는 기본 비용을 아낄 수밖에 없습니다. 먹는 데 들어가는 돈을 아끼게 되면 건강이 안 좋아지는 것은 물론, 불필요한 만남도 줄이기에 다른 사람들과의 교류도 줄어듭니다. 먹고살기가 힘들어 사회적 불만이 높아지면 사회불안 요소들도 함께 증가합니다. 빈곤은 기아, 아동 노동 착취, 사회적 차별과 갈등 확대, 범죄율 증가, 교육 기회 박탈과 이로 인한 의사결정 참여 제약 등 많은 문제점을 파생시킵니다. 이것이 나 혼자만 잘 살아서는 안 되는 이유입니다. 어느 사회든 먹고사는 문제가 해결될 때 존엄을 생각하는 다음 단계가 공론화될 수 있습니다. 그렇다면 잘 먹고, 잘 살기 위해 꼭 필요한 우리의 일자리는 어떤 모습일까요?

일터의 청소년, 편의점에서 사회를 배운다

청소년도 법정대리인 동의서와 가족관계증명서를 제출하면 만 15세부터 일을 할 수 있습니다. 학교 근처는 물론 동네마다 있는 여러 편의점이나 패스트푸드 음식점, 카페, 영화관은 청소년들이 가장 쉽게 아르바이트를 시작하는 곳입니다. 다른 업종보다 상대적으로 매장이 많고, 지원할 때 필요한 자격요건이 까다롭지 않다 보니 단기 시간제 근무 형태로 쉽게 일자리가 납니다.

영화 〈카트〉의 고등학생 태영은 편의점에서 아르바이트를 하지만, 최저시급도 받지 못합니다. 영화는 근로계약서를 작성하지 않으면, 최악의 경우 어떠한 상황들을 겪게 되는지 여실히 보여 줍니다. 법적으로는 근로계약서를 작성하지 않으면 고의든 고의가 아니든 벌금이 부과됩니다. 하지만 (영화 전개상 이런 관련 법 조항을 모르는 것으로 보이는) 태영은 오히려 부당한 상황을 감내합니다. 현실에는 더 많은 태영이가 있습니다. 우리가 생활하는 많은 곳에서 청소년 노동은 일상이 되었습니다. 코로나19 이후에 노동인권과 근로환경은 더욱 열악해졌지만, 많은 청소년이 부당한 대우나 인권침해에도 꾹 참고 일하고 있습니다. 태영이처럼 꼭 아르바이트를 해야만 하는 상황에 놓인 청

청소년들이 쉽게 접근할 수 있는 일자리인 편의점

소년들이 늘고 있기 때문입니다.

2020년 국가인권위원회의 「청소년 노동인권 상황 실태조사 연구용역 보고서」에 따르면, 경제활동을 하는 청소년의 고용률은 2011년 23.1%에서 2018년 26.2%로 3.1% 증가했습니다. 중·고등학생 10명 중 1명은 아르바이트를 해 본 경험이 있으며, 평균 1주일에 2.7일, 하루 평균 6.2시간 일합니다. 보고서의 내용 중 아르바이트를 하는 목적에 특히 눈길이 갑니다. '생활비(용돈) 마련'이 68.5%로 가장 많았고, 그다음으로 '원하는 것을 구입하기 위해서'(10.9%), '등록금을 벌기 위해서'(8.4%)였으며, '취업을 위한 스펙을 쌓기 위해서'는 1.9%에 불과했습니다. 보통 청소년의 노동은 생계를 위한 것이 아니라 부차적 목적을 위해서일 것이라는 인식이 있지만, 실제로 이들의 노동 현실은 어른들과 크게 다르지 않습니다.

한겨울 얼음으로 덮인 강을 건너려면 어떻게 해야 안전하게 건널 수 있을까요? 가장 약할 것 같은 곳에 큰 돌을 던져 보면 알 수 있습니다. 가장 깨지기 쉬운 곳이 꽁꽁 얼어 있다면 그 강은 어디로 건너든 안전할 것입니다. 얼음 덮인 강에서 가장 약한 곳처럼 노동 현장에서 청소년은 가장 소외되어 있습니다. 그래서 우리 사회는 무엇보다 청소년 노동에 정당한 법적 보호가 이루어질 수 있도록 해야 하고, 일한 만큼 합당한 대우를 보장해야 합니다. 물론 정당한 대우를 받기 위해서 청소년 스스로 노동법과 권리를 알아보는 것도 중요합니다. 그렇다고 해서 잘 모른다는 것이 부당함을 감내해야 하는 근거는 될 수 없습니다. 노동 현장에서 약자인 청소년이 어떤 노동환경에서 어떤 대우를 받고 일하는지는 우리 공동체 모든 일터의 민낯을 드러내는 거울입니다.

한 음절보다 훨씬 큰 차이, 정규직과 비정규직

우리의 혹독한 노동 현실을 고발하는 〈카트〉는 실화를 바탕으로 하고 있습니다. 이 영화는 2007년 7월 한 대형 유통업체가 「기간제 및 단시간 근로자 보호 등에 관한 법률」(비정규직법) 시행을 앞두고 일부 업무를 외주화로 바꾸면서 다수의 비정규직 직원들을 해고한 사태를 다루었습니다. 2007년도 사태를 배경으로 2014년에 제작했지만, 최근 신문 기사에서 본 듯한 착각이 들 정도로 생생합니다. 비정규직과 관련된 우리 사회의 갈등과 문제들은 지금도 눈앞에서 펼쳐지는 현재진행형입니다.

영화에 등장하는 비정규 계약직 직원들이 겪는 부당한 대우는 더는 영화 속의 가공된 허구가 아닙니다. 진상 고객 대응, 대가도 받지 못하는 초과근무, 열악한 휴게시설, 위험한 근무환경에 관한 뉴스 기사는 오늘도 인터넷

포털 사회면에서 쉽게 찾아볼 수 있습니다. 꼭 오늘이 아니더라도 '비정규직'이라는 단어만 검색해 보면 수많은 부정적인 단어들과 결합된 최신 뉴스 기사나 블로그 제목들이 검색됩니다. 그렇다면 비정규직과 정규직은 무엇이 다르고, 외주화(아웃소싱)는 도대체 무엇일까요?

용어의 객관적 정의로만 보면 정규직은 사용자와 직접 근로계약을 체결해 전일제로 근무하고 정년까지 고용이 보장되는 근로자를 말합니다. 이에 비해 비정규직은 근로계약 기간을 정하거나 단시간 근로하거나 고용과 사용이 분리되는 파견근로자를 포함합니다. 정규직의 상대적 개념으로 사용되는 비정규직은 국제적으로 통일된 기준이 없습니다. 우리나라에서는 1997년 IMF 이후 노동시장 유연화 정책 이후 많이 사용되는 용어입니다. 학교를 비롯한 사회 곳곳에서 우리는 비정규직 근로자를 쉽게 만날 수 있습니다.

우리 사회에서 정규직은 흔히 '좋은 일자리'와 같은 의미로 쓰입니다. 2020년 3월 정규직 인식에 대한 설문조사에 따르면, 정규직은 '특별한 사유가 없으면 정년까지 고용이 보장되고, 승진 기회 및 사내 복지 혜택 등에서 제외되지 않으며, 지속적인 임금 상승을 기대할 수 있는 일자리에서 일하는 사람'입니다. 반면, 비정규직은 기간제(계약직 근로)나 단시간(시간제) 근로자, 파견근로자 등으로 정규직과 비교해 임금과 복지 혜택에서 차별대우를 받고, 쉽게 해고될 수 있습니다. 외주화는 기업 업무 일부를 효과와 효율을 높이기 위해 제3자에 위탁해서 처리하는 방식입니다. 하지만 영화에서와 마찬가지로 우리나라에서의 외주화는 주로 비정규직 직원을 직접 계약이 아닌 간접 계약 형태로 고용하는 수단으로 악용되어 기업들이 사회적 책임과 도덕적 비난을 피하는 방법으로 사용되곤 합니다.

그래서 우리는 종종 이런 제목의 기사들을 봅니다.

비정규직의 눈물… 정규직과 임금 격차 152만 원 '사상 최대',
정규직 근로자 월급이 약 7만 원 늘어난 반면 비정규직 근로자 월급은 약 2만 원 줄어들면서 양극화가 심화

《○○○○신문》, 2020. 10. 27.

국내 산재 3건 중 2건은 은폐… 위험의 외주화 실재,
김◇◇ 노동연구원 위원 "비정규직 비율·산재 발생률 비례"

《△△뉴스》, 2021. 5. 24.

2020년 기준 한국 사회의 비정규직 비율은 36.3%입니다. 한 사람이 여러 번 이직하는 경우도 고려하면, 상당히 많은 사람이 일생에서 짧게든지 길게든지 비정규직 상태에 있다는 걸 알 수 있습니다. 어렵게 취업했지만, 재계약을 고민해야 하는 직장인. 당장 생활비가 필요한 취업준비생. 아르바이트해서 등록금이나 생활비를 보태야 하는 학생. 명예퇴직한 중년이나 출산과 육아를 위해 경력이 단절된 여성. 여러 영화에서 감초처럼 등장하는 이들이 겪는 일들을 나와 우리 가족이 곧 직면하게 될지도 모릅니다. 어쩔 수 없는 상황 때문에 부당한 대우를 받더라도 꾹 참아야 하고, 안전하지 않은 환경에서 일해야 하거나, 혹은 같은 일을 하고도 다른 월급명세서를 받는 비정규직이 될 수 있습니다.

다행히 비정규직 근로자를 보호하는 법률이 추가로 제정되고 있고, 비정규직 문제를 개선하고자 하는 사회적 인식도 높아지고 있기는 합니다. 그

래도 여전히 비정규직이 '나쁜 일자리' 또는 '정당한 대우를 받지 못하는 일자리'라고 여겨지는 원인은 여러 뉴스 기사의 내용에서 쉽게 찾을 수 있습니다. 그 핵심은 하나의 공통점으로 요약됩니다. 더 적은 돈으로 더 많은 노동력을 얻어 최대의 이익을 얻으려는 '돈의 가치'가 존중, 배려, 인권과 같은 '사람의 가치'보다 우선한다는 것입니다.

자본주의 사회에서 직업은 기본적인 경제생활을 위해 꼭 필요하지만, 일자리에는 그 이상의 의미가 있습니다. 우리는 일을 하면서 관계를 맺고, 존중과 배려를 배우고, 역할에 따른 책임을 다하며 서로 돕고 살아갑니다. 그런데도 왜 이렇게 소중한 노동의 가치가 단순히 돈의 가치로만 환산되고 있을까요? 어떤 일을 하든지 고용이 안정되고, 동일 노동에 대한 동일 임금 수준이 보장되며, 휴가나 복지 혜택에서 차별받지 않는 일자리에 대한 사회적 논의와 제도적 개선이 없다면 지속가능한 공동체 만들기는 더 멀어질 것입니다.

아무리 일해도 가난한 당신, 워킹푸어

정말 부자는 자신의 통장에 얼마가 있는지 모른다고 합니다. 이들의 자산은 이자나 주식배당, 부동산 가치 상승 등으로 계속 증식합니다. 대부분 사람은 열심히 일해서 모은 돈으로 자산을 늘립니다. 누구라도 일하는 동안은 자산이 증가할 것이란 희망이 있습니다. 하지만 열심히 일해도 가난에서 벗어나기 힘든 사람들이 있습니다. 바로 워킹푸어(working poor)입니다. 워킹푸어를 넘어 'N포 세대'라는 말을 흔하게 쓸 정도로 우리는 무엇인가 하나씩 더 포기할 것을 요구받습니다. 빈부의 격차가 커지는 만큼 가난한 사람들의 현실도 더 처절해집니다.

〈미안해요, 리키〉는 영국이 배경이지만, 빈부격차와 일자리 문제를 겪고 있는 대부분의 나라에서 볼 수 있는 평범한 가족을 그린 영화입니다. 주인공이자 가장인 리키는 안정적인 생활을 꿈꾸며 택배회사에 취직하지만, 맞벌이에 초과근무를 해도 삶은 나아지지 않습니다. 화목했던 가정은 경제적 상황이 악화할수록 더 많은 어려움에 직면합니다. 영화에서처럼 직업을 갖는 것이 가족의 안정적인 생활을 보장하지는 않습니다. 나쁜 일자리는 결국 가족의 생존을 위협하고, 빈곤으로 떨어지지 않기 위해 발버둥 치는 동안 건강이나 인권, 교육, 존엄은 더 멀어집니다.

이 영화의 원제 〈Sorry, We Missed You〉는 수령인이 부재중일 때 택배기사가 남기는 메시지를 뜻합니다. 영어 단어 miss에는 '(사람을) 만나지 못하다'라는 뜻도 있지만, '(잡거나 닿지 못하고) 놓치다, (관심을 두지 않고) 지나치다, (약속 의무 등을) 지키지 못하다'의 뜻이 있습니다. 이는 치열하게 열심히 살고 있지만, 사회복지제도의 사각지대에서 놓치고 지나쳐 버린 사람들에게 감독이 하고 싶은 말인 것 같습니다. 한국어 제목 〈미안해요, 리키〉가 고단하게 오늘을 살아가는 우리 사회의 모든 이들에게 전하는 위로 같다면, 원제인 〈Sorry, We Missed You〉는 빈부격차의 책임이 우리를 '놓치고 지나친, 그리고 지키지 못한' 사회 시스템에 있다는 점을 지적하는 것 같습니다.

수많은 인과관계가 얽히고설켜 생긴 워킹푸어 증가라는 사회 현상을 몇 가지 원인으로 규정할 수는 없습니다. 그렇지만 분명하게 보이는 원인부터 찾아 해결해 나가는 것도 한 방법입니다. 현재 저임금의 불안정한 일자리가 많아지는 고용제도의 문제나 한국이 경제협력개발기구(OECD) 국가 중 사회복지 지출 규모가 최하위권이라는 점은 문제 해결을 위해 충분히 고려해

볼 만합니다. 복지제도를 통해 일자리에서 생기는 고용 관련 문제들을 조금이라도 보완할 수 있다면, 일해도 가난해지는 워킹푸어의 증가율을 현저히 낮출 수 있을 것입니다. 구체적으로 어떻게 복지제도를 보완하거나 신설할 것인가는 전문가들의 몫이겠지만, 지금보다 사회복지 지출 규모를 늘릴 것에 대한 사회적 관심과 요구를 높여 나가는 것은 워킹푸어를 줄이기 위해 우리가 노력해야 할 몫입니다.

경제협력개발기구(OECD) 주요국 사회복지 지출 규모 비교

(단위: GDP 대비 %)

한국	스웨덴	덴마크	프랑스	영국	네덜란드	미국	OECD 평균
12.2	25.5	28.3	31.0	20.6	16.1	18.7	20.0

출처: OECD.Stat(2020년 12월 기준)

나에게 편리하면 그만일까요? '긱(gig) 경제'와 일자리

급격한 사회 변화로 인해 안정된 일자리를 보장할 수 없을 때 사회적 약자들은 어떤 어려움을 겪게 될까요? 영화 〈노매드랜드〉에서 '노매드(nomad)'는 '유목민', '방랑자'를 의미합니다. 노년의 주인공인 펀은 일하던 공장이 문을 닫으면서 주택 임대료를 감당할 수 없어, 밴에 모든 짐을 싣고 단기 일자리를 찾아 전전합니다. 캠핑카를 타고 자유와 새로운 도전을 찾는 '방랑자'의 낭만은 없습니다. 아마존 물류창고, 국립공원 캠핑장, 패스트푸드점에서 단순 업무로 한동안 일을 하고, 기간이 끝나면 또 다른 일자리를 찾아떠납니다. 기존 경력을 바탕으로 재취업할 수도 없고, 새로운 직업교육을 받을 수도 없습니다. 나이는 많고, 당장 생활은 해야 합니다. 실업은 청년들

물류센터의 분류 작업 모습

물류센터는 명절 등 특정한 기간에 더 많은 단기 시간제 일자리가 생기는 대표적인 곳입니다.

만의 문제가 아닙니다. 일할 수 있는 중장년, 노년층에게 수입이 없다는 것은 다른 세대보다 더 극심한 빈곤에 내몰릴 수 있음을 의미합니다.

영화의 주인공 펀이 이런 상황에 내몰린 것은 사회가 긱(gig) 경제 방식으로 빠르게 바뀌고 있기 때문입니다. 산업 현장에서 필요에 따라 임시로 계약을 맺은 사람에게 일을 맡기는 이 경제 방식은 모바일 시대에 접어들면서 단기 임시직의 규모를 급격히 증가시켰습니다. 원래 '긱(gig)'은 재즈 연주를 뜻하는 단어로 특히 재즈 클럽에서 하룻밤만의 재즈 연주 계약을 의미했지만, 지금은 소위 프리랜서나 1인 자영업자가 기업과 단기간 계약을 맺고 일하는 것을 뜻하는 경제용어로 확장되어 쓰입니다. 배달 대행 앱(app)이나 대리운전 앱이 넘쳐나는 우리 사회는 이미 긱 경제 방식에 익숙해져 있습니다. 명절마다 물류센터에서 일하는 사람들이 늘어나거나, 음식을 주문할 때마다 배달하는 사람들이 달라지는 것도 이런 고용 형태가 빚은 결과입니다.

긱 경제가 가져오는 노동과 고용의 유연성은 디지털 시대와 더불어 미래 경제 전반을 바꿔 놓을 것이라 예상됩니다. 원할 때 일하고, 필요할 때 고용 한다는 말은 노동자에게는 자율성을, 고용주에게는 비용 절감을 해 주기에 매력적으로 들립니다. 하지만 대개의 긱 노동은 법정근로시간 초과, 고용보 험 미가입 등의 문제를 피하려는 방편으로 악용되고 있고, 고용의 질이 낮 은 업종에 집중되어 있습니다.

〈노매드랜드〉에서 노년의 펀이 일자리를 찾아 '떠도는' 모습은 단기 시간 제 일자리를 전전해야 하는 긱 경제 안에 있는 우리 사회 약자들의 상황과 도 같습니다. 그래서 사회적 약자들이 단기 시간제로 일하더라도 복지의 사 각지대에 놓이지 않도록 사회보험으로 보호할 수 있는 제도가 필요합니다. 개인이 열심히 일해도 경제적 독립과 인간으로서의 존엄한 삶을 지켜 낼 수 없다면 그것은 분명 우리 사회 시스템의 문제이기 때문입니다.

그런 점에서 택배기사나 학습지 방문 강사, 방문판매원 등의 특수형태 근 로자가 고용보험에 가입할 수 있게 된 '전 국민 고용보험' 정책은 희망적인 소식입니다. 물론 거기에서 그치지 않고, 긱 경제구조의 특성상 생길 수 있 는 문제들을 최소화해 복지의 사각지대를 막으려는 노력이 무엇보다 필요 합니다. 누가 어떤 형태의 일을 하든지, 지속가능하게 일하며 불평등을 겪 지 않도록 하는 것은 우리 공동체 모두의 책임입니다.

나쁜 일자리를 막는 연대의 힘

영화 〈부력〉은 14살 소년 차크라가 원래 취업하기로 예정되었던 공장이 아닌 바다 한가운데 어선에서 하루 22시간의 노동을 착취당하는 실상을 고발합니다. 감독이 NGO 단체의 도움을 받아 실제 원양어선 노예로 일한 적 있는 50여 명을 인터뷰하고 제작한 이 영화는 인신매매, 불법 노동착취, 아동학대 등을 현실적으로 보여 줍니다.

세계 곳곳에는 노동자의 기본 권리가 무엇인지도 모른 채 '나쁜' 일자리에 내몰린 사람들이 아직 많습니다. 인권에 대한 인식이 낮고, 경제적 이득을 다른 요인보다 중요하게 여기는 저개발국가에서는 그런 사례들이 더 심각하게 나타납니다. 기본권이 보장되지 않는 '나쁜' 일자리들은 아동 노동이 흔한 것을 당연하게 여기고, 안전보장을 소홀히 하며, 저임금으로 장시간 동안 노동력을 착취합니다. 이것은 다국적 기업들이 해외까지 외주화를 확대한 영향이 큽니다.

파키스탄에 하루 400원을 주고 11시간 이상 어린이의 노동력을 불법 착취하는 하청 업체를 두었던 유명 스포츠용품 회사도 있었고, 미얀마에는 14세 미만의 아동을 고용해 하루 3달러를 주고 12시간 이상 일하게 한 글로벌 패션 브랜드도 있었습니다. 이런 다국적 기업들은 기업의 이윤을 극대화하기 위해 당장 경제 발전이 필요한 저개발국가에 일자리 창출이나 경제 개발 지원이라는 명목으로 해당 국가의 하청 업체가 '나쁜' 일자리들을 만드는 것을 묵인하거나 조장했습니다. 그러한 제품들을 우리가 구매한다면 해당 기업의 악행까지 구매하는 셈이며, 해당 기업의 제품이 많이 팔릴수록 나쁜 일자리는 더욱 늘어날 것입니다. 그래서 소비자로서의 우리 역할이 중요합니다.

기업은 이윤 추구를 기본 목적으로 합니다. 소비자가 상품을 구매해야 기업은 이익을 낼 수 있습니다. 따라서 기업은 소비자의 여론 흐름이나 기업 이미지 관리에 민감할 수밖에 없습니다. 소비자로서 우리는 바로 이 점을 공략해야 합니다. 제품의 생산과정까지 고려하는 가치 소비로 나쁜 일자리로 이익을 얻는 기업에 경고하는 것입니다. 아무리 가격 대비 품질이 좋은 제품이라도, '나쁜' 일자리로 만들어져 소비자의 외면을 받는다면 기업은 생산 방식을 바꿔야 한다는 압력을 받게 될 것입니다. 이렇게 우리가 소비 방식을 바꾸면 개발도상국의 '나쁜' 일자리에서 일하는 노동자를 보호할 수 있습니다. 실제로 위에 언급된 스포츠용품 기업이나 패션 브랜드도 소비자의 불매운동으로 생산정책을 바꾸게 되었습니다.

최근 우리나라에서도 나쁜 일자리를 막고자 하는 소비자 운동이 있었습니다. 뉴스에 보도될 정도로 많은 사람이 한 전자상거래 업체에 노동자들

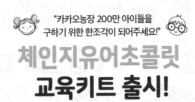

'체인지유어초콜릿' 캠페인

세계시민교육 프로그램을 운영하는 '세계시민교육 보니따'와 공정무역 제품을 판매하는 '아름다운커피'가 함께 진행하는 아동 노동 착취로 만들어지는 글로벌 초콜릿 기업들에 반대하는 '체인지유어초콜릿' 캠페인. 소비자들의 의식이 높아질수록 세계 곳곳에서 더 좋은 일자리가 만들어집니다.　　(사진 출처 = 아름다운커피)

의 처우를 개선해 달라는 글과 함께 회원 탈퇴 인증 사진을 개인 SNS에 올리고, 인증샷 릴레이를 하기도 했습니다. 이제는 단순한 상품 자체를 넘어 기업의 사회적 책임이 소비자나 투자자가 기업을 판단하는 주요 기준이 되고 있습니다. 이런 사회적 요구는 기업이 노동자의 인권이나 노동환경에서 위반사항이 없도록 더 주의를 기울이게 해 줍니다. 윤리적 소비를 지향하는 사람들이 늘어나고, 기업의 책임경영을 요구하는 목소리가 커질수록 우리의 일자리는 더 나아질 것입니다.

AI는 우리의 일자리를 빼앗을까요?

우리는 영화를 통해 과거를 회상하고 현재를 마주하며, 미래를 그려 봅니다. 실제로 과거 SF영화에 등장했던 많은 기기나 장치들이 상용화되는 것을 보면서 상상이 현실이 되는 것을 확인할 수 있었습니다. 그렇기에 지금의 영화들이 그리는 미래가 아주 터무니없어 보이지 않습니다. 오히려 영화는 막연한 미래를 구체적으로 제시하는 예언같이 느껴지기도 합니다.

동명 소설을 원작으로 하는 영화 〈아이, 로봇〉의 배경은 2035년입니다. 인공지능을 가진 로봇들은 배달부터 집안일까지 인간들에게 각종 편리함을 제공합니다. 로봇의 3원칙부터 인간과 로봇의 공존 가능성에 관한 질문까지 던지는 이 영화는 2004년에 제작된 것이 무색할 정도로 현재 우리가 고민하는 내용을 담고 있습니다. 모든 것이 자동화된 세상에서 인간이 필요한 일자리는 어느 정도나 남을까요? 2035년이 얼마 남지 않은 지금까지 우리는 영화가 던지는 질문에 아직도 명쾌한 답을 찾지 못하고 있습니다. 과연 인공지능은 우리의 일자리를 빼앗을까요?

인류의 역사는 기계화와 자동화의 역사이기도 합니다. 도구의 발견부터 산업혁명을 거쳐 디지털을 기반으로 한 4차 산업혁명 시대에 이르기까지 과학의 발달과 더불어 변화하는 일자리에 인간은 어떻게든 적응해 왔습니다. 텔레마케터 대신 챗봇과 소통하고, 여행에서 번역 앱을 활용하며, 인공지능 스피커를 다정하게 부르며 대화하는 일상이 어색하지 않습니다. 배달이나 운송을 대신하는 자율주행차는 상용화 단계에 접어들었고, 로봇 바리스타나 서빙 로봇, 키오스크 사용 등 소매업에서도 자동화가 확대되고 있습니다. 코로나19의 확산으로 비대면의 필요성이 커지면서 이러한 인공지능 로봇 개발에 가속도가 붙고 있습니다. 지금의 일터를 '좋은' 일자리로 만들기도 쉽지 않은데, 우리는 이제 인공지능 로봇과도 일자리를 두고 경쟁해야 합니다.

소매업 자동화 플랫폼 기업 'b:eat'의 로봇 카페
이제는 고속도로 휴게소에 입점할 정도로 소매업 자동화가 빨라지고 있습니다.

인간이 인공지능 로봇을 만든 것이 축복인지 저주인지는 아직 모릅니다. 어떤 사람들은 로봇으로 대체될 수 없는 일자리 영역이 있고, 한 분야의 일이 사라지더라도 새로운 분야의 직업이 생겨날 거라 이야기합니다. 마차가 사라지면 마부였던 사람들은 운전기사로 취직할 수 있다는 것과 유사한 논리입니다. 반면 다르게 생각하는 사람들도 많습니다. 고속도로 요금 징수를 하이패스가 거의 대체한 현실과 군인 대신 전투 로봇이 투입되거나 의사 대신 로봇이 수술하는 모습을 보여 주며, 곧 사라질 직업들을 찾아 순위를 매기고, 인공지능이 인간의 일자리 대부분을 빼앗을 거라 말합니다. 분명한 것은 둘 중 어떤 결과가 오더라도 우리의 일자리는 변할 수밖에 없으리라는 사실입니다.

사회나 경제가 급변하는 시대에 가장 큰 위협을 느끼는 사람은 사회적·경제적 약자입니다. 말이 몰던 마차가 자동차로 바뀌면 부자들은 자동차를 사고, 그 차를 운전할 기사를 고용하고, 새로운 혜택을 누리며 달라진 시대에 쉽게 적응할 수 있습니다. 하지만 마차를 몰던 마부는 갑자기 운전면허를 딸 수 없습니다. 자동차에 대해 배우고, 연습하고, 그러는 동안 평소와 같은 생활을 꾸려 나갈 수 있는 경제력도 있어야 합니다. 그래서 자고 일어나면 새로운 기술이 등장하고, 빠른 속도로 상용화되고 있는 지금, 사회적 약자들을 위한 재교육의 기회와 재취업을 할 때까지 인간으로서의 존엄한 삶을 유지할 수 있도록 생계를 보장하는 사회안전망이 꼭 필요합니다.

물론 이러한 사회안전망을 구축하려면 세금을 비롯한 공동체의 많은 자원이 투입되어야 합니다. 어떤 방식으로 얼마나 투입해야 할 것인가에 대해서는 꾸준한 논의가 필요합니다. 그러기 위해서는 지금 우리 사회 공동체가 겪고 있고, 앞으로 겪게 될 여러 문제를 눈여겨 살피는 것이 중요합니다.

어떤 해결책이든 공동체에서 함께 논의하고, 합의할 때 실현될 수 있습니다. 물론 말처럼 쉽진 않습니다. 다행히도 우리에게는 '공감하는 능력'이 있습니다. 이 역량을 발휘하면 미래에 부딪힐 어떤 문제라도 함께 해결해 갈 실마리를 찾을 수 있을 것입니다.

여러분이 주인공인 영화에서 어떤 일을 하고 싶나요?

'Inspired by true story(실화를 바탕으로).' 빈곤이나 일자리처럼 무거운 주제의 영화들은 유독 이런 문구로 시작하는 경우가 많습니다. 허구로 만들어지는 이야기만큼이나 놀랍고 믿을 수 없는 일들이 실제로 벌어지고 있기 때문입니다. 우리는 너무나 처절한 현실을 보면 피하고 싶어집니다. 뭔가 불편하고 마음도 무거워집니다. 이 불편함의 근원은 우리가 공동체의 일원으로서 갖는 연대 의식 때문일 겁니다. 영화 속의 등장인물들이 겪는 고통을 그냥 두고 볼 수 없다는 책임감일 수도 있습니다. 이렇게 영화가 주는 공감의 힘은 우리가 더 나은 공동체를 만들 수 있는 원동력이 됩니다.

'빈곤 종식'과 '양질의 일자리 증진'은 개인의 노력을 넘어 사회 전체가 함께 고민하고 해결해야 할 과제입니다. 국제연합(UN)에서 지속가능발전목표(SDGs)를 제시하고, 국제적 협력을 강조한 것도 이 이유 때문입니다. 좋은 일자리는 빈곤 종식을 비롯해 우리가 당면한 공동의 과제를 풀 수 있는 첫 번째 열쇠가 됩니다. 이를 통해 우리는 존엄성과 지속가능성을 지킬 수 있습니다. 인류공동체의 한 구성원으로서 지금 우리에게는 다른 사람의 존엄을 함께 생각할 수 있는 세계시민 의식과 더 나은 공동체를 만들기 위한 공감과 연대가 필요합니다.

흔히 인생은 한 편의 영화와 같다고 말합니다. 이는 영화 안에도 우리들의 다양한 삶이 있다는 말일 것입니다. 그래서 우리는 매번 다른 장르, 다른 소재의 영화를 보면서도 주인공의 삶에 공감하며 감동하게 되나 봅니다. 지금 여러분의 인생은 어떤 배경, 무슨 장르의 영화로 진행 중인가요? 어떤 시대 배경, 어떤 장르더라도 영화 속 여러분의 존엄한 삶은 꼭 지켜져야겠죠?

노동, 우리가 알아야 할 것

하종강(성공회대 교수)

https://youtu.be/R32mC-bwq1U

신부님이 '청년문간'을 무료 식당으로

운영하지 않는 특별한 이유는?

〈유퀴즈온더블럭〉 이문수 신부 편

https://youtu.be/HFZwHhGT0-g

우리 모두의 식량,
어떻게 확보할까요?

변지윤(경기 신성중학교 교사)

〈승리호〉(2020)

우리가 살아가기 위해서는 영양소를 주는 먹거리가 꼭 필요합니다.
하지만 영화처럼 먹거리를 얻기 어려운 다양한 상황에 부딪힐 수 있습니다.
안전하고 건강하며 지속가능한 식량을 확보하려면 어떻게 해야 할까요?

SDG 2. 식량안보 및 지속가능한 농업 강화

〈승리호〉의 배경인 2092년, 오염된 지구에 숲이 사라지며 사막화로 인한 모래먼지에 햇빛은 가려지고 산성화된 토양에서 식물은 자취를 감춥니다. 영화의 시작부터 더는 식량을 생산할 수 없는 지구와 생명공학기술로 풀과 나무가 무성하게 자란 화성의 모습이 대비됩니다. 환경오염과 식량 부족으로 살기 힘들어진 지구를 떠나 새로운 터전인 화성으로 이주하려는 사람들이 늘어납니다. 하지만 화성으로 이주하려면 많은 돈이 필요하기에 가난한 사람들은 그마저도 쉽지 않습니다. 영화와는 달리 현실에서는 늘 자연에서 쉽게 구할 수 있기에 당연하게 여겨졌던 식량… 우리의 식량은 언제까지나 지속가능한 것일까요?

굶주리는 사람들

식량안보(Food Security)는 '모든 사람의 활동적이고 건강한 삶을 위해 충분한 양의 식량을 확보하는 것'을 의미합니다. 예를 들어 인구가 늘어나 식량이 더 필요하거나 전쟁이나 재난 혹은 코로나19와 같이 식량을 구하기 힘든 특수한 상황에서도 건강을 유지할 만큼의 식량을 공급할 수 있어야 합니다.

식량안보를 배경으로 하는 영화로 〈인터스텔라〉와 〈마션〉이 있습니다. 먼저, 〈인터스텔라〉는 2067년 황사와 병충해로 인해 전 세계적으로 식량이 부족한 상황을 보여 줍니다. 〈마션〉은 지구에서 화성으로 가져온 식량 중 남은 식량으로 생존하기 위해 고군분투하는 인간의 모습을 보여 줍니다. 두 영화는 환경오염으로 인한 기후변화나 생존이 힘든 극한의 상황에서 식량이 절대적으로 부족한 상황을 그립니다.

우리가 사는 지구처럼 한정된 공간에서 자신의 식량을 확보하기 위해 반란을 일으키는 주인공이 등장하는 영화도 있습니다. 바로 봉준호 감독의 〈설국열차〉입니다. 이 영화는 제목처럼 얼어붙은 지구 위를 달리는 열차 속 공간이 배경입니다. 여러 칸으로 이루어진 열차의 꼬리 칸은 굶주림을, 머리 칸은 풍요로움을 상징하며 대비됩니다. 영화 속 꼬리 칸 사람들은 가뭄과 내전으로 인한 굶주림으로 힘겨워하는 국가들과 닮았습니다.

배고프지 않음은 모두에게 당연한 걸까요?

그런데 열차 안의 먹거리가 절대적으로 부족한 것은 아닙니다. 머리 칸 사람들은 풍족한 식사를 하고 있으니까요. 학교에서 급식을 먹을 때, 맛이 없거나 배가 불러서 혹은 살을 빼기 위해서 열량(calorie)을 걱정하며 음식물을 남기거나 버린 적이 있나요? 그렇다면 여러분은 꼬리 칸과 머리 칸 중 어디에 탄 사람의 모습에 가까울까요?

영국으로부터 독립한 인도는 해방 직후에 식량을 늘리는 것을 국가의 우선 과제로 삼았습니다. 그 결과 인도는 외국에 곡물을 수출할 정도의 농업 대국으로 성장합니다. 그런데도 인도에서 굶주리는 사람은 여전했습니다. 인도의 인구증가율 때문이었을까요? 아닙니다. 물론 인도의 인구수도 식량의 생산량만큼이나 가파르게 증가했지만, 농업 강국이었던 인도는 모든 인도인이 충분히 먹을 수 있을 만큼의 식량을 생산하고 있었습니다. 하지만 식료품을 창고에 묵혀 두었을 뿐 가난한 사람은 사 먹을 능력이 없었습니다. 식량의 분배가 공정하게 이루어지지 않는 사회적 문제에서 오는 굶주림이었습니다.

지구촌의 관점에서 본다면 우리나라도 절대적으로 먹거리가 부족한 국가는 아닌데, 우리나라 안에도 먹거리가 넘쳐나는 친구들과 끼니 걱정을 하는 친구들이 있습니다. 절대적인 식량 부족이나 상대적인 식량 부족으로 인해 배고픈 친구들을 위해 우리는 무엇을 어떻게 하면 좋을까요?

기아의 종결을 위한 국제적인 움직임

2021년 7월, "배고픔에 죽어가고 있다"라며 쿠바 사람들은 큰 규모의 시위를 벌입니다. 이는 2017년에 개봉한 다큐멘터리 영화 〈쿠바와 카메라맨〉을 보았다면 예견할 수 있는 일이었습니다. 영화는 1970년대부터 2010년대까지 45년 동안에 쿠바 사람들이 국제정세에 따라 어떠한 삶을 살았는지를 보여 줍니다. 1990년 독일이 통일되고 뒤이어 쿠바를 원조하던 사회주의 국가의 주축인 소련마저 해체하며 쿠바는 경제적인 위기를 맞습니다. 〈쿠바와 카메라맨〉에서는 경제 위기로 배급받는 식량이 적어져서 배고픔에 농장을 약탈하는 자와 빼앗기지 않으려는 자의 모습을 보여 줍니다. 이후로도 오랫동안 사회구조적인 문제로 배고팠던 쿠바 사람들은 코로나19를 계기로 상황이 더욱 악화되자 그동안 국가에 쌓였던 불만을 모두 표출한 것입니다.

1994년부터 1999년, 북한에서도 100만 명이 배고픔으로 죽은 대규모 식량난이 있었습니다. 이를 다룬 〈겨울나비〉는 북한 출신 김규민 감독이 직접 겪었던 비극적인 굶주림 상황을 영화를 보는 사람들이 간접적으로 체험할 수 있도록 그려 냈습니다. 영화의 배경이 된 쿠바와 북한뿐만 아니라 영화에 등장하지 않은 많은 나라에서도 사람들이 배고픔에 힘겨워하고 있습니다.

국제연합(UN)은 2017년 기준으로 전 세계적으로 영양결핍에 시달리는 인구가 8억 1,500만 명인데 2050년에는 20억 명이 늘어난 28억 명 정도의 인구가 영양결핍에 시달릴 것으로 예측합니다. 이러한 문제를 해결하기 위해 유엔에서는 2000년부터 2015년까지 시행한 '새천년개발목표(MDGs: Millennium Development Goals)'의 1번을 '극심한 빈곤과 기아 퇴치'로 정하고, 2016년부터 2030년까지 시행할 SDG 2번을 '기아의 종결'로 정했습니다. 세부 목표로는 먹을 것이 없어 배를 곯는 상황을 끝내는 '기아 종식', 만족할 품질의 식량을 안정적으로 공급하는 '식량안보 달성', '개선된 영양 상태의 달성', '지속가능한 농업 강화'를 세웠습니다.

유엔 산하의 식량 원조 기구인 유엔세계식량계획(WFP: World Food Programme)은 세계 각국에서 모금한 돈으로 지역 경제에 도움을 주기 위해 매년 300만 톤의 식량을 개발도상국에서 사들입니다. 이렇게 사들인 식량을 굶주리는 사람들에게 지원하고 있습니다. 더불어 자연재해를 입은 지역이나 분쟁 지역의 사람들도 돕고 있습니다.

긴급한 상황에서는 굶주리는 국가에 식량을 지급하는 직접적인 도움도 필요하나, 그들이 자립할 수 있도록 기술을 전수함으로써 배고픔의 근본적인 문제를 해결할 수 있습니다. 농촌진흥청은 2009년부터 우리나라의 농업기술을 배우고자 하는 개발도상국의 과학자와 농업인에게 선진 농업기술을 보급하고 있습니다. 농촌진흥청은 개발도상국에 나라별로 키우기 적합한 품종을 개발하고 맞춤형 재배법을 보급하며 마을공동체의 경제활동 활성화 모델을 전수하기도 하고 사회적 지위가 낮은 여성 농업인의 자립을 돕고 있습니다.

농민의 어려움

영화 〈기적의 사과〉는 맛있는 사과가 나오기로 유명한 일본 아오모리 지역의 농민이 얼마나 힘들게 농사를 짓는지 보여 줍니다. 영화에는 농약으로 인한 피부병, 자연재해, 병충해, 농사로 떠안는 빚 등 농민이 실제로 겪는 어려움이 나옵니다.

세계의 노동 인구 중 농업에 종사하는 사람들은 43%가량인데, 우리나라는 인구의 4.3~4.5%만이 농업에 종사하며 농업 인구의 절반가량이 65세 이상의 노인이므로 2030년이 되면 우리나라의 농업 인구는 4% 이하로 예상됩니다. 다행히 정부에서 2015년 10월부터 '계절근로자 제도'를 도입·운영하여 외국인 노동자가 와서 일할 수 있도록 정책적으로 장려했습니다. 덕분에 농촌의 부족한 일손을 상당 부분 해결해 우리나라의 농업은 유지되고 있습니다.

우리나라 농민들은 어떠한 어려움이 있을까요?

우리나라의 먹거리를 생산하는 농민이 없다면, 우리는 외국에서 식량을 수급할 수밖에 없습니다. 그러다 외국에서 식량을 수급하는 데 어려움이 생기면 식량위기에 빠질 수밖에 없습니다. 이러한 우려는 2020년에 현실이 됩니다. 코로나19로 식량을 수출하던 나라들조차 자국에서 생존에 필수인 식량이 부족할 수 있다며 무역을 거부하기 시작했습니다. 코로나19는 식량 공급망뿐만 아니라 생산에도 직접적인 영향을 끼쳤습니다. 외국인을 고용하여 농사짓던 나라들이 국경 봉쇄로 더는 외국인을 고용하기 어려워졌기 때문입니다. 나라에서 소비하는 모든 식량 가운데 우리 땅에서 생산하는 양이 50%가 되지 않는, 식량자급률이 낮은 우리나라의 식량안보에 적신호가 켜졌습니다.

설상가상으로 수입하는 식량뿐 아니라 우리나라 농가의 식량 생산량도 기후위기의 영향을 받습니다. 태풍, 장마, 가뭄, 홍수 같은 자연재해로 인한 피해도 크지만, 지구온난화로 우리나라는 온대성 기후에서 아열대성 기후로 변하고 있습니다. 그에 따라 작물의 재배지도 전체적으로 북상하고 있습니다. 사과가 특산물이던 대구의 기온이 사과 생산에 적합하지 않게 되자, 사과 농사를 짓던 농민들이 사과를 키우기에 적합한 기온으로 변화한 강원도로 이주하는 등 농업 생산환경이 점차 변화하고 있습니다. 문제는 자꾸만 변화하는 생산환경의 흐름에 우리의 농업 시스템이 신속하게 적응하지 못한다는 점입니다.

기후변화와 더불어 심각한 문제는 예측할 수 없어진 날씨입니다. 언뜻 보면 기온이 높아지면 열대과일도 키울 수 있으니 더 좋지 않을까 생각하기 쉽습니다. 하지만 기후변화는 강수량과 기온, 태풍의 유형이 더는 예측하지 못하도록 바뀔 뿐 아니라 추울 때는 더 춥고 더울 때는 더 덥고 가뭄과 홍수는 더 강력해지는 극단화 현상을 빚어냅니다. 이로 인해 식물과 동물의 생애주기에 혼란이 오고 농작물의 전체 생산량은 크게 줄어들 수밖에 없습니다. 이는 기후변화가 심화할수록 식량 수급에 더욱더 커다란 문제를 만듭니다.

부족한 일손과 심해지는 기후변화 그리고 예측하기 어려운 날씨… 여러분이 만약 농민이라면 이러한 상황에서 농사를 짓고 싶을까요? 물론, 농사를 지어 우리나라의 식량주권을 지키는 것은 필요하고 중요합니다. 안타깝게도 농사가 어려워진 상황에서 누군가 농사를 지어 주길 바랄 뿐, 그 일을 내가 하겠다고 나서는 사람은 많지 않을 것입니다. 그렇다면 고마운 고생을 마다하지 않는 우리나라 농민들을 위해서 어떠한 지원이 필요할까요?

식량안보와 글로벌 그린뉴딜

　정부가 개입해서 경제성장을 일으키는 것을 재정정책이라고 합니다. 그 한 예가 미국의 32대 대통령 루스벨트가 강력히 추진한 '뉴딜' 정책입니다. 여기에 '친환경'을 의미하는 '그린(Green)'이 만나 '그린뉴딜' 정책이 탄생했습니다. 이것은 환경과 사람을 중심으로 지속가능한 발전을 이루기 위한 정책입니다. 우리나라도 기후위기에 대응하고 인간과 자연이 공존하는 미래 사회를 만들기 위해 2020년에 '한국판 그린뉴딜'을 발표했습니다. 우리나라의 그린뉴딜 정책에는 농업에서 축산과 벼농사를 중심으로 한 탄소배출 줄이기, 농업의 부산물을 다시 농업 생산에 투입하는 순환농업을 과학기술과 접목한 디지털 순환농업, 저탄소 농업 제품을 생산한다는 내용이 담겨 있습니다.

자연환경과 우리의 건강을 함께 지킬 수 있는 친환경농업

유럽에서는 이미 2019년부터 '유럽그린딜(European Green Deal)'을 추진하고 있습니다. 유럽그린딜은 '농장에서 포크(Farm to Fork)로'라는 구호 아래 진행 중입니다. 유럽그린딜은 농산물의 품질을 유지하면서 화학비료와 합성 농약의 사용을 줄여 식품의 유해성을 낮추고 탄소의 순수한 배출량을 '0'으로 줄이려는 목표를 세웠습니다.

유럽그린딜은 '2030년까지 25%의 농산물을 유기농으로 생산', '살충제는 50%, 비료는 20%, 농업 및 수경재배용 항생제는 사용량을 50% 줄임', '음식물 쓰레기를 절반으로 줄임', '유통 과정에서의 식품 영양소 감소를 최소 50% 낮춤', '지속가능한 식품 표시 방법 개발'을 구체적 목표로 합니다.

영화 〈더 나은 세상을 위한 레시피〉는 우리가 식습관을 친환경적으로 바꾼다면 유럽 그린딜을 이룰 수 있다고 이야기합니다. 가령, 자연 그대로의 방식으로 재배한 유기농 식품을 먹는다든가 땅에서 나온 것을 땅으로 돌려보내는 친환경 퇴비 활용 방법을 다룹니다. 또한 우리가 식품의 소비자로서 권리만 누릴 것이 아니라 의무와 책임을 지녀야 하는 근거를 마련합니다.

유럽뿐 아니라 세계적으로 이루어지고 있는 친환경농업이 우리에게도 필요한 까닭은 영화 〈대지에 입맞춤을〉에서 찾을 수 있습니다. 영화는 "근대 이전의 농법으로 땅이 건강을 회복해서 미래 세대의 식량안보를 증진할 수 있도록 하자"고 말합니다. 이에 대한 구체적인 실천 사례는 영화 〈내일〉(2015)에 나옵니다.

〈내일〉은 미국 디트로이트(Detroit) 지역에서 도시농장을 통해 푸드마일리지(Food Mileage)를 줄인 사례로 시작합니다. 여기에서 푸드마일리지는 '식품의 무게'에 '식품이 이동한 거리'를 곱한 값입니다. 푸드마일리지가 높은 식품은 원거리를 이동한 식품으로 이동하는 과정에서 탄소를 많이 발생시킴니다. 식품이 생산지에서 소비자의 식탁까지 이동할 때 '이산화탄소를 내뿜는, 배나 자동차 같은 수송 수단을 이용'하기 때문입니다. 그러므로 먹거리를 소비자와 가까운 도시나 도시 인근에서 생산한다면 식품의 이동으로 발생하는 이산화탄소를 줄일 수 있습니다. 덧붙여 식품의 이동이 길어질 때 상하지 말라고 뿌리는 방부제도 이동 거리가 줄어들면 뿌릴 필요가 없어져서 우리는 더욱 건강한 먹거리를 얻을 수 있습니다. 또한 지역 주민인 우리가, 우리의 지역 농민에게 경제적으로 힘을 실어 줄 수 있습니다. 영화는 영국 토드모던 지역 곳곳의 먹거리를 키우는 운동인 '놀라운 먹거리 운동(Incredible Edible Project)', 토드모던 인근 지역에서 소규모 농장을 운영하는 '놀라운 농장(Incredible Farm)'도 소개합니다. 그리고 프랑스 노르망디 지역에서는 화학비료나 농약 없이 자연 그대로에 가까운 고전의 유기농법, 퍼머컬처를 통해 지속가능한 농업의 모습을 살펴볼 수 있습니다.

"한 명의 실천은 작지만, 모두의 실천은 크다"라고 〈더 나은 세상을 위한 레시피〉와 〈내일〉은 입을 모아 말합니다. 우리가 함께 자연친화적인 농업을 일구고 식습관을 실천한다면 '모두의 자연환경'도 지키고 '개개인의 건강'도 지킬 수 있습니다. 2019년 1월에 17개국의 영양학, 농업, 환경 분야 과학자 37명은 친환경적이며 건강을 지킬 수 있도록 '붉은색 고기를 적게 먹고 채소를 많이 먹는, 인류세 식단'을 발표했습니다.

육식을 채식으로 바꾼다면

환경과 동물권 보호를 위해 육식을 줄이고 채식을 하거나, 채식에 관심을 보이는 사람이 늘어 가면서 이를 다룬 영화도 점차 많아졌습니다. 〈소에 관한 음모〉와 〈도미니언〉(2018)은 현대의 축산업이 환경에 미치는 영향을 소개합니다. 〈잡식가족의 딜레마〉는 돼지농장에서 돼지를 지켜보며 육식과 채식 사이에서 갈등하는 가족을 보여 줍니다. 마지막으로 영화 〈옥자〉에는 슈퍼돼지를 대량 생산하려는 다국적 기업이 등장합니다.

위의 영화들처럼 현대식 축산의 대부분은 동물 공장에 가까운, 집단 사육의 형태로 이루어지고 있습니다. 영화 〈지구생명체〉와 〈푸드 주식회사〉는 현대식 축산의 문제점을 다룹니다. 공장식 축산은 수익성을 높이기 위해 과밀한 사육 공간에서 동물들을 키우며 동물에게 엄청난 양의 약품과 호르몬을 사용합니다. 생식기를 없애면 성격이 순해져서 사육이 쉬워지고 부드러운 고기를 생산할 수 있다며 마취도 없이 생식기를 자르고 의식이 있는 채로 도축하고 있습니다.

소는 태어나 하루 이내에 어미 소로부터 격리됩니다. 부드러운 고기가 되

육식 위주의 식습관과 현대의 축산업

기 위해 근육이 생기지 않도록 몸 크기만큼의 공간에서 어미 소의 젖 대신 항생제가 들어간 우유 대체재를 먹고 자랍니다. 우유를 생산하는 젖소들은 우리가 마실 우유를 만드느라 단백질 대부분을 사용해서 정작 자신에게 필요한 단백질은 부족한 상태입니다. 덧붙여 반복적인 출산으로 상당한 양의 칼슘을 잃어버리고 질병을 앓으며 생명을 위협받고 있습니다.

돼지는 스트레스를 받으면 다른 돼지의 꼬리를 물어뜯을 수 있어서 태어나자마자 꼬리를 절단당합니다. 소와 마찬가지로 자신의 몸에 꽉 차는 공간에서 앉았다 일어서기를 반복하며 쉴 새 없이 새끼를 낳습니다. 그러다 더는 새끼를 낳을 수 없게 되면 도축장으로 가서 열 마리 가운데 한 마리는 의식이 있는 채로 식용 고기로 도살됩니다.

닭의 경우 인공 부화된 병아리 중 40%에 이르는 수평아리들은 알도 낳지 못하고 식용 닭으로도 쓸 수 없다는 이유로 태어나자마자 분쇄기 속으

공장식 밀집형 농장의 닭들

로 들어가서 목숨을 잃고 있습니다. 이 수는 전 세계에서 매년 약 70억 마리에 이릅니다. 살아남은 암평아리들도 자해하거나 다른 닭을 훼손하지 못하도록 부리를 절단당합니다. 그런 뒤 어둡고 좁은 공책만 한 닭장 속에서 항생제를 맞으며 달걀을 낳다 산란율이 떨어지면 도살됩니다. 그 과정에서도 거꾸로 매달아 전기충격을 가해 몸은 마비되었지만, 의식이 있는 상태로 죽음을 맞이합니다.

동물 학대에 가까운 공장식 대량 사육을 하는 이유는 사람들의 육식 위주의 식습관 때문입니다. 공장식 사육은 동물권 침해도 문제지만 이를 섭취하는 사람에게 질병을 일으킬 수 있습니다. 유전자 변형 생물(GMO: Genetically Modified Organism)은 가축의 사료로 사용되고 고기의 양을 늘리기 위해 유전자 변형 동물(Genetically Modified Animals)을 키우기도 합니다. 위생적이지 않은 환경에서 병들었거나 항생제를 남용한 고기를 먹었을 때 우리는 건강할 수 있을까요? 대규모 사육장은 분뇨를 대량 생산해 토양과 수질을 오염시키고 가축의 먹이를 재배하면서 이산화탄소를 만들고 키우는 과정에서도 상당한 양의 온실가스를 배출합니다.

물론 육식의 해결책을 찾는다면, 동물을 죽이지 않고 동물의 세포를 키워서 고기를 얻는 인공 고기라고 불리는 배양육이 있습니다. 하지만 배양육은 아직 상용화 단계는 아니고 안전성 문제도 거론되고 있습니다. 그렇기에 배양육보다는 가격이 저렴하고 상용화되었으며 안전하다고 알려진 곤충식이 육식의 대안으로 떠오르고 있습니다.

〈우유에 대한 불편한 진실〉에서도 다루었지만 육식 위주의 식습관은 기후위기를 부른 원인으로 지목됩니다. 사람들이 즐겨 먹는 소고기 1kg을 얻기 위해 2.8kg의 온실가스를 배출하고 10kg의 사료가 필요하지만, 같은 양의 단백질을 얻으려면 식용곤충은 2g의 온실가스를 배출하고 사료는 1.7kg 필요합니다. 단백질 1g을 얻기 위해 소고기는 112L의 물이 필요하지만, 식용곤충은 23L의 물만 필요합니다. 냉온 동물이라 체온 유지가 필요 없는 곤충은 적은 양의 사료와 물로도 자랍니다. 이렇듯 생산과정이 효율적이기 때문에 식용곤충에 대한 사람들의 관심이 높아졌습니다. 이를 반영하듯, 영화 〈100억의 식탁〉에는 2050년에 세계 인구가 100억 명에 이르렀을 때 식량 부족 상황에서 해결책을 찾기 위해 태국의 곤충농장을 방문하는 장면이 나옵니다.

국제연합식량농업기구(FAO: Food and Agriculture Organization of the United Nations)는 세계 식량 및 기아 문제의 개선을 위해 세계인의 영양 및 생활 수준 향상을 위해 활동하는 국제연합 전문기관입니다. FAO는 식용곤충이 단백질 함유량이 높고 포화지방보다 건강에 이로운 불포화지방이 더 많고 소고기보

육식의 대안으로 떠오른 곤충식

다 미네랄, 비타민, 섬유질의 함량도 풍부하여 영양학적으로 우수하다고 밝혔습니다. 우리나라의 농림축산식품부도 2021년 3월에 '제3차 곤충·양 잠산업 육성 종합계획'을 발표하고 곤충 유래 식품과 기능성 연구로 지속적 인 시장 확대를 도모하고 곤충산업 전문인력을 양성하여 곤충산업 활성화 를 하겠다고 선언했습니다.

예전에도 우리나라의 길거리나 극장 앞에서 번데기 같은 식용곤충을 판 매했지만, 지금은 번데기보다 갈색거저리의 애벌레인 '밀웜(mealworm)' 혹은 '고소애'라고 불리는 곤충을 자주 볼 수 있습니다. 밀웜은 예능 프로그램에 서 연예인들이 먹는 모습이 등장한 적도 있고 반려동물의 먹이로도 많이 쓰 입니다. 더 나아가 식용곤충은 급식에 나올 정도로 주변에서 쉽게 찾아볼 수 있는 식품이 되었습니다. 2021년 4월 청주의 한 고등학교에서는 갈색거 저리에서 자란 동충하초 버섯을 갈아 넣은 어묵, 돈가스, 탕수육을 학교급 식으로 제공했습니다.

그런데 식용곤충은 외형에 따른 거부감으로 인해 괴이한 식습관으로 여 겨지기 쉽고, 식용곤충의 공장식 사육과 섭취가 생태계에 나쁜 영향을 미 친다는 의견도 있으며, 식용곤충에 알레르기 증상을 보이는 사람들도 있 습니다. 이러한 이유로 곤충을 식용으로 바로 활용하기에 문화적 거부감이 크다면 곤충을 가축의 사료로 적극적으로 활용해 가축 사료를 재배하기 위한 땅의 면적을 줄이는 것도 좋은 방법입니다. 물론 가장 좋은 방법은 동 물복지 문제도 만들지 않고 환경오염도 덜 일으키는 채식을 하는 것입니다.

영화 〈우리는 왜 육식을 멈추고 채식을 사랑하게 되었나?〉와 〈몸을 죽이 는 자본의 밥상〉, 〈더 게임 체인저스〉는 채식을 통해 건강함도 찾을 수 있다 고 말합니다. 이러한 흐름은 학교 현장에도 반영되어, 서울시는 '그린 급식의 날', 경기도는 'BTS: Budding Tree School Day', 경상남도는 '다채롭데이'를 열고 있습니다. 일부 학교에서는 채식 급식과 일반 급식 가운데 식사를 선택할 수 있는 채식 급식 선택제를 운영합니다. 채식 급식은 우리의 건강뿐만 아니라 환경도 지킬 수 있고 동물의 권리도 보호할 수 있기에 채식 식당도 늘어나고 있습니다.

채식인을 위한 대체육과 대체해산물도 많아졌습니다. 콩과 버섯으로 만든 프라이드치킨, 미생물을 발효하거나 효모 혹은 버섯균류를 이용한 햄버거 패티(patty)와 크림치즈, 밀가루 음식의 쫄깃함을 만드는 성분인 글루텐으로 씹는 맛을 살린 대체육, 해조류가 원료인 대체육도 상용화되고 있습니다. 대체육뿐만 아니라 해양오염이나 미세플라스틱, 중금속 때문에 섭취가 꺼려지는 해산물을 대신할 대체해산물도 주목받고 있습니다. 몇몇 기업에서 이미 곤약으로 만든 새우, 토마토가 재료인 참치, 콩·버섯·아보카도를 원료로 3D 프린팅한 연어를 만들어서 판매하고 있습니다.

채식에서 허용하는 식자재에는 어떤 것들이 있을까요? 채식은 이름처럼 식물에서 오는 '채소와 과일'을 모두 포함합니다. 또한 채식은 한 가지만 있

채식주의자 섭취 식품	비건	락토	오보	락토 오보
식물성 식품	🥬	🥬	🥬	🥬
꿀		HONEY	HONEY	HONEY
우유 및 유제품		🥛		🥛
달걀			🥚	🥚

큰 틀의 채식주의자와 섭취 식품

는 것이 아니라 다양하게 나뉘며 채식의 종류에 따라 허용하는 식자재가 다릅니다. 채식주의자(vegetarian)는 크게 식물성식품만을 먹는 '비건(vegan)'과 식물성식품과 더불어 우유 같은 유제품과 꿀을 먹는 '락토(lacto) 베지테리언', 식물성식품에 달걀만 먹는 '오보(ovo) 베지테리언', 동물에게서 나오는 음식은 우유와 꿀만 섭취하고 주로 채식을 하는 '락토 오보(lacto-ovo) 베지테리언'으로 나뉩니다.

이 외에도 표와 같이 허용하는 식품의 종류가 가장 적은 것이 비건인데, 비건보다 엄격하며 과일과 견과류만 허용하는 극단적인 채식주의자가 '프루테리언(fruitarian)'입니다. 그리고 채식보다 접근하기 쉬운 세미 채식주의자로 '페스코(pesco) 베지테리언', '폴로(pollo) 베지테리언', '플렉시테리언(flexitarian)'이 있습니다. 여기서 페스코 베지테리언은 락토 오보 베지테리언의 섭취 식품에 어패류까지 허용하며, 폴로 베지테리언은 페스코 베지테리언의 섭취 식품에 닭, 오리, 꿩, 칠면조와 같은 가금류까지 식재료로 허용합니다. 플렉시테리언은 평소에는 채식을 실천하지만, 상황에 따라 육식도 가능합니다.

이렇듯 다양한 채식의 방법 가운데 무엇을 선택하든, 채식은 육류의 소비를 줄여 지구 환경에 도움을 줍니다. '고기 없는 월요일(Meat Free Monday)' 캠페인처럼 일주일에 하루만 채식해도 자동차 500만 대를 멈추는 효과가 있습니다. 육류의 소비를 줄여서 가축을 키우는 데 드는 식량을 굶주리는 사람들의 식사로 사용한다면 세계 식량 문제를 해결할 수 있습니다.

채식은 동물 사육으로 인한 환경오염을 막고 동물보호도 할 수 있습니다. 또한 붉은 고기에서 발생하는 질병을 막고 기존의 질병도 완화하는 장점이 있어 건강을 위해 채식을 선호하는 사람도 있습니다. 물론 채식을 통해 영양가를 골고루 얻을 수 있는지를 우려하는 목소리도 있고, 지속가능한 지구를 위해 채식 급식 등의 탄소중립 급식을 환영하는 사람들도 있지만, 입맛에 맞지 않는다며 채식에 대한 거부감을 표하는 사람들도 있습니다.

식용곤충이 환경적인 측면에서는 효율적이지만 좁은 공간에 많은 곤충을 가두어 키우는 비윤리적인 곤충 사육 방법에 의문을 품는 사람도 있습니다. 여러분은 '식용곤충 급식'과 '채식 급식'에 대해 어떻게 생각하나요? '식용곤충 급식'과 '채식 급식'에 동참할 건가요?

지하철에서 수확하는 채소

자연재해 속에서도 지속적이고 일정한 양의 식량자원을 확보할 방법을 영화에서 엿볼 수 있습니다. 테라포밍이란 다른 행성을 지구의 환경과 비슷하게 꾸며 인간이 살아갈 수 있도록 하는 것인데, 글의 시작에 소개한 〈승리호〉에서는 화성을 테라포밍합니다. 그리고 영화 〈남극의 쉐프〉는 평균기온이 −54℃인 남극의 기지에서 일본인 대원들이 본국에서 가져온 씨앗을 싹 틔워 채소를 배양하는 모습을 보여 줍니다. 〈설국열차〉에는 한정된 열차 칸 안에서 다양한 작물을 층층이 키워 공간을 효율적으로 사용하여 생산량을 늘리는 모습이 나옵니다.

지구온난화에 따른 이상기후로 불볕더위와 장마가 계속되며 우리나라의 많은 농가가 피해를 보았습니다. 이러한 피해를 극복하기 위해 기후변화에 영향받지 않고 지속해서 균일한 생산이 가능한 지능형농장(smart farm)이나 식물공장이 대안으로 떠올랐습니다. 지능형농장과 식물공장은 정보통신기술을 사용한다는 점에서 공통점이 있습니다. 그런데 식물공장은 외부와 완전히 차단한 공간에서 식물을 재배하지만 지능형농장은 지능형온실, 지능형과수원, 지능형축사처럼 개방된 공간에서 식물 외에 동물도 키우는 것을 포함하므로 더 큰 개념입니다.

　농업전문가들은 기후변화 문제뿐 아니라 농촌의 부족한 일자리 문제도 해결할 수 있는 정밀농업(precision agriculture)을 도입해야 한다고 주장합니다. 정밀농업은 비료와 농약의 사용량을 줄여 환경을 보호하면서도 농업에 디지털 기술과 자동화를 활용하여 효율성을 높인 농업 생산 방식입니다. 전통 방식의 농업이 눈대중으로 작물에 물과 비료를 주었다면, 정밀농업은 물과 비료 등을 작물이 꼭 필요한 만큼 정확하게 재서 주는 지능형농업의 방식으로 소중한 수자원과 비료, 씨앗등을 낭비 없이 사용할 수 있습니다.

　서울시 지하철 상도역의 지하철 농장(metro farm)과 부산시 거제해맞이역의 레일팜(rail farm)은 지능형농장 중 하나입니다. 지하철 농장은 발광 다이오드(LED)를 통해 적당한 빛을 주고 식물이 자라나는 데 적합한 온도와 습도를 자동기술 시스템으로 관리합니다. 무균에 가까운 공간에서 병충해나

기후위기에 영향받지 않고 일정한 양을 생산하는 지능형농장

미세먼지 걱정이 없어 파종에서 수확까지 40일가량 걸리며 하루 51kg, 월 1.12t을 생산합니다.

흙밭에서 채소를 키우면 수평으로 넓게 키우기 때문에 많은 땅이 필요한데, 지능형농장은 수직으로 층층이 채소를 키우기 때문에 농사에 많은 면적이 필요하지 않습니다. 더불어 해충이 없어 농약도 사용하지 않고 배양액을 통해 수경재배하므로 뿌리에 흙이 묻지 않아 생산한 식품을 세척하기도 편합니다.

식물공장에서는 기후와 관계없이 생산량이 꾸준하고 많아서 동종업계인 우리나라의 개별 농가에 피해가 가지 않도록 토종 채소 대신에 유럽 채소를 재배합니다. 자동화 농장(auto farm)에서는 파종과 수확을 제외한 전 과정을 기계가 하고 있으며, 앞서 말한 온도·습도와 빛을 균일하게 조절할 수 있는 장점이 있어서 남극의 세종기지도 컨테이너형 자동화 농장을 운영합니다.

지하철 농장에서는 식물의 뿌리를 관찰하고 식물을 직접 수확하여 맛볼 수 있습니다. 식량안보에는 식량 확보만큼이나 안전한 먹거리도 중요합니다. 지하철 농장은 안전하면서도 지속가능한 미래 농업의 모습을 보여 줍니다.

하지만 지능형농장은 한계도 명확합니다. 지능형농장에서는 비교적 생육 기간이 짧고 자라는 데 에너지가 적게 필요한 잎채소만 쉽게 키울 수 있습니다. 쌀 같은 곡물이나 토마토, 가지처럼 육질이 풍부한 채소류나 과일류는 재배에 태양에너지와 물이 많이 소모되므로 지능형농장에서 전기로 키우기에는 연료의 효율이 높지 않습니다.

늘어나는 음식물 쓰레기

음식물 쓰레기를 줄여서 지구의 환경오염을 최소화하자는 영화도 있습니다. 2010년에 나온 독일의 다큐멘터리 영화 〈음식물 쓰레기의 불편한 진실 (Taste the Waste)〉은 연간 발생하는 음식물 쓰레기의 양과 매년 그 양이 늘어나는 이유를 보여 줍니다. 그리고 10년 뒤인 2020년, 음식물 쓰레기 문제의 해결 방법을 소개하는 환경 다큐멘터리 영화 〈모따이나이 키친〉이 나옵니다.

모따이나이(もったいない)는 일본어로 아깝다는 뜻입니다. 영화는 '가치가 남아 있는 것은 버리지 않는, 일본의 모따이나이 정신'을 바탕으로 먹을 수 있는데도 버려지는 음식물 쓰레기를 줄일 수 있는 여러 가지 방법을 제시합니다. 그중 하나로 '음식이 만들어지고 나서 소비자에게 판매할 수 있는 기한인, 유통기한'과 '보관 방법을 따랐을 때 소비자가 식품을 섭취해도 안전에 이상이 없는 기한인, 소비기한'을 구분하여 유통기한이 임박하거나 유통기한이 지났어도 소비기한이 지나지 않은 음식으로 요리하는 것을 예로 듭니다.

그리고 혁신적인 아이디어로 생산적인 활동을 하는 회사인 구글(Google)은 몇 가지 새로운 생각으로 구내식당의 음식물 쓰레기를 줄입니다. 먼저, 구글은 외형 때문에 상품성은 떨어지나 맛에는 문제가 없는 못난이 재료를 사용하여 음식을 만듭니다. 음식을 만들고 남은 재료들도 허투루 버리지 않고 갈아서 말린 후에 천연 조미료로 사용하거나 소스로 만듭니다. 또 식기를 반납하는 퇴식구의 스마트 저울로 음식물 쓰레기가 나오는 양을 실시간으로 안내하여 식사를 남긴 직원이 스스로 경각심을 일깨우도록 하고 이를 데이터로 분석하여 환류합니다.

우리의 삶 속에서 주도적으로 실천해야 할 식량안보

우리가 생활하는 데 필요한 열량과 영양분을 제공하고 우리의 몸을 구성하는 소중한 식량. 없어서는 안 될 식량의 꾸준한 생산과 식품 안전을 위해 '농림축산식품부'와 '식품의약품안전처'가 애쓰고 있습니다. 그렇다고 해서 식량안보의 모든 책임을 정부 기관에 맡길 것은 아닙니다. 정부 기관과 함께 앞서 알아본 것들에 대해 우리도 삶 속에서 실천해야 합니다.

우선, 식품 선택 단계에서는 우리나라의 가까운 거리에서 생산한 유기농 식품, 동물복지 인증을 받은 식품을 선택하여 나의 가치관을 소비에 부여한, 가치 소비를 해야 합니다. 다음으로 음식 만드는 과정에서 음식물 쓰레기를 최소화하고 식품을 섭취할 때도 필요량만 섭취하고 잔반을 줄여야 합니다. 이렇게 친환경적인 식사로 지속가능한 지구에서 식량 생산이 지속가능할 수 있도록 해야겠습니다.

더 나아가 내 주변 사람들도 이에 동참할 수 있도록 캠페인을 열거나 학교급식이나 우리 지역의 소외된 가정의 식사, 농업이나 식량 계획을 위한 정책간담회에 참가하여 의견을 제시하고 혹시라도 닥쳐올 수 있는 식량안보의 위기에 대비하여 다 함께 대응 방안을 마련해야겠습니다.

온라인에서 더 알아볼까요?

벌레를 먹어야 할까요?

Emma Bryce

https://youtu.be/rDqXwUS402I

완벽한 농장을 만들 수 있을까요?

Brent Loken

https://youtu.be/xFqecEtdGZ0

자라서
좋은 사람이 되고 싶었어요

박지희(충남 충남외국어고등학교 교사)

〈가버나움〉(2018)

자신의 부모님을 고소하기 위해 법정에 선 꼬마가 있습니다.
고소 이유는 이 세상에 자신을 태어나게 해서….
과연 그들에게 무슨 일이 있었던 것일까요?

SDG 3.   건강하고 행복한 삶 보장

SDG 16.   평화·정의·포용

"보이지 않는 것을 보여 주기 위해"

2018년 제71회 칸영화제에서 〈가버나움〉으로 심사위원 상을 받은 레바논 출신의 나딘 라바키 감독은 다음과 같이 수상 소감을 발표했습니다.

"저는 영화에 강력한 힘이 있다고 믿습니다. 영화에는 사람들에게 보이지 않는 것을 보여 주고, 지금껏 누구도 말하지 않았던 것을 말하게 함으로써, 사람들을 생각하게 하는 힘이 있다고 생각합니다. 세상에서 그동안 고통받고 있었던 아이들을, 이제는 못 본 체 등 돌리지 않기를 바라며 이 영화를 만들었습니다."

자신의 고국인 파키스탄에서 실제 일어난 사건을 바탕으로 영화 〈딸〉(2014)을 제작한 아피아 나다니엘 감독은 매체와의 인터뷰에서 이렇게 말했습니다.

"파키스탄의 일일 뿐입니다. 하지만 이 영화를 본 세상 사람들이 변화를 만들겠다는 우리의 신념과 행동의 이유에 대해 궁금해하지 않을까요? 이 질문을 통해 자신이 무엇을 해야 하는지 생각하길 바랍니다."

두 감독은 오랜 시간 주변에 존재했지만, 우리가 쉽게 알아채지 못했던 문제점을 영화를 통해 보여 주고자 했습니다. 특히, 그들은 가장 연약한 존재인 '아동'이 겪고 있는 문제점에 주목했습니다. 그리고 우리가 힘들게 살아가고 있는 아동의 삶에 대해 생각하고, 그들의 아픔에 공감하며, 그들을 돕기 위해 함께 행동하기를 바랐습니다. 영화 속 이야기를 함께 살펴보며 이 세상 모든 아동이 행복하기 위해 우리가 무엇을 해야 하는지 생각해 보아요.

지켜 주지 못해 미안하다는 말은 이제 그만! 아동학대

췌장이 터지고 후두부, 쇄골, 대퇴골이 골절된 채 숨진 16개월 여자아이, '정인이 사건'을 기억하나요? 정인이를 죽게 만든 것이 양부모의 학대로 밝혀져 2021년 대한민국을 떠들썩하게 만들었습니다. 이 안타까운 사건을 통해 우리는 '아동학대'가 얼마나 심각한지 알게 되었습니다. 「아동복지법」 3조 7항에 따르면, '아동학대'란 보호자를 포함한 성인이 아동의 건강 또는 복지를 해치거나 정상적 발달을 저해할 수 있는 신체적, 정신적, 성적 폭력이나 가혹행위를 하는 것과 아동의 보호자가 아동을 유기하거나 방임하는 것입니다.

〈가버나움〉은 자신의 나이도 정확히 알지 못한 채, 열두 살로 추정되는 주인공이 "나를 세상에 태어나게 한 부모님을 고소합니다"라고 말하는 것으로 시작합니다. 그러고 나서 부모님을 고소하기까지 그의 삶이 얼마나 잔혹했는지 보여 주지요. 영화는 우리에게 직접적 폭행뿐만 아니라 부모로부터 돌봄을 받지 못하는 것, 아동의 권리를 보장받지 못하는 것도 아동학대임을 알려 줍니다.

1989년 유엔 총회 회원국들은 만장일치로 전 세계 아동의 권리 보장을 위해 「유엔아동권리협약」을 맺었습니다. '비차별', '아동 이익 최우선', '생존과 발달의 권리', '아동 의견 존중'이 협약의 기본 원칙입니다. 2021년 기준,

영화 〈가버나움〉의 배경이 된 레바논을 포함한 193개국이 협약 이행에 동의했습니다.

그렇다면 「유엔아동권리협약」은 잘 지켜지고 있을까요?

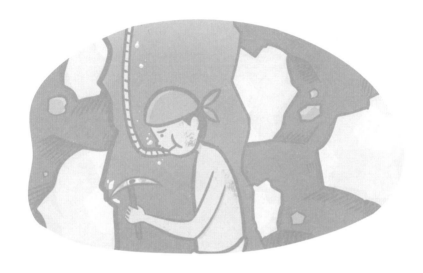

세계 곳곳의 많은 아동이 권리를 빼앗기고 가혹한 노동에 시달리고 있습니다. 필리핀 아이들은 고무호스 하나에 의지한 채 지하 25m 갱도 물속에 들어가 금을 채취하고 있습니다. 인도 아이들은 신발이나 안전모도 없이 허리도 펴기 힘든 작은 구멍 속에 들어가 망치를 두드리며 펄 화장품 재료로 쓰이는 운모를 캐내고 있지요. 인도네시아 아이들은 10m 넘는 망고나무에 맨손으로 올라 하루에 8시간 이상씩 망고를 따고 있습니다. 국제노동기구(ILO: International Labour Organization)에 따르면, 전 세계 어린이 중 13%인 1억 7,000만 명이 노동을 착취당하고 있습니다. 하루 일당 약 3,000원을 벌기 위해 학교도 가지 못한 채 일을 하고 있습니다. 아동을 학교에 보내지 않는 것은「유엔아동권리협약」28조 교육받을 권리를, 아동에게 일을 시키는 것은 32조 노동과 착취로부터 보호받을 권리를 해치는 행위입니다.

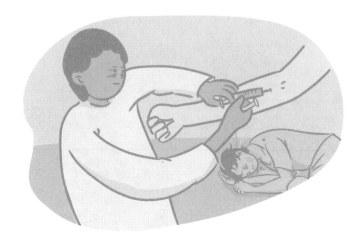

의학적으로 필요한 경우, 환자들은 모르핀, 옥시코돈, 트라마돌, 코데인 등의 진통제를 처방받아 통증을 줄일 수 있습니다. 하지만 이 진통제들이 오용·남용된다면, 사람들에게 환각작용을 일으키는 마약으로 사용되게 됩니다. 이러한 환각 효과를 원하는 사람들은 진통제의 명목으로 약을 처방받거나 불법적으로 구매하여 마약을 투약하고, 때론 다른 사람들에게 비싼 값으로 재판매하기도 합니다. 〈가버나움〉의 주인공처럼 불법적 구매에 어린 아동들이 쉽게 이용될 수 있고, 이는「유엔아동권리협약」33조 마약 생산, 판매로부터 아동 보호 권리를 보장받지 못하는 사례입니다.

우크라이나에는 현재 친러시아 세력의 반군과 정부군 간의 내전이 발생하고 있습니다. 특히, 러시아와의 접경 지역인 돈바스에서는 부모로부터 보호받지 못한 채 길거리로 내몰린 어린이들이 마약을 복용하거나 유통하고,

심지어는 제조까지 하고 있습니다. 과연 마약이 우크라이나만의 문제일까요? 유엔마약범죄사무소(UNODC: United Nations Office on Drugs and Crime)에 따르면, 2018년 기준 세계 마약 투약자 수는 3억 명이 넘었습니다. 마약 청정국으로서 자랑스러워하던 우리나라도 2016년 이후, 마약사범으로 입건되는 사람이 매달 1,000명 이상입니다. 특히, 최근 19살 이하 마약사범이 가파르게 증가하고 있는데, 이는 다크 웹, 텔레그램, 가상화폐 등의 디지털 수단을 활용한 새로운 마약 유통망이 형성되는 요인과 관련 있습니다. 2020년 검거된 청소년 마약범은 132명으로, 1년 사이에 무려 83%나 증가한 수치입니다. 청소년 마약은 마약 구매 자금을 마련하기 위한 절도, 사기 등의 2차 범죄 위험이 커서 사회적 보호가 더욱 필요합니다.

우리는 모두 우리의 생일로 시작하는 주민등록번호를 가지고 있습니다. 하지만 세계의 10명 중 7명은 주민등록번호를 가지지 못합니다. 출생신고를 못 해서 존재하지만 존재의 의미를 부여받지 못한 채 마치 투명 인간으로 살아가고 있는 것입니다. 한때 한 자녀 정책을 실시했던 중국에서는 둘째 자녀 출생신고 시 부과되는 벌금 5,000위안을 낼 수 없어 지금까지 호적 없이 살아가는 '헤이후(黑戶)'가 존재합니다. 저개발국가인 소말리아의 출생신고 비율은 3%밖에 되지 않습니다. 행정력의 부재와 신고 비용이 그 원인입니다. 요르단과 레바논에는 시라아에서 전쟁을 피해 피난 온 부모에게서 태어난 아동들이 존재합니다. 이들 중 77%는 미출생신고 아동으로 법적 신분을 부여받지 못했습니다. 〈가버나움〉의 주인공이 왜 열두 살로 '추정'되었는지 알 수 있지요? 현재 세계 5억 명이 넘는 아동들이 「유엔아동권리협약」 7조 출생 후 이름과 국적을 가질 권리에서 소외당하고 있습니다. 우리나라에도 출생신고가 되지 않은 2만 명의 아이들이 존재합니다. 올해 인천과 여수에서 부모로부터 학대받아 숨진 채 발견된 8살, 2살 아이들은 죽고 나서야 비로소 자신의 존재를 세상에 알릴 수 있었습니다. 출생신고 미등록 아동의 가장 큰 문제는 어떠한 법과 제도로부터도 보호와 지원을 받을 수 없다는 점입니다.

영화 〈아무도 모른다〉는 1988년 일본 도쿄에서 발생했던 '스가모 어린이 방치 사건'을 바탕으로 재구성한 작품입니다. 혼인신고와 출생신고를 하지 않고 홀로 4명의 아이를 낳아 키우던 아이들의 엄마는 곧 돌아오겠다는 메모와 약간의 돈을 남긴 채 아이들만 남겨 두고 떠납니다. 출생신고가 되지 않은 탓에 아이들은 누구에게도 보호받을 수 없었으며, 오랫동안 방치되었습니다. 영화에는 자세히 묘사되지 않았지만, 실제 아이 중 한 명은 방치된 채 사망했고, 사건이 세상에 알려진 이후 백골화된 상태로 발견되었다고 합니다. 만약 출생신고가 되어 있었다면, 이러한 비극을 미리 막을 수 있지 않았을까 하는 안타까운 마음이 듭니다.

아동 노동을 줄이는 착한 소비, '공정무역(Fair Trade)'

아동 노동 근절을 목표로 유니세프 등 국제기구는 아동 노동의 심각성을 많은 사람에게 알리기 위한 캠페인(#Notochildlabour)을 진행하고 있으며, 국내외 기업들은 아동 노동 착취 기업을 해외 사업장과 공급망에서 제외하겠다고 서약했습니다. 우리는 아동 노동 근절을 위해 무엇을 할 수 있을까요? 소비자로서 아동 노동으로 만들어지지 않은 공정무역 상품을 구매하는 것이 하나의 방법이 될 수 있습니다. 국제공정무역기구의 '공정무역 마크(Fairtrade Mark)'는 공정무역 생산 제품을 보증하는 표시입니다. 'WFTO(World Fair Trade

Organization) 마크'는 안전하고 공정하며 지속가능한 환경에서 제품을 생산하는 기업임을 의미하지요. 공정무역 상품에 대한 수요가 많아지면, 위험하고 불공정한 환경에서 생산되는 상품과 아동 노동이 사라지지 않을까요? 나부터 시작되는 작은 힘이 하나, 둘 모인다면 큰 힘이 된다는 사실을 기억해야겠습니다. '아동 노동 철폐의 해'인 2021년, 우리로부터 큰 사회적 변화가 일어나길 바랍니다.

국제공정무역기구의 공정무역 마크

WFTO 마크

어린 소녀들의 꿈을 짓밟는, 조혼과 매매혼

2018년 발표한 유니세프 전 세계 조혼 통계에 따르면, 6억 5,000만 명의 미성년 여자 어린이들이 조혼했다고 합니다. 이는 세계 여자 어린이 20%가 조혼한 셈입니다. 아직 온전하게 성장하지 않은 몸으로 출산하는 경우, 합병증 발생 위험이 매우 큽니다. 성인 산모 사망률에 비해 18세 이하 여자 어린이 산모 사망률은 5배 높고, 어린 산모에게서 태어난 신생아의 60%는 세상의 빛도 보지 못하고 사라지고 있습니다.

조혼의 사례에 대해 자세히 알아볼까요? 아프리카 말라위에서는 여자

아이들이 사춘기에 접어들 열 살 정도가 되면 지역사회 성인식 캠프에 참여하게 합니다. 성인식 캠프에서 여자아이들은 성교육 명목하에 교육을 받게 되는데, 교육의 내용은 남자의 성적 욕망을 채워 주는 방법입니다. 2차 성징이 시작되면, 몸과 마음을 깨끗하게 해 주어 미래에 좋은 아내가 될 수 있다는 정화 의식을 치릅니다. 말라위의 정화 의식이란, 마을에서 고용된 하이에나라는 남성과 성관계를 맺는 것입니다. 이후 소녀들은 성인이 되기 전에 결혼을 하고 10대 후반쯤에는 이미 여러 자녀를 둔 엄마가 됩니다.

인도 결혼법은 혼인 가능 나이를 여성 18세, 남성 21세로 규정하고 있습니다. 하지만 18세 미만 인도 여성의 결혼 비율은 30%에 이릅니다. 인도에서 여자아이들은 집안 경제에 도움도 되지 않고, 음식만 축내는 가족의 잉여 구성원으로 여겨집니다. 그리하여 결혼을 통해 여자아이들을 처리한다는 잘못된 사회 관념이 생기게 되었지요. 게다가 인도에는 딸을 결혼시킬 때 많은 돈을 신랑 쪽에 주어야 하는 신부 지참금 제도가 있는데, 어린 신부의 경우에는 돈을 조금 주어도 되기 때문에 부모들은 딸을 일찍 시집보내려 합니다.

때론, 영국 이주권을 받고자 하는 파키스탄 남성들이 조혼이라는 관습을 악용합니다. 파키스탄은 민족 간 유대를 매우 중요시하는데, 이러한 문화와 성향을 악용해 파키스탄 남성들이 파키스탄계 영국 소녀 부모에게 결혼을 요구하는 것입니다. 부모들은 강압적으로 자신의 어린 딸들에게 원하지 않는 결혼을 하게 합니다. 왜 소녀들은 결혼하기 싫다는 의사를 분명히 표현하지 않냐고요? 조혼을 거부한 소녀들은 아버지와 남자 형제들로부터 '명예살인'을 당할 수 있습니다. 가족의 명예를 더럽혔다는 이유입니다.

〈딸〉은 어린 나이에 나이 많은 남편과 결혼했던 주인공이 자신의 딸에게

는 조혼을 겪지 않게 하겠다는 의지로 딸과 함께 가족으로부터 탈출하는 과정을 그린 영화입니다. 명예살인을 당할 수 있다는 위험을 무릅쓰면서까지 조혼이라는 악습에서 딸을 지켜 내려는 어머니의 절실한 마음이 여러분에게도 전해지나요?

여자아이들에게 조혼은 너무 가혹합니다. 조혼은 자아정체성을 형성하고 장래 꿈을 키워야 하는 중요한 시기를 놓치게 합니다. 하지만 위 사례처럼 다양한 이유로 전 세계에서 조혼은 계속되고 있습니다. 소녀들에게 자신의 존재와 가치를 탐색할 기회를 더 이상 뺏지 않았으면 좋겠습니다.

영화 〈시타라: 렛 걸스 드림〉은 비행기 조종사를 꿈꾸는 14세 파키스탄 소녀의 이야기입니다. 동생과 함께 하늘에 종이비행기를 날리며 자신의 꿈이 이루어질 날을 꿈꾸는 소녀와 달리, 소녀의 아버지는 파키스탄의 관습에 따라 나이 많은 남자와 딸의 결혼을 진행합니다. 결국 소녀는 결혼하여 떠나고, 동생은 언니가 남긴 종이비행기를 날려 보냅니다. 자신의 꿈을 펼쳐 보지도 못한 소녀와 하늘을 향해 멀리 날아가는 종이비행기의 대조는 우리의 마음을 더 무겁게 만듭니다.

우리는 '제2의 소니타 알리자데'

유튜브에 공개한 지 한 달 만에 조회 수 10만 건을 돌파한 아프가니스탄 소녀 소니타 알리자데의 뮤직비디오 〈신부를 팝니다〉를 본 적이 있나요? 이마엔 바코드가 찍혀 있고, 눈에는 피멍이 든, 웨딩드레스를 입은 어린 소녀는 랩을 합니다. "케이지에서 당신들이 붙여 놓은 가격표 아래 망가져 가고 있는 우리를 위해 나는 외쳐요. 부모들은 그저 돈을 위해 딸들을 팔아 버려요. 우리에겐 선택의 기회 따윈 없어요. 마치 잡아먹히기 위해 길러지는 양처럼 우린 케이지에 갇혀 있지요. 신이 우리에게 허용하신 우리의 삶에 보답하기 위해 나는 무엇을 해야 할까요?"(필자 의역) 소니타 알리자데는 돈 때문에 자신의 인생을 팔 수밖에 없는 6억 5,000만 명의 친구들의 상황을 외면하지 않고 랩에 담았습니다. 그리고 랩을 통해 조혼의 부당함을 세상에 알리고, 소녀들의 인권유린 문제를 해결하기 위해 우리 모두의 관심이 필요하다는 메시지를 전달했습니다. 소니타 알리자데처럼 우리도 어려움에 처해 있는 또 다른 친구들을 도울 수 있지 않을까요?

목숨 걸고 도망친 결과는 고난의 연속, 난민과 미등록 체류자

〈가버나움〉에 출연한 모든 배우는 전문 연기자가 아닌, 영화 속 배역과 실제 삶이 다르지 않은 시리아 난민과 미등록 체류자의 아이들이라고 합니다. 영화 촬영 중에 배우들이 미등록 체류자로 체포되어 구금된 적도 있었다고 해요. 영화를 통해서 배우들은 자신들의 이야기를 전달한 것입니다.

전 세계 난민 현황에 대한 유엔난민기구(UNHCR: United Nations High Commissioner for Refugees)의 조사 결과를 살펴볼까요? 2009년부터 계속해서 증가한 세계 난민은 2018년에 총 7,080만 명으로 최대 규모였습니다. 전체 난민의 50%는 18세 이하 아동입니다. 2015년 전쟁을 피해 유럽으로 밀항하려던 시리아 난민들을 태운 배가 난파됐습니다. 그리고 터키 해안가에서 세 살의 알란 쿠르디가 싸늘한주검으로 발견되었습니다.

1983년에 시작되어 2009년이 되어서야 종식된 수단의 내전에는 수십만 명의 아이들이 총알받이로 전쟁에 이용되었고 많은 수가 죽었습니다. 다행히 2만 7,000여 명의 아이들은 군인들의 횡포를 피해 국경을 넘어 도망쳤는데, 그들은 '잃어버린 아이들'이라 불렸습니다. 잃어버린 아이들 출신의 배우들이 출연한 영화 〈뷰티풀 라이〉는 그들이 겪은 삶의 과정을 상세하게 보여줍니다. 그들은 전쟁에서 부모님을 잃고서 10년 넘게 우간다, 에티오피아, 케냐의 난민 캠프를 전전하며 살아갑니다. 그중 몇몇은 이후에 미국으로 이주해 난민으로 인정받지만, 그들에게도 행복한 날만 기다리고 있지는 않았습니다. 난민이라는 이방인을 바라보는 따가운 시선이 존재하는 미국에서의 삶은 고난의 연속일 뿐이었습니다.

내 옆자리를 내어주시겠습니까?

2018년 봄, 484명의 예멘 난민이 제주도에 입국한 사실 알고 있나요? 세계 난민 문제가 더는 먼 나라 이야기가 아닙니다. 바로 우리의 이야기입니다. 우리나라에 입국한 예멘 난민 484명 가운데 정식 난민으로 인정받은 사람은 2명뿐입니다. 2021년 현재 우리나라 난민 신청자 1만 1,892명 가운데 단 52명만 난민으로 인정받아 난민 인정률은 0.4%입니다. 유럽연합 평균 인정률인 32%와 비교해서 80분의 1에 불과한 것입니다.

국민청원으로 올라온 "제주도 불법 난민 신청 문제에 따른 난민법, 무사증 입국, 난민 신청 허가 폐지/개헌 청원합니다"에는 무려 71만여 명이 참여했는데, 이는 2018년 기준 역대 최다 청원 사례였습니다. 여러분은 예멘 난민 허가 폐지 청원에 대해 어떻게 생각하나요? 국민청원 "난민 아동수당 웬 말이냐? 난민법 폐지하라"에 2만여 명이 동의했습니다. 국민청원의 내용은 "한국인 평균 출산율 1.2명, 무슬림 평균 출산율 8.4명, 아동수당으로 한국인은 평균 12만 원을 받지만, 무슬림은 4인 가족 138만 원의 기본 생계비뿐만 아니라 아동수당으로 84만 원을 가져간다"라며 난민법을 폐지해야 한다고 주장합니다. 이 주장만 보면, 난민 아동이 정부의 지원을 받아 한국 아동보다 더 풍족한 삶을 사는 것처럼 들립니다.

하지만 현실은 전혀 다릅니다. 『출입국·외국인 정책 통계 연보』를 살펴볼까요? 2010년부터 2018년까지 누적 난민 신청 아동은 모두 1,822명입니다. 그 가운데 난민으로 인정받은 경우는 268명뿐이고, 청원에서 언급한 아동수당 수급 대상인 만 6세 미만 난민 아동은 112명에 불과합니다. 「유엔아동권리협약」 24조 건강하게 자랄 권리와 28조 교육받을 권리를 누리지 못하는 아동들이 우리나라에도 있다는 것이지요. 예를 들어, 난민으로 인정받을 때까지 걸리는 1~3년 동안 난민 신청자는 건강보험 혜택을 받을 수 없습니다. 난민으로 인정받은 이후에도, 병원비는 난민들이 감당하기 어려운 수준이기에 아동 난민들은 제대로 된 진료나 치료를 받기가 어렵습니다. 교육권과 관련해서는 「초·중등교육법 시행령」 79조에 근거하여 난민 아동도 초등학교와 중학교에 입학할 수 있지만, 학교장이 허락하는 경우에만 입학할 수 있을 뿐 의무 교육을 보장받는 것은 아닙니다. 여러분은 난민 친구를 위해 우리 학교, 우리 반, 그리고 당신의 옆자리를 내어줄 수 있겠습니까?

우리 사회의 '가버나움'을 꿈꾸며

영화의 제목 '가버나움'은 성경 속 예수의 제2 고향으로 불리는 이스라엘 지역의 이름입니다. 예수가 약한 자를 위해 수많은 기적을 행한 곳이자, 회개하지 않는 사람들로 인해 몰락을 예언한 곳이기도 하지요. 최근 프랑스 문학에서 가버나움은 절망과 희망의 양면을 의미하는 단어로 사용되고 있습니다. 나딘 라바키 감독은 '혼돈의 안갯속에서 작은 기적'이 일어나는 가버나움을 기대하며 영화 제목을 지었다고 합니다. 우리도 우리들의 가버나움을 만들기 위해 사회에 존재하는 다양한 문제들을 바르게 이해하고, 약한 자들의 입장을 공감하며, 변화를 위해 작은 것부터 실천하면 좋겠습니다.

온라인에서 더 알아볼까요?

페미니스트로 행복하게 살기
치마만다 응고지 아디치에(『보라색 히비스커스』 저자)

https://youtu.be/DOuv8Uc53Qo

유엔난민기구 친선대사 정우성을 만나다
정우성(영화배우) & 제임스 린치(유엔난민기구 한국 대표)

https://youtu.be/Oq6D9JHti5w

우리 모두의 존재는
기적인가요?

박병준(경남 창원용호고등학교 교사)

〈나의 특별한 형제〉(2018)

세상에는 다양한 어려움을 이겨 내며 살아가는 사람들이 있습니다.
그들은 자신에게 틀렸다고 말하는 사람들을 향해
보란 듯이 열심히 살아가고 있지요.
우리는 서로의 다름을 틀린 것이라 말하고 있지는 않나요?

SDG 4. 모두를 위한 양질의 교육
SDG 5. 성평등 보장
SDG 11. 지속가능한 도시와 주거지 조성
SDG 16. 평화·정의·포용

여러분은 스스로가 평범한 존재라고 생각하나요? 아니면 독특한 존재라고 생각하나요?

우리는 모두 어쩌면 독특하면서도 평범한 존재가 되고 싶어 하는, 모순적인 존재일지도 모릅니다. 톡톡 튀는 개성을 지닌 독특한 존재이길 바라기도 하지만 남들과 다르다는 이유로 주목받는 것이 부담스러운 것도 사실입니다. 이같이 타인을 인식하고 더불어 살아가는 과정에서 다름을 우열로 인식하여 일어나는 차별과 불평등은 우리의 마음을 불편하게 합니다. 이러한 부조리 속에서도 평범하지 않은 자신을 있는 그대로 받아들이며 용기 있게 어려움을 헤쳐 나간 사람이 있습니다. 바로 영화 〈원더〉의 주인공입니다.

장애 학생들은 비장애 학생들과 함께 교육받는 것이 좋을까요?

〈원더〉는 장애 학생 어기 풀먼이 학교에 진학하여 겪는 이야기입니다. 장애 학생과 관련하여 교육 현장에서 자주 언급되는 통합교육은 무엇일까요? 「장애인 등에 대한 특수교육법」에서는 통합교육을 "특수교육 대상자가 일반 학교에서 장애 유형·장애 정도에 따라 차별을 받지 아니하고 또래와 함께 개개인의 교육적 요구에 적합한 교육을 받는 것"이라고 정의합니다.

통합교육은 '살라망카 선언'에서부터 시작되었어요. 1994년 6월 24일, 유네스코(UNESCO: United Nations Educational, Scientific and Cultural Organization)는 스페인 살라망카에서 92개 정부와 25개 국제기구와 함께 "학교는 신체적, 지적, 사회적, 언어적, 정서적, 기타 어떠한 조건과 관계없이 모든 아동을 수용해야 한다"라는 성명서를 발표했습니다.

통합교육은 또한 유엔에서 발표한 SDGs의 4번째 목표인 질 높은 교육과 관련이 있습니다.

SDG 4.A	**포용적이고 안전한 학교 건설 및 업그레이드** 아동, 장애 및 성별에 민감한 교육시설을 건설 및 업그레이드하고 모두에게 안전하고 비폭력적이며 포괄적이고 효과적인 학습 환경을 제공합니다.
SDG 4.5	**모든 교육 차별 철폐** 2030년까지 교육에서 성차별을 없애고 장애인, 원주민, 취약한 상황에 처한 아동을 포함한 취약 계층을 위한 모든 수준의 교육 및 직업 훈련에 대한 평등한 접근을 보장합니다.

　위에서 언급한 통합교육에 대비되는 개념으로는 분리교육, 즉 장애 학생들을 특수학교에 따로 분리해 교육하는 방식이 있습니다. 어기는 비장애 학생과 같은 학교에 다녔으니 통합교육을 받았다고 볼 수 있습니다. 여러분에게 만약 장애가 있다면 통합교육을 받고 싶나요? 아니면 분리교육을 받고 싶나요? 여러 가지 상황에 따라 각자 응답은 다르겠지만 많은 생각을 하게 합니다.

　통합교육을 지지하는 사람들은 통합교육이 장애 학생의 입장에서 장애인과 비장애인이 섞여 있는 사회에 미리 적응할 기회를 주는 것이라고 주장합니다. 사회의 축소판인 학교에서 장애 학생과 비장애 학생 서로가 상대방에 대해 이해하고 배려하며 더불어 살아가는 법을 배우는 과정 자체가 의미 있는 교육이라고 보는 것입니다. 다양한 친구들을 만남으로써 더욱 넓어지는 사회성은 덤이겠지요.

　반면 분리교육을 지지하는 사람은 장애 학생의 상태를 더욱 잘 이해하는 특수 교사의 교육과 장애 학생에게 맞춘 교육과정이 따로 필요하다고 주장합니다. 비장애 학생이 많은 학교에서 장애 학생이 느끼는 소외감도 특수학교에서 분리교육을 받게 되면 어느 정도 해소될 것입니다. 여러분은 어느 입장에 더 가까운가요?

장애인들도 스포츠를 즐길 권리가 있어요!

〈원더〉 이외에도 다양한 영화에서 장애인에 관한 이야기를 다루고 있습니다. 지체장애인 세하와 지적장애인 동구가 서로 도우며 살아가는 과정을 그린 영화 〈나의 특별한 형제〉에 지적장애인 동구가 수영하는 장면이 나옵니다. 그리고 영화 〈형〉에는 올림픽 시합 중 사고로 시신경이 손상되어 시각장애인이 된 유도 국가대표 고두영 선수가 패럴림픽에 출전하는 장면이 나옵니다.

영화에서처럼 장애인도 스포츠를 즐기고 자신의 역량을 표출할 권리가 있습니다. 신체적, 감각적 장애가 있는 사람들이 참가하여 펼치는 올림픽인 패럴림픽은 1960년 로마에서 시작되어 2021년 도쿄 올림픽까지 총 28회가 열렸습니다(동계 올림픽 포함. 동계 패럴림픽은 1976년 스웨덴 외른셸스비크에서 시작됨).

여러분은 올림픽 기간에 패럴림픽을 중계하는 방송을 본 적이 있나요? 2018 평창 올림픽을 기준으로 방송사별 편성 시간을 살펴보면 사람들이 왜 패럴림픽 중계방송을 쉽게 볼 수 없는지를 알 수 있습니다. KBS, SBS, MBC 3사를 기준으로 비장애인들이 참여하는 평창 동계 올림픽은 200시간 내지 280여 시간으로 편성했지만, 패럴림픽은 KBS는 34시간, SBS는 30시간, MBC는 18시간을 편성했습니다. 반면에 독일 ZDF와 ARD는 60시간, 일본 NHK는 62시간, 미국 NBC는 94시간, 프랑스 텔레비지옹은 100시간을 편성했다고 합니다. '장애인의 비율이 비장애인의 비율에 비해 상대적으로 적

다 보니 생길 수 있는 일이다'라고만 생각하기엔 너무 많은 차이입니다. 우리나라 방송사의 패럴림픽 편성 시간도 다른 나라에 비해 현저히 적은 실정입니다.

　패럴림픽 중 휠체어 농구를 본 적이 있나요? 요즘은 인터넷 TV로 휠체어 농구 경기를 생중계로 시청할 수 있습니다. 게임 규칙 또한 비장애인 농구 규칙과 일부만 다를 뿐 거의 비슷하며, 박진감이 넘칩니다. 하지만 아쉽게도 휠체어 농구 경기는 비인기 시간대에 편성되어 시청률이 매우 낮습니다. 이렇다 보니 그들을 응원하는 사람들도 적지요. 우리가 사람들에게 억지로 '장애인의 스포츠 경기를 보라'고 강제할 수는 없겠지만, 장애인의 스포츠 경기 또한 비장애인의 스포츠 경기처럼 사회적으로 많은 관심을 받도록 중계권을 보장하는 사회가 하루빨리 와야 합니다.

〈나의 특별한 형제〉의 또 다른 주인공인 세하는 거동이 불편해 휠체어를 타고 다니는 지체장애인입니다. 세하는 휠체어로 모든 곳을 비장애인처럼 자유롭게 다닐 수 있을까요?

휠체어는 「도로교통법 시행령」의 '보행 보조용 의자차'에 속해서 인도로 다녀야 합니다. 휠체어를 신체의 일부로 보아 신체 활동을 돕는 보조 기구로 인정하는 것이지요. 그런데 우리가 알다시피 전동 휠체어가 다니기에 인도의 폭이 매우 좁습니다. 게다가 길이 매끄럽지 않을 때는 휠체어가 넘어질 수도 있습니다. 이러한 사정으로 장애인은 결국 위험한 차도로 나오게 되고, 그 결과 도로에서 빈번하게 사고를 당합니다.

대중교통을 이용할 때는 어떨까요? 버스나 지하철에는 휠체어를 위한 좌석이 있고 지하철 정거장 내에 장애인 화장실이 마련되어 있습니다. 하지만 아직 부족한 점이 많습니다. 버스나 지하철 등에 있는 장애인 전용 좌석에는 비장애인들이 앉아 있거나 짐이 올려져 있는 경우가 대부분이어서 정작 장애인들은 제대로 이용하지 못하는 경우가 많습니다.

2021년 4월, 한 지체장애인 유튜브 크리에이터가 대중교통 버스에 탑승하는 사회실험 카메라 영상을 업로드했습니다. 영상 속 버스 기사는 장애인에게 직접 안전벨트를 매어 주지도 않을뿐더러 지체장애인이 버스에 탑승하고 자리를 잡기도 전에 출발합니다. 휠체어를 탄 장애인에게 안전벨트를 매어 주는 것은 승객 안전을 위한 버스 기사의 의무입니다. 또한 휠체어의 특성상 벨트로 고정하지 않으면 급출발하거나 급정거할 때 매우 위험할 수 있습니다. 장애인 전용 좌석에 앉아 있는 한 비장애인이 장애인에게 "당신이 그냥 빈 자리로 가면 안 되나요?"라고 말하는 등 버스 안의 승객들이 장애인의 존재를 불편하고 번거롭게 여기는 장면도 등장합니다. 장애인 편의 시설 구비만이 아니라 시민들의 의식도 문제라는 것이지요.

이 외에도 장애인 보도블록 미설치로 인한 시각장애인 거동 문제, 소리를 듣지 못함으로써 생기는 청각장애인 거동 문제 등 장애인 이동권 문제는 아직 제대로 해결되지 못한 상황입니다. 장애인과 비장애인의 행복한 동행을 위해 시설 보완뿐만 아니라 인식 개선도 함께 이루어져야 할 것입니다.

발달장애인의 가족들은 어떠한 삶을 살까요?

〈원더〉는 얼핏 보면 어기가 유일한 주인공인 듯하지만, 어기의 가족이나 주변 동료들의 관점을 끊임없이 보여 주는 방식으로 영화가 전개됩니다. 특히 어기의 누나로 나오는 비아 풀먼의 관점이 돋보입니다. 부모님이 장애가 있는 동생 어기에게 상대적으로 신경을 많이 쓰다 보니 비아는 소외감을 느낍니다. 비교적 성숙한 비아는 이러한 상황에 대해 머리로는 이해하지만, 마음으로는 이해하지 못하며 부모님에게 서운한 감정을 내비칩니다. 여러분이 비아와 같은 상황이라면 어떤 마음이 들까요?

〈길버트 그레이프〉는 지적장애인 동생을 돌보는 길버트 그레이프가 주인공인 영화입니다. 길버트는 동생인 어니의 정제되지 않은 말과 행동들을 수습하고, 위험한 고층 구조물을 계속 오르는 어니의 안전까지 책임지게 됩니다. 여러분이 잠시도 한눈팔 틈도 없이 동생을 돌보아야 하는 길버트라면 어떨지 생각해 봅시다.

〈아이 엠 샘〉은 7살의 지적 기능을 가진 지적장애인 샘과 딸 루시의 이야기입니다. 이 영화에서 사회복지센터는 샘의 지적 수준으로는 자녀를 양육할 수 없다는 이유로 루시를 보호기관으로 데려갔습니다. 아빠와 생이별을 하는 과정에서 루시가 느꼈을 감정이 궁금합니다.

위 영화들은 장애인의 가족으로 살아가는 게 얼마나 힘든 일인지 생각해 보게 합니다. 특히 발달장애인의 가족들은 장애인을 지속적으로 보살펴야 하는 중압감에 시달리고 있습니다. 그러다 보니 가족이 자살로 생을 마감하는 안타까운 사건들이 계속 일어나고 있습니다. 최근 코로나19로 인한 사회적 거리두기로 이동이 제한되고 있어 발달장애인들이 집에 머무르는 시간이 많아졌습니다. 가족들이 돌보아야 할 시간이 자연스럽게 늘어나면서, 스트레스 정도가 극심해지고 경제적 여건 또한 악화되는 경우가 많습니다.

장애인 처우 문제를 해결하기 위해선 단순히 장애인 하나만을 바라보는 것이 아니라 그들과 가까운 사람들의 처지 또한 생각하고 배려해야 합니다. 보건복지부에서는 「발달장애인 권리 보장 및 지원에 관한 법률」 32조에 근거, 발달장애인의 보호자나 형제, 자매 등 가족들이 받을 수 있는 심리적·정서적 스트레스를 해소하기 위한 휴식 지원 사업을 운영하고 있습니다. 또한 발달장애인에 대한 활동 지원 급여 등의 정책이 있으며, 발달장애인 부모 심리상담도 지원 중입니다. 발달장애인 가족들이 겪는 물질적·정서적 중압감을 조금이나마 덜어 줄 제도적 대안이 더욱 많이 나와야 합니다.

여러분은 유리천장을 느끼고 있나요?

스스로의 삶에 한계를 느끼며 살아가는 사람은 장애인뿐만이 아닙니다. 여성은 남성에 비해 자기 자신의 꿈을 펼치지 못하는 경우가 많습니다.

'유리천장'이라는 말을 들어 보았나요? 이는 '눈에 보이지는 않지만, 결코 깨뜨릴 수 없는 장벽'이라는 의미로 사용되는 경제 용어인데, 보통 여성이 남성보다 사회적 진출이 어려운 경우에 쓰입니다. 우리 사회에 유리천장은 정말 존재할까요?

고용노동부의 자료에 따르면 2020년 기준으로 남성 대비 여성의 임금 비율은 약 67.7% 수준입니다. 그렇다면 성별 고용률(15세 이상 인구 대비 취업 인구를 백분율로 수치화한 것)은 얼마나 차이가 날까요? 2020년 기준으로 남성의 고용률은 약 69.8%, 여성의 고용률은 약 52.8%입니다. 남녀 간의 고용률 차이 또한 심각합니다. 이처럼 성별에 따른 고용률 및 임금 차이가 크다는 점에서 '유리천장이 존재한다'는 사실에 고개를 끄덕이게 됩니다.

정치적 영역에서도 남녀 간 불평등의 역사를 이야기할 수 있답니다. 정치에 참여하기 위해 보장되어야 할 대표적 권리인 투표권도 남녀에게 평등하게 보장되지 않았습니다. 영국 선거법의 역사를 살펴보면 남성의 보통선거권은 1918년에, 여성의 보통선거권은 1928년에 인정되었습니다. 또한 벨기에 남성의 보통선거권은 1919년에, 여성의 보통선거권은 1949년에 인정되었습니다. 이처럼 여러 국가의 선거권 확대 과정을 살펴보면 남성의 선거권이 인정되고 나서 여성의 선거권이 인정받기까지 꽤 많은 시간적 차이가 있습니다.

영화 〈서프러제트〉는 영국을 배경으로 참정권 보장을 위해 치열한 싸움을 벌여 온 사람들의 이야기를 담고 있습니다. 서프러제트(Suffragette)는 참정권을 뜻하는 서프러지(suffrage)에 여성을 뜻하는 접미사 '-ette'를 붙인 말로, 20세기 초 영국에서 일어난 여성 참정권 운동과 그 운동가들을 가리키는 말입니다.

영국의 여성 참정권 운동가 에밀리 데이비슨은 1913년 영국 런던의 앱섬다운스 경마장에 영국 국왕 조지 5세의 경주마가 나온다는 소식을 접했습니다. '국왕이 참여하는 경기임을 활용해서 여성 참정권에 대한 메시지를 던지면 좋겠다'는 생각을 한 에밀리는 경마장에 갔습니다. 조지 5세의 경주마 앤머가 나오는 순간 에밀리는 경주마를 향해 자신의 몸을 내던졌고, 결국 사고 발생 사흘 만에 사망했습니다. 그녀의 품속에는 자신이 여성 참정권을 요구하는 단체 소속임을 상징하는 깃발이 있었습니다. 이 사건이 불씨가 되어 영국 여성들은 투표권을 보장받기 위해 더욱 적극적으로 활동하게 되었고, 그 결과 영국 정부는 1918년에 30세 이상, 1928년에는 21세 이상 모든 여성의 투표권을 인정했습니다.

여성 참정권 운동가들의 활동이 과격하고 법을 지키지 않는 경우가 많았던 것도 사실입니다. 그들은 영국 총리의 마차에 돌을 던지기도 하고, 우편함을 방화하거나 궁전에 몰래 침입하는 등의 과격한 운동을 벌였습니다. 이러한 행동은 여성 참정권 운동가의 입장을 강력하게 주장하기 위한 어쩔 수 없는 선택이었을까요? 아니면 정당화될 수 없는 잘못이었을까요?

여성 불평등은 경제적·정치적 영역에만 존재하는 것이 아닙니다. 일상생활 속 우리가 사용하는 사소한 표현에도 불평등이 숨겨져 있습니다. 소설로 처음 나온 후 영화화된 〈82년생 김지영〉은 여성으로 살아가면서 느낄 수 있는 수많은 차별을 보여 줍니다. 작품에 '육아를 돕는다', '집안일을 돕는다'와 같은 표현을 지적하는 장면이 나옵니다. 많은 사람이 무의식적으로 쓰는 말이지만, 이는 육아와 가사를 여성의 일이라 간주하고 남성은 조력자로 여겨서 사용하는 표현입니다. 육아와 집안일은 부모로서, 그리고 가족의 구성원으로서 당연히 함께 하는 것입니다. 이 밖에 우리가 무의식적으

로 사용하는 성차별적 생각이나 표현에는 어떤 것이 있을지 생각해 보는 것
도 좋겠습니다.

사회적 소수자에 대한 나의 시선은?

앞서 이야기한 장애인과 여성의 공통점은 우리가 장애인과 여성을 사회
적 소수자라고 분류한다는 점입니다. 사회학자 앤서니 드보르킨과 로잘린
드 드보르킨은 사회적 소수자의 특징을 다음과 같이 제시했습니다.

1. 신체적, 문화적으로 다른 집단과 구별되는 차이가 있음.
2. 정치적, 경제적, 사회적 권력 등에서 약한 위치에 있음.
3. 그 집단의 구성원이라는 이유만으로 사회적 차별의 대상이 됨.
4. 스스로 사회적 소수자의 집단에 소속되어 있다는 인식이 있음.

시대가 바뀌면 이야기가 달라지겠지만, 지금까지 우리 사회에서는 장애
인과 여성을 사회적 소수자로 분류하고 있습니다. 그렇다면 사회적 소수자
를 바라보는 우리의 시선은 어떨까요?

첫 번째, 노골적으로 혐오하는 사람이 있습니다. 영화 〈포레스트 검프〉
에서 주인공인 포레스트 검프는 지적장애인이라는 이유만으로 같은 학교
에 다니는 친구들에게 괴롭힘을 당했습니다.

세상에는 사회적 소수자를 혐오하는 사람들이 상상 이상으로 많습니다.
미소지니(Misogyny) 같은 여성혐오도 있고, 장애인 폭행과 같은 흉악 범죄가
늘어납니다. 노인 인구의 증가에 따른 노인 부양 및 일자리 문제 등으로 인

해 노인이 혐오의 대상이 되고 있습니다. 노인에 대한 폭행도 많이 일어나고, 차마 언급하기도 거북할 정도의 노인 비하 발언을 인터넷에서 쉽게 찾아볼 수 있습니다. 우리 모두 언젠가 노인이 될 텐데도 말이죠.

두 번째, 의도하지는 않았으나 생각 없는 말과 행동으로 사회적 소수자를 차별하거나 상처 주는 사람이 있습니다.

'장애'라는 말을 모욕이나 욕설로 사용하는 사람들은 아직도 많습니다. 우리가 흔히 사용하는 '선택 장애' 또는 '결정 장애'와 같은 표현은 장애인을 비하하려는 의도가 아니지만 누군가에게는 비하로 여겨질 수 있습니다. 습관적으로 붙이는 '장애'라는 표현이 남들보다 못하다고 느끼게 할 수도 있죠. 생활 속 사소한 표현까지 의미를 확대 해석하는 게 아니냐고 말하는 사람도 있지만, 표현을 조심해야겠다는 민감성을 통해 우리 사회가 더욱 나은 방향으로 발전할 수 있습니다. 우리가 별생각 없이 내뱉는 말이 누군가에게는 큰 상처로 돌아갈 수 있다는 점을 명심해야 합니다.

세 번째, 동정에 가까운 마음으로 사회적 소수자를 필요 이상의 친절로 대하는 사람이 있습니다. 물론 홀로 해결하기 힘들어 도움을 요청하거나 사고 등 큰 어려움에 처했을 때는 지체 없이 도와주어야 합니다. 하지만 '저 사람은 누군가의 도움 없이는 저 일을 못 할 거야', '불쌍해라. 저들은 매우 불편하게 살아가는구나'와 같은 생각으로 사회적 소수자를 대하는 것은 그들에게 또 다른 상처나 마음의 불편함을 주는 행위입니다. 혼자 걸을 수 있는 장애인의 팔을 덜컥 붙잡고 걷는 것을 도와주겠다는 식의 호의는 오히려 실례일 수도 있습니다. 또한 과도한 호의와 동정은 사회적 소수자 스스로가 '나는 혼자서 무언가를 할 수 없는 나약한 존재인가?'라는 생각을 하게끔 만듭니다. 그들은 약자라는 이유로 불쌍한 사람으로 취급받기보다 남들과 다르지 않고 동등한 사람으로 대우받기를 원합니다.

네 번째, 진심 어린 마음으로 사회적 소수자를 존중하고 '사람 대 사람'으로 대하는 사람이 있습니다. 사실 세 번째 유형과 네 번째 유형은 실생활에서 구별이 어렵습니다. 두 유형의 사람 모두가 사회적 소수자에게 도움을 주려는 마음과 행동이 겉으로는 똑같아 보이기 때문이지요. 이 둘을 가르는 가장 중요한 질문은 '사회적 소수자를 열등한 존재가 아닌 동등한 존재로 바라보고 대하는가?'입니다. 비록 힘이 약해 짐을 옮기는 데 시간이 더 많이 걸리더라도, 거동이 불편해 이동에 더 많은 시간이 걸리더라도 이 또한 사회적 소수자가 살아가는 방식으로 이해해 주어야 합니다. 네 번째 유형의 사람이 되기 위해서는 적절한 도움과 필요 이상의 도움의 차이를 적절하게 분별할 수 있어야 합니다. 만약 긴박한 상황이 아니고, 사회적 소수자가 요청하지는 않았지만 도움이 필요해 보이는 상황이라면 정중하게 도움을 드려도 될지 허락을 구한 다음에 도움을 주는 것이 좋습니다.

이 글을 읽고 있는 여러분은 어떠한 사람인가요?

우리 모두가 함께 생각해야 할 이야기입니다

여러분은 존재만으로도 기적과 같은 자기 자신을 있는 그대로 받아들일 수 있나요? 우리가 살아가는 사회는 모두의 존재를 있는 그대로 받아들이는 관용적인 사회인가요? 세상과 힘든 싸움을 하는 이들에게 친절함을 베풀고 있나요? 지금까지 살펴본 것은 세상의 다양한 편견에 맞서면서 각자의 삶을 별빛처럼 빛내고 싶은 사람들의 이야기였습니다. 우리는 모두 존재 자체만으로도 가치 있으니까요.

'어차피 내 이야기는 아니네. 관심 없어'라고 생각하는 사람도 있겠지만, 앞서 다룬 이야기들은 우리의 일이 될 수도 있답니다. 장애를 예로 들면, 선천성 장애(태어날 때부터 생기는 장애)와 후천성 장애(태어난 이후의 사고, 질병 등으로 인해 생기는 장애)의 비율은 약 1 대 9 정도입니다. 앞서 이야기한 〈형〉의 주인공인 고두영 선수도 후천성 장애의 사례입니다. 이처럼 장애는 예기치 않게 찾아올 수 있습니다. 그리고 사람은 누구나 시간이 지나면 노인이 됩니다. 우리가 언젠가 겪을 수도 있는 불편함과 어려움을 없애기 위해 모두가 힘을 합쳐 더 나은 사회를 만들어야 합니다.

사회적 소수자들은 '남들과 다르지 않은 일상생활'이라는 소박한 꿈을 꾸지만, 이는 여전히 꿈에 불과합니다. 모두가 당연히 누려야 할 삶이 누군가에게는 꿈으로 끝나서는 안 됩니다. 이제 우리 모두 관심을 가지고 실천을 위해 나설 때입니다.

온라인에서 더 알아볼까요?

분리해 놓고 통합교육
중대신문 뉴미디어부

https://youtu.be/LEBXrx2SERo

그리고 장애인 범죄집단으로 이직한 이유
씨리얼

https://youtu.be/P9Tf8JBR5TM

지금 우리가 사는 세상,
이곳은 모두가 행복한 유토피아인가요?

김민희(경남 제황초등학교 교사)

〈천하장사 마돈나〉(2006)

보이지 않는 차별과 편견의 벽이 높게 세워진 세상,
우리는 이 벽을 뛰어넘어 유토피아를 건설할 수 있을까요?

SDG 5.   성평등 보장

SDG 10. 모든 종류의 불평등 해소

젠더 vs. 섹스

'젠더'를 우리말로 어떻게 정의할 수 있을까요? '섹스(sex)'와 '젠더(gender)' 둘 다 우리말로 바꾸면 '성'이라고 할 수 있습니다. 그러나 이 둘을 모두 '성'으로 바꾸어 완전히 같은 의미로 쓸 수 있을까요? 젠더라는 말이 우리에게 다소 낯선 외국어임에도 불구하고 우리말로 번역하지 않고 그대로 사용하는 것은 이 말이 가진 의미 때문입니다.

우리가 젠더에 대해 더욱 폭넓고 깊이 있게 이해하려면 젠더의 의미를 먼저 이해해야 합니다. 1949년 발간된 페미니즘 이론서의 고전이라 불리는 『제2의 성(Le Deuxième Sexe)』에서 프랑스 실존주의 사상가이자 주체로서의 여성을 강조한 20세기 페미니즘의 선구자 시몬 드 보부아르(Simone de Beauvoir)는 "여자는 태어나는 것이 아니라 만들어지는 것이다(On ne naît pas femme: on le devient)"라고 선언하며 섹스와 젠더 구분의 토대를 마련했습니다. 이를 통해 생물학적 성을 지칭하는 섹스(sex)와 사회적 성을 의미하는 젠더(gender)를 구분하게 되었습니다.

시몬 드 보부아르는 젠더란 태어날 때 주어지는 성이 아니라 특정 시대와 장소에서 성에 부여된 사회·문화적 의미를 모두 담고 있다고 말합니다. 즉, 개인의 성이 사회·문화적으로 만들어진다고 주장하며 우리가 흔히 말하는 '여성성'도 유전적인 것이 아니라 여성을 지배하고 억압하기 위해 사회화 과정을 통해 구성된 개념이라고 말합니다. 이후 1995년 9월 중국 베이징에서 열린 유엔 제4차 세계여성회의에서 젠더라는 용어를 섹스 대신 사용하기로 결정했습니다.

2006년, 제목에서부터 평범함을 거부하며 등장한 영화가 있습니다. 15여 년 전, 젠더라는 용어조차 생소하던 시절 성 소수자 문제를 유쾌하면서도 폭넓고 깊이 있게 다루었던 〈천하장사 마돈나〉입니다. '마돈나'와 '천하장사'. 누가 감히 마돈나에게 천하장사라는 수식어를 붙일 생각을 했을까요? 마돈나를 떠올릴 때 연상되는 수십, 수백 가지의 말을 제쳐 두고 천하장사라는 수식어를 붙인 겁니다. 이것은 마치 그리스 신화에 등장하는 반인반수, 켄타우로스만큼이나 신선한 충격을 주는 조합입니다. '천하장사인 마돈나', '씨름장의 마돈나'를 떠올리며 흥미롭게 영화를 꺼내 보려 합니다.

'오동구'는 남성일까? 여성일까?

〈천하장사 마돈나〉의 주인공 오동구는 생물학적 남성으로 태어났지만, 여성이 되길 원합니다. 몸무게 83kg, 발 크기 280mm, 머리둘레 62cm인 주

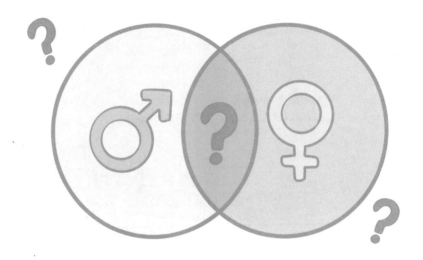

인공은 성적 정체성의 혼란을 겪으며 가정에서도 학교에서도 힘든 나날을 보냅니다. 그런 오동구에게 한 줄기 햇살 같은 희망이 보였는데, 바로 여자가 되기 위한 수술비 500만 원을 벌 기회가 생긴 것입니다. 고등부 씨름대회 우승자에게 주어지는 장학금이 500만 원이었습니다. 타고난 성별은 남성이지만 여성이 되길 원하는 오동구는 아이러니하게도 여성이 되기 위해 오랜 시간 남성의 전유물로 여겨져 온 씨름장에 서게 됩니다. '마돈나'가 되기 위해 먼저 '천하장사'가 되어야 하는 것입니다.

인간은 살아가는 동안 개인의 자유를 존중받아야 합니다. 그런데 '성'에 관해서는 어떤가요? 오랜 기간 사람들은 성을 섹스의 개념으로만 인식해 왔습니다. 그래서 성은 주어진 것이고 이는 개인이 선택할 수 없는 절대적인 것이라 믿었습니다. 성을 단순히 남과 여로 나누어 누구나 그 이분법적 범주 안에 있다 간주하고 예외를 인정하지 않았습니다.

전 세계 인구 80억 명을 남과 여라는 이분법적 범주 안에 넣는 것이 가능할까요? 우리가 인식하고 있든 그렇지 않든 다양한 성 소수자가 존재하는 것이 사실이고 이를 부정할 수 없습니다. LGBTQIA, 우리에게 성 소수자로 알려진 이 사람들은 어느 범주에 속할까요?

- **Lesbian(레즈비언):** 여성 동성애자
- **Gay(게이):** 남성 동성애자
- **Bisexual(양성애자):** 남녀 양성에 대해 성적 관심과 매력을 느끼는 사람
- **Transgender(트랜스젠더):** 남성으로 태어났으나 여성의 성 정체성을 지닌 트랜스남성, 여성으로 태어났으나 남성의 성 정체성을 지닌 트랜스여성처럼 태어날 때 지정된 성별의 범주 안에 있지 않고 새로운 성을 택하는 사람
- **Queer/Questioning(퀴어):** 아직 자신의 성 정체성에 의문을 품고 있는 사람
- **Intersex(간성):** 생식기나 성호르몬, 염색체 구조와 같은 신체적 특징이 이분법적 구조에 맞지 않는 남성과 여성의 특성을 모두 지닌 사람
- **Asexual(무성애자):** 다른 사람에게 성적으로 이끌리지 않는 사람

* 위 용어에 범성애자(opensexual 또는 pansexual)와 크로스드레서(crossdresser)를 추가한 LGBTAIQOC라는 용어가 사용되기도 한다.

위와 같은 성 소수자들은 남과 여라는 이분법적 구분으로 설명할 수 없습니다. 이들은 이분법적 구조 밖의 사람들입니다. 주인공 오동구도 이에 속한 인물로 생물학적 성별은 남성이지만 여성이 되길 원합니다.

미국의 철학가이자 젠더 이론가 주디스 버틀러(Judith Butler)는 1990년 발간한 『젠더 트러블』에서 젠더는 인간의 본성에서 나오는 것이 아니라 만들어진 개념이라고 주장합니다. 그리고 '남성성'과 '여성성'뿐만 아니라 '남성과 여성의 생물학적 차이'까지도 만들어진 개념이라고 말합니다. 예를 들어 우리가 생물학적 성을 인식하는 것이 남성과 여성이 어떤 일을 해야 하는지부터 누구를 사랑해야 하는지 등 개인의 모든 가치판단과 신념을 만든다고 보

았습니다. 바로 사회가 조직한 성별화된 몸(sexed body)이 이에 맞는 각 성 역할을 제시한다는 겁니다.

사람들은 흔히 남자아이가 태어나면 주로 파란색 옷과 자동차나 로봇을, 여자아이가 태어나면 분홍색 옷과 인형을 주로 선물합니다. 태어난 지 얼마 되지도 않은 아기들은 그런 작은 선물에서부터 이미 생물학적 성을 기반으로 분류되고, 사회적 규범과 관습에 의해 성 역할을 제시받는 것입니다. '활동적인 남자아이', '얌전한 여자아이'라는 이미지도 결국은 이런 분류에서 만들어진 게 아닌가 합니다.

영화 〈톰보이〉의 주인공 미카엘은 짧은 머리에 파란색과 축구를 좋아하는 아이입니다. 주인공의 이름과 외모, 행동을 보면서 우리는 이 아이가 소년일 것으로 생각합니다. 우리 사회에서 기대하는 남성성을 기반으로 우리의 고정관념이 주인공을 남성이라고 판단해 버린 것입니다. 또 다른 예로 영화 〈빌리 엘리어트〉가 있습니다. 빌리의 아버지는 남자들이 발레를 하는 것은 정상적이지 않다고 생각하고, 남자라면 축구, 권투, 레슬링 같은 운동이 어울린다고 말합니다. 발레를 하고 싶어 하는 아들을 이해하지 못하고,

타고난 성에 따라 각자의 역할이 정해져 있다고 믿는 것입니다.

성에 대한 고착화된 사고는 외모에 대한 편견으로 드러나기도 합니다. 먼저 〈미녀는 괴로워〉라는 영화의 주인공을 떠올려 볼 수 있습니다. 천상의 목소리로 가수가 되기를 꿈꾸는 주인공 한나는 169cm에 95kg의 건장한 체격을 가졌다는 이유로 다른 가수의 노래를 대신 불러주는 '얼굴 없는 가수' 역할을 하고 있습니다. 충분한 실력을 갖추었음에도 사회는 왜 가수의 길을 열어 주지 않았을까요? 〈천하장사 마돈나〉에서 오동구는 "알아. 분명히 나 아주 못생긴 여자가 될 거야"라고 합니다. '예쁜 여자', '못생긴 여자'라는 말은 누가 만든 걸까요? 이는 비단 여성에게만 국한된 게 아닙니다. 우리가 흔히 보는 영화 속 남자 주인공들은 대부분 키가 크고, 근육질의 몸을 가졌습니다. 반면에 주인공 주변에 있는 체격이 왜소하거나, 뚱뚱하거나, 키가 작은 남자는 희화화되곤 합니다. 이와 같은 현상은 한때 여러 방송 프로그램에서도 볼 수 있었는데 키가 작은 남자 출연자들을 '굴욕남', '루저'라 부르며 웃음거리로 삼곤 했습니다.

결국, '남자답게' 혹은 '여자답게'라는 것은 인간의 생물학적 특성이 아니라 사회가 우리에게 전달해 온 사회·문화적 규범과 관습입니다.

새로운 젠더의 범주, 어떻게 받아들일 것인가?

어떤 사람들은 젠더 문제를 쟁점화하는 것을 종교적 신념을 무너뜨리고 도덕적 기준을 와해시키는 것으로 생각합니다. 이로 인해 기존의 질서가 무너져 우리 사회가 위험에 빠질 수 있다고 주장합니다. 또 어떤 사람들은 젠더 문제가 페미니즘이나 성 소수자의 권리만을 뜻한다면서 축약된 의미로 사용하기도 합니다.

인간은 세상에 태어나 스스로 어떻게 살아갈지를 결정하며 살아갑니다. 그런데 결혼과 출산에 관해서도 우리가 개인의 선택을 존중하고 있는지 주디스 버틀러는 묻습니다. 그리고 여성이 결혼이나 출산에 관해서도 동일한 선택권을 가져야 한다고 주장합니다.

전통적으로 여성은 가정에서 청소나 요리, 빨래와 같은 가사 노동을, 그리고 출산과 육아를 담당했습니다. 사회, 경제 활동은 남성이 담당했습니다. 여성은 태어나면 청소와 요리 같은 집안일을 익혀 일정한 나이가 되면 결혼을 하는 것이 당연하다고 생각한 것입니다. 산업 사회에 접어들어 여성이 사회, 경제 활동에 참여하게 되면서 우리 사회는 큰 변화를 맞이했습니다. 여성의 역할이 가사에만 한정되지 않고 사회 전 분야로 확대되면서 여성과 남성의 성 역할 구분이 점차 허물어졌습니다. 그리고 여성의 사회참여가 급격하게 늘어났습니다. 이에 따라 여성의 결혼에 관한 생각도 많이 바뀌었습니다. 나아가 이성 간 결혼이나 출산을 통해 엄마가 되는 것 또한 여성이 선택할 수 있는 길 가운데 하나일 뿐이라는 인식이 늘어났습니다.

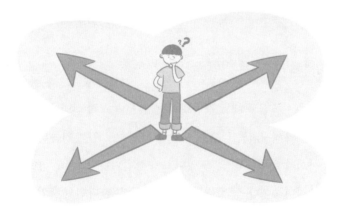

전통 사회는 생물학적으로 생식능력을 가진 남성과 여성이 이성 간의 결혼을 통해 아이를 낳고 살아가는 것이 당연하다 생각하고, 이것을 각각 남성과 여성의 삶으로 규정해 왔습니다. 그러나 인간의 삶을 생물학적 성별에 근거하여 기존의 가족제도와 국가나 인류의 보전을 위한 한 가지 역할로만 규정지을 수 있는가에 대해 고민해 보아야 합니다.

영화 〈걸〉(2021)의 주인공 라라는 발레리나가 되기를 꿈꿉니다. 그래서 호르몬 치료와 학업을 병행하며 진정한 자신을 찾기 위해 용기를 냅니다. 소년과 소녀의 경계에 있는 라라에게 우리 사회가 어느 한쪽의 삶을 강요할 수 있을까요? 성 정체성의 혼란을 겪는 영화 주인공들, 또는 다양한 성 정체성을 지닌 사람들을 사회는 어떻게 받아들이나요? 그리고 이들이 사회에 바라는 것은 무엇일까요?

우리 사회는 이들이 기존의 젠더 범주를 지키며 소위 생물학적 성에 근거해 각자의 자리에서 살아가기를 기대합니다. 그러나 이들은 기존의 젠더 범주 안에서 살아갈 수 없습니다. 그래서 〈천하장사 마돈나〉의 오동구는 주위의 조롱과 비난에도 불구하고 수치감을 견디면서 여성이 되기 위해 씨름장에 섰습니다. 이런 오동구에게 젠더란 어떤 의미일까요? 오동구는 치마를 입고 화장을 하고 "많은 거 안 바라요. 그냥 나답게 살고 싶은 거지"라고 말합니다. 젠더와 섹스가 일치하는 사람에게는 저절로 주어진 것들을 오동구는 끊임없이 투쟁해 쟁취해 내야 합니다. 그와 같은 성 소수자들은 스스로 젠더를 선택하려 하지만 사회는 그 선택이 생물학적으로 이미 결정되어 있음을 강요합니다. 여성들이 오랜 시간 투쟁을 통해 오늘날 공적 사회에 배제되지 않고 등장한 것처럼 그들이 자기 삶의 방식을 스스로 선택하며 우리 사회 안에서 동등한 구성원으로 존중받고 안정감을 느끼며 살아갈 수 있기까지는 오랜 시간이 걸릴지도 모르겠습니다. 결국, 젠더 문제는 여성 억압과 차별뿐 아니라 다양한 인간관계와 존재에 대한 문제입니다.

젠더 문제에 대한 교육적 접근

영화 주인공들과 같이 다양한 젠더 범주에 속한 학생들이 존재하는 학교에서 우리는 과연 어떤 교육적 접근을 하는 것이 바람직한지 고민해 봐야 합니다.

페미니즘이 교육과정 연구에 미친 영향을 살펴보면서 젠더 문제에 대한 교육적 접근의 방향성을 찾아보려 합니다. 페미니즘이라는 용어는 다양한 얼굴을 지닌 복잡한 개념으로 우리나라 학문 세계에서는 주로 여성주의로 사용되고 연구되어 왔습니다. 여성주의는 사회화와 성 역할에 대한 고정화가 여성을 의존적이고 순종적인 위치에 머물게 했고 남성에게는 감정적이고 남을 돌보는 잠재력을 억압하게 했다고 말합니다. 이를 통해 성별 분업이 재생산되고 있다고 주장하며, 지식과 문화에 대한 남성의 독점을 비판하고 성 불평등 문제를 제기하면서 양성에 동등한 기회를 보장할 것을 요구합니다. 또 남성과의 비교를 벗어나 '차별'이 아닌 '차이'를 인식하기 위해 여성의 독특성에 주목하고, 여성의 경험과 사고를 통해 새로운 의미로 정의하고 재해석하도록 했습니다. 그러면서 학교는 중립적이고 평등한 곳이 아닐 수 있다고 주장하며, 여성들이 일상에서 자신의 경험과 사고에 준해 일상의 의미를 만들고 스스로 자신의 정체성을 확립해야 한다고 주장합니다. 나아가 인간이 자연을 착취하고 파괴한 모습을 남성이 여성을 지배해 온 모습에 비유해 새로운 가치 창조와 사회구조를 제안하며 상호 협동과 생명 존중의 원리를 주장하면서, 교육을 통해 인간의 자연관과 세계관을 새롭게 정립하고 다양성을 유지해야 한다고 합니다.

이 같은 페미니스트 접근은 최근 교육과정 재개념화 관점에서 중요한 영역으로 자리 잡으며 학교교육 내용을 중심으로 한 연구에 영향을 주고 있습니다. 페미니스트 접근에 의하면 우리가 학교에서 사용하는 교과서의 내용에도 성 편견적인 요소가 많이 있다고 합니다. 교과서에 드러난 성 편견에 관한 연구에 의하면, 성 편견으로 밝혀진 요소는 여섯 가지로 나누어 볼 수 있습니다.

1. 여성이 등장하는 교수 자료가 희소하다는 것
2. 여성이 전통적 역할을 담당하며 여성적 특성을 보이는 것으로 묘사해 성 역할을 고정화하는 것
3. 교과서가 어떤 이슈, 상황, 집단 구성원들에 대해 한 가지 해석만을 또는 여성 관련 문제에 대해서는 여성에게 불리한 측면만의 해석을 제시하는 것
4. 현대 사회에서 변하고 있는 남성과 여성의 모습이나 이혼 가정, 워킹맘 등의 모습을 제시하지 않고 비현실적 모습을 제시하는 것
5. 여성의 문제는 주변 위치에 놓아 중심에서 고립시켜 버리는 것
6. 교육과정에 청소년, 여교사, 여류작가 등 언어의 차별적 속성을 반영하는 것

Gollnick, Sadker, & Sadker, 1982[김영천 편저, 2012에서 축약, 재인용]

1983년 한국여성개발원이 설립된 이후, 교육과정 및 교과서의 내용에 관한 연구가 꾸준히 이루어지면서 많은 변화가 생겼습니다. 1970년대 후반부터 제4차 교육과정, 제5차 교육과정, 제6차 교육과정, 제7차 교육과정까지 성 차별성을 분석한 꾸준한 연구로 성 차별적 내용이 많이 개선되었습니다. 그러한 노력으로 인해 제6차 교육과정에서는 남녀 학생 모두 가정과 기술

과목을 이수하게 되었고, 제7차 교육과정에서는 기술·가정 교과를 국민 공통 기본 교과로 신설해 남녀 학생 모두 이수하게 되었습니다. 그 밖에도 교과별 분석이나 그림책, 교과서에 등장하는 인물 분석 등 다양한 연구가 이루어졌습니다.

2018년, '스쿨미투' 운동과 학교 페미니즘 교육을 의무화하자는 청원이 올라오며 학교에서의 성평등 교육에 관한 관심이 더욱 높아졌습니다. 이후 학교 성평등 교육의 현실을 분석하는 연구나 젠더 텍스트로서의 교육과정에 관한 연구 등 다양한 연구가 이루어지고 있습니다.

2005년 잡지《우리교육》에 특별 기고된 「보이지 않는 아이들–성 소수자 청소년들」에 따르면, 설문에 응한 청소년의 11%가 '자신의 동성애 성향을 고민해 본 적이 있다'고 응답했습니다. 이듬해 이 잡지는 「이반검열, 우리 학교에는 없을까」라는 글을 통해 학교에 존재하는 성 소수자의 문제를 다루며 한국 사회 청소년 성 소수자들이 겪는 아픔과 경험, 그들을 가르치는 교사들의 이야기를 소개했습니다.

그 외에도 부모의 사례를 중심으로 성 소수자가 사회적으로 어떤 상황을 겪는지와 이를 통해 어떻게 삶의 형식이 변화하는지를 살펴보며 우리 사회의 문제점을 지적하는 연구, 다양한 퀴어 영화에서 그려지는 청소년 성 소수자 이미지 분석을 통해 우리 시대에 그들이 처한 현실을 분석하고 청소년 성 소수자의 인권 존중을 위한 교육환경 개선과 제도적·교육적 지원이 필요함을 지적하는 연구, 우리나라의 성 소수자 관련 질적 연구 동향을 분석해 그들이 어떻게 논의되고 이해됐는지를 분석한 연구 등이 이루어져 왔습니다.

그러나 지금까지 젠더 연구는 주로 여성에 대한 차별이나 편견을 극복하고 여성의 인권 신장을 위해 노력하는 내용에 집중되었습니다. 앞으로는 이를 토대로 젠더 다양성에 기반해 성 소수자의 인권을 신장하고 사회적 관심을 환기하는 방향으로 전환되어야 합니다. 기존의 연구를 통해 이미 밝혀진 교육과정에 드러난 성별에 따른 이중 잣대의 문제보다는 생물학적 성에만 머물러 있는 성교육의 한계를 극복하고, 젠더 문제를 학교 현장에서 실질적으로 어떻게 다룰 것인지에 관한 연구가 필요합니다. 단순한 사실 이해나 단편적인 사례 연구로만 그칠 것이 아니라 성 소수자에 관한 연구가 교육 현장에 접목될 수 있도록 더욱 체계적이고 심도 있는 연구가 필요합니다. 이를 위한 학교교육 현장의 노력은 새로운 젠더 문화를 창출하고, 우리가 살아가는 세상의 실질적 변화를 이끌어 내는 첫걸음이 될 것입니다.

유네스코(UNESCO)는 2018년 「국제 성교육 가이드(International technical guidance on sexuality education)」를 제시했습니다. 여기서는 지속가능한 성장을 위해 양

2.1 포괄성 성교육(CSE)이란?

포괄적 성교육(CSE)은 섹슈얼리티에 대한 인지적·정서적·신체적·사회적 측면에 대해 배우는 커리큘럼을 기반으로 한 교육과정으로서, 아동과 청소년들로 하여금 자신의 능력—자신의 건강과 복지, 존엄성에 대한 인식 능력, 존중에 기반한 사회적·성적(Sexual) 관계 형성 능력, 자신 및 타인의 복지에 미치는 영향을 고려한 선택 능력, 자신의 삶 속 권리에 대한 이해와 보호 능력—을 높일 수 있는 지식, 기술, 태도, 가치를 갖추도록 하는 데 목적이 있다.

1. 관계(Relationships)
2. 가치(Values), 권리(Rights), 문화(Culture), 섹슈얼리티(Sexuality)
3. 젠더(Gender) 이해
4. 폭력과 안전
5. 건강과 복지를 위한 기술
6. 인간의 신체(body)와 발달(Development)
7. 섹슈얼리티(Sexuality)와 성적 행동(Sexual Behaviour)
8. 성과 재생산 건강(Sexual and Reproductive Health)

(c) unesco
포괄적 성교육 5.2 핵심 개념, 주제, 목표에 대한 개요

[유네스코 2018 개정판 국제 성교육 가이드]

질의 교육, 건강과 복지, 성평등과 인권이 동반되어야 함을 강조하며 청소년의 성교육 권리를 주장하고 있습니다.

유네스코에서 제시하는 포괄적 성교육은 달성 가능한 가장 높은 수준의 청소년 건강권을 존중하기 위해 인권 접근법에 기초해 성교육에 접근하고 있습니다. 과학적인 접근에서부터 연령 및 발달을 고려한 교육과정으로 남녀의 신체 구조 차이와 같은 생물학적 특성만이 아닌 섹슈얼리티에 대해 다양한 사회문화적 상황까지 고려한, 성과 관련된 모든 경험을 포괄하는 정보를 핵심 개념 8개를 통해 제공하고 있습니다.

포괄적 성교육에 대해 '성행동 시작 시기를 앞당긴다', '아동의 순수성을 빼앗는다', '교사에게 포괄적 성교육 수업은 너무 어렵다' 등 비판의 목소리도 있지만, 아이들이 세상에서 안전하고 건강한 삶을 준비할 수 있도록 하는 성교육이 이루어져야 하는 것은 자명한 사실입니다.

그동안 우리는 성교육이라고 하면, 주로 남녀 생물학적 특성을 기반으로 남녀의 생식기, 성관계, 피임법 등에 중점을 둔, 즉 생물학적 성 또는 성기 중심에만 머무르는 편협한 성교육을 떠올렸습니다. 그런데 이제 누구나 성교육이 단순히 성관계를 위한 교육이 아님에 동의하며 새로운 방향의 필요성을 말합니다. 우리 아이들이 성에 대한 올바른 가치관을 정립하고, 〈천하장사 마돈나〉의 오동구나 〈걸〉의 라라, 〈톰보이〉의 미카엘처럼 스스로 나를 존중할 수 있는 한 사람으로 성장하도록 돕기 위해서는 지금까지와는 다른 새로운 프레임의 성교육이 필요합니다.

객관적 실재나 보편성을 부정하며 '다양성'과 '차이' 그리고 '타자'를 강조하며 등장한 포스트모더니즘 패러다임의 관점으로 젠더 문제에 접근하는 것도 하나의 방법이 될 수 있습니다. '남녀'라는 이분법적 접근이 아닌 '차이'

와 '젠더 다양성'을 인정하는 태도가 필요합니다. 지금까지 알려진 진리를 그대로 수용하는 것을 거부하고 끊임없이 의문을 제기하며 해체적으로 젠더 문제에 접근할 수 있어야 합니다. 이를 통해 젠더에 관한 우리의 편견과 고정관념을 경계하고 진정한 의미의 성교육이 이루어져야 합니다.

누구를 위한 세상인가?

'제노포비아(Xenophobia)'라는 말을 들어 봤나요? 이는 이방인을 뜻하는 '제노(Xeno)'와 공포증(혐오증)을 뜻하는 '포비아(Phobia)'의 합성어입니다. 외국인에 대한 혐오 현상을 뜻하는 이 말은 자기 민족을 제외한 다른 문화권에서 온 민족을 혐오하고 증오하는 현상을 가리킵니다. 젠더에 대한 사람들의 거부 감도 이와 유사하다는 생각이 듭니다. 사람들은 왜 낯선 사람에 대해 단순히 두려워하는 것을 넘어 증오하고 혐오감을 가지게 되는 걸까요? 새로운 생각이 기존의 질서를 파괴할 수 있다는 불안감 때문은 아닐까요. 이미 기

존의 사회구조와 관습에 익숙해져 있는 우리는 겪어 보지 못한 새로운 범주에 대해 막연한 불안감과 두려움을 느끼는 것입니다.

성 소수자들이 원하는 것은 무엇일까요? 〈천하장사 마돈나〉의 오동구는 "내 꿈은 뭐가 되고 싶은 게 아니야. 나는 그냥 살고 싶은 거야"라고 말합니다. 그들은 우리의 자리나 권리를 빼앗길 원하는 게 아닙니다. 사회적 권리를 보장받을 수 있는 우리와 동등한 한 사람의 사회 구성원으로 인정받기를 원할 뿐입니다.

2021년 10월 27일, 미국에서는 남성이나 여성이 아닌 성별 'X'가 기재된 최초의 여권이 발급되었습니다. 미국 국무부는 이분법적 성별 표기가 차별의 원인이 될 수 있음을 인지하고 여권 표기에 제3의 성별 'X'를 인정한 것입니다. 의료 증빙이 없어도 자신이 규정한 성별로 여권의 성별을 선택할 수 있도록 허용했습니다. 이는 국가가 제공하는 공식 신분증에 제3의 성별을 표기할 수 있도록 함으로써 성 소수자가 사회적 편견과 부정적 인식 등으로 정치·경제·사회 등의 분야에서 불평등의 피해를 보지 않도록 하여 이들의 권리를 보호하고 다양성을 인정하기 위한 것입니다. 즉, 이 여권은 성 소수자들이 국가로부터 법적으로 인정을 받는 한 개인이 되었다는 의미를 지닙니다. 정부 공식 문서에서 '제3의 성'을 인정하는 국가는 현재 독일, 캐나다, 호주, 뉴질랜드, 인도, 파키스탄, 방글라데시, 네팔, 몰타, 미국(캘리포니아, 뉴욕 등 일부 주) 등이 있습니다.

'차이'를 인정하는 세상

우리는 젠더가 전 세계적으로 치열하게 논의되고 있는 시대에 살고 있습니다. 끊임없이 변화하는 사회에서 젠더의 의미도 변화할 수밖에 없습니다. 우리는 흔히 다문화 사회를 무지개로 비유합니다. 무지개의 빨, 주, 노, 초, 파, 남, 보 일곱 가지 색은 우리가 임의로 나눈 것일 뿐 실제로 색을 명확히 분류할 수 있는 경계는 없고, 오히려 여러 가지 색이 어우러져서 더욱 아름다워진다고 말합니다. 우리가 사는 세상이 무지개와 같다면, 젠더 문제도 이런 다문화적 관점에서 접근해 보면 어떨까 합니다.

우리가 의심의 여지 없이 당연하게 여겨 온 것들, 그리고 자명한 것으로 받아들여 왔던 모든 종류의 앎과 이해 자체에 대해 심각하게 숙고하고 검토해 보는 태도가 필요합니다. 지금까지 절대불변의 진리라고 믿어 온 젠더의 범주도 우리의 사회·문화적 관습일 뿐, 한 사람이 태어날 때 부여받은 성별은 그 사람의 일생을 결정지을 수 없으니 말입니다.

유토피아란 어느 곳에도 없는 장소라는 뜻으로 사람들이 상상하는 이상적인 세계를 말합니다. 우리가 상상하는 천국과 같은 세상이지요. 지금 우리가 사는 이곳은 모두가 행복한 유토피아가 될 수 있을까요? 성 소수자를 비롯한 사회적 소수자에 대한 수많은 선입견과 편견, 이로 인한 차별이 존재하는 세상은 어떻게 진정한 평화를 유지할 수 있을까요?

나와 '다른 것'이 '틀린 것', '잘못된 것', '이상한 것'이라는 편견과 고정관념에서 벗어나 우리는 서로 다름을 인정하고 포용해야 합니다. 나와 다른 상대방을 신기한 또는 이상한 존재가 아니라 있는 그대로 인정하고 받아들이는 자세로, 나와 같이 평범하게 대하도록 노력해야 합니다. 다양한 젠더 범주에 속한 사람들이 함께 행복, 진정한 유토피아는 '나'의 변화에서 시작된 '우리' 모두의 노력으로 만들어질 수 있습니다.

온라인에서 더 알아볼까요?

젠더와 성평등: KOICA 세계시민교육
[당신에게 날아온 파랑새 프로젝트]
WFK KOICA 해외봉사단

https://youtu.be/x9-L_PEGVXo

젠더 감수성
〈KBS 청소년 공감 콘서트 온드림스쿨〉
손경이(관계교육연구소 대표)

https://youtu.be/sZLFb2fGDwQ

PROSPERITY

세계시민,

영화로

번영을 만나다

2장에는 다음과 같은 영화 이야기가 나옵니다.

- 재난으로부터 안전하고 지속가능한 도시
  〈감기〉(2013)
  〈해운대〉(2009)
  〈백두산〉(2019)
  〈인투 더 스톰(Into the Storm)〉(2014)
  〈타이타닉(Titanic)〉(1997)
  〈설리: 허드슨강의 기적(SULLY)〉(2016)
  〈플라이트93(United 93)〉(2006)
  〈국가 부도의 날〉(2018)
  〈연가시〉(2012)
  〈부산행〉(2016)
  〈싱크홀〉(2021)
  〈투모로우(The Day After Tomorrow)〉(2004)
  〈판도라〉(2016)
  〈퍼머컬처: 먹고 심고 사랑하라(Eat, Grow, Love)〉(2017)
  〈사가 시티, 에코시티!(Saga City)〉(2011)
  〈시티 오브 엠버: 빛의 도시를 찾아서(City of Ember)〉(2008)

- 우리 모두의 적절하고 깨끗한 에너지
  〈바람을 길들인 풍차소년(The Boy Who Harnessed the Wind)〉(2019)
  〈인터스텔라(Interstellar)〉(2014)
  〈월-E(WALL-E)〉(2008)
  〈커런트 워(The Current War)〉(2017)
  〈뷰티풀 마인드(A Beautiful Mind)〉(2001)
  〈바람계곡의 나우시카(Nausicaa Of The Valley Of Wind)〉(1984)
  〈프라미스드 랜드(Promised Land)〉(2012)

- 디지털 세상 속 우리는 안전한가요?

〈터미네이터 2: 심판의 날(Terminator 2: Judgment Day)〉(1991)

〈레디 플레이어 원(Ready Player One)〉(2018)

〈매트릭스 4: 리저렉션(The Matrix Resurrections)〉(2021)

〈익스플레인: 세계를 해설하다(암호화폐 편)(Explained)〉(2018) ,

〈빅 쇼트(The Big Short)〉(2016)

〈아이, 로봇(I, Robot)〉(2004)

〈미션 임파서블(Mission: Impossible)〉 시리즈

〈아이리시맨(The Irishman)〉(2019)

〈아이언맨(Iron Man)〉 시리즈

〈거대한 해킹(The Great Hack)〉(2019)

〈아바타(Avatar)〉(2009)

〈프리 가이(Free Guy)〉(2021)

〈트루먼 쇼(The Truman Show)〉(1998)

〈컨테이젼(Contagion)〉(2011)

〈위대한 쇼맨(The Greatest Showman)〉(2017)

재난으로부터
안전하고 지속가능한 도시

한유미(경기 신원초등학교 교사)

〈감기〉(2013)

현실에서도 재난 영화처럼 인류를 구원해 줄 영웅이 나타날까요?

지속가능한 도시를 위해서는 재난의 위험으로부터 피해를 줄이고, 도시의 복원력을 강화해야 합니다.

모두를 포용하는 안전한 도시는 어떤 곳일까요?

SDG 1.   빈곤층 감소와 사회안전망 강화

SDG 3.   건강하고 행복한 삶 보장

SDG 11. 지속가능한 도시와 주거지 조성

재난의 종류와 의미

휘몰아치는 폭풍과 무너지는 건물들, 불길이 솟구치는 상황에서 주인공이 극적으로 탈출하는 재난 영화를 본 적이 있나요? 부산 앞바다에서 발생한 쓰나미가 배경인 〈해운대〉, 백두산 화산폭발이 소재인 〈백두산〉, 갑작스러운 기상 이변으로 발생한 토네이도로 쑥대밭이 된 도시의 모습을 그린 〈인투 더 스톰〉은 모두 자연 재난을 다룬 영화입니다. 재난 영화는 거대한 규모로 관람객의 눈길을 끌고 흥미진진한 내용 전개로 온몸을 짜릿하게 만듭니다. 하지만 영화 속 장면과 달리 현실의 재난은 우리의 생존을 위협하고 한순간에 누군가의 인생을 송두리째 앗아가기도 합니다.

유엔재난위험경감사무국(UNDRR: United Nations Office for Disaster Risk Reduction)은 2020년 보고서를 통해 지난 20년간 지구온난화와 기후변화로 발생한 자연재해가 이전과 비교해 2배 가까이 증가했다고 발표했습니다. 먼저, 재난과 재해는 무엇을 일컫는 말일까요? 국립국어원에서는 재난을 "뜻밖에 일어난 재앙과 고난"이라고 설명합니다. 과거에는 주로 자연 현상으로 인한 피해를 뜻했으나 경제가 발달하고 사회구조가 변화한 오늘날에는 사회적, 인적, 기술적 요인으로 인해 발생한 사고까지 재난으로 보고 있습니다. 우리나라의 「재난 및 안전관리 기본법」(이하 「재난안전법」)은 재난을 "국민의 생명이나 신체, 재산 또는 국가에 피해를 주는 다양한 상황"이라고 정의합니다. 그리고 이러한 재난에 의한 인적, 물적 피해를 재해라고 합니다.

재난은 크게 자연 재난과 사회 재난으로 나눌 수 있습니다. 자연 재난은 태풍, 지진, 가뭄, 홍수, 황사 따위의 피할 수 없는 자연 현상으로 발생합니다. 이 외에 대설, 한파, 화산활동, 소행성이나 유성체 등 자연우주물체의 추락 및 충돌과 같이 누군가의 의도가 아닌 자연 현상으로 인해 발생하는 재해도 자연 재난에 속합니다.

자연 재난 중 대부분은 다양한 인과관계가 얽혀서 일어나기 때문에 언제 어디에서 발생할지 정확하게 예측하기가 어렵습니다. 또한 자연 현상에 의한 것이므로 인간의 힘으로 통제하기 어렵고 시간이 지날수록 피해가 커지는 특징이 있습니다.

다양한 자연 재난

사회 재난은 화재, 붕괴, 폭발, 항공·해양 사고를 포함한 교통사고 및 환경오염 등의 재난을 말합니다. 사람의 실수나 부주의, 고의적인 행동으로 발생하는 인적·기술적 재난도 사회 재난에 속합니다. 사회 재난은 자연재해와 비교할 때 재난 발생 지역의 범위가 좁고 짧은 시간 내에 급격히 진행됩니다. 또한 재난을 예방하거나 재난 발생 이후의 빠른 대응으로 피해를 줄

일 수 있습니다. 「재난안전법」은 사회 재난의 범위를 다음과 같이 규정하고
있습니다.

> 사회 재난은 화재, 붕괴, 폭발, 교통사고, 화생방사고, 환경오염사고 등으로 인해 발생하는 대
> 통령령으로 정하는 규모 이상의 피해와 국가 핵심 기반의 마비, 「감염병의 예방 및 관리에 관
> 한 법률」에 따른 감염병, 「가축전염병 예방법」에 따른 가축전염병의 확산, 「미세먼지 저감 및
> 관리에 관한 특별법」에 따른 미세먼지 등으로 인한 피해를 말한다
> -「재난 및 안전관리 기본법」(약칭 「재난안전법」) 제3조

사회 재난에서 말하는 교통사고는 단순한 차량 간 사고가 아니라 많은
피해자 혹은 재산상의 피해가 발생하는 경우를 의미합니다. 영화 〈타이타
닉〉의 선박 침몰사고나 〈설리: 허드슨강의 기적〉의 비행기 불시착과 같은 해
양사고도 교통사고에 포함됩니다. 교통, 통신, 의료, 금융, 에너지 등 사회
기반시설의 마비 역시 사회 재난에 속합니다. 미국 9·11 테러 사건을 다룬
〈플라이트93〉, 1997년 한국의 외환위기를 담은 금융 재난 영화 〈국가 부도
의 날〉은 국가의 사회기반시설이 마비된 사회 재난의 모습을 보여 줍니다.
1994년 성수대교 붕괴, 1995년 삼풍백화점 붕괴, 2003년 대구 지하철 화재,
2014년 세월호 침몰사고도 우리나라의 대표적인 사회 재난 사례입니다.

미세먼지도 재난인가요?: 시대에 따라 변화하는 재난

〈감기〉는 호흡기를 통해 1초에 3.4명이 감염되는 치사율 100%의 바이러
스가 대한민국에 확산되는 사건을 다룬 영화입니다. 영화에서 정부는 바이
러스가 다른 지역, 다른 나라로 전파되지 않도록 국가재난 사태를 발령합

니다. 그런데 바이러스에 의한 호흡기 감염의 확산도 재난이라고 할 수 있을까요?

「감염병의 예방 및 관리에 관한 법률」에 따르면 일정한 규모 이상으로 국가나 지방자치단체 차원의 대처가 필요한 인명 또는 재산적 피해가 발생하는 경우 사회 재난으로 분류합니다. 코로나19, 에볼라바이러스, 중동호흡기증후군(MERS)처럼 감염 속도가 빠르고 집단 발생의 우려가 큰 감염병은 '제1급 감염병'에 속합니다. 〈감기〉의 호흡기 감염, 〈연가시〉에서 나타나는 기생충 연가시에 의한 감염도 사회 재난이라고 할 수 있습니다.

한편, 기존에는 재난의 범위에 속하지 않았으나 새롭게 포함된 재난도 있습니다. 미세먼지로 인해 국민의 불안감이 높아지고 대책을 마련해야 한다는 목소리가 커지면서 2019년 9월, 환경부는 「미세먼지 저감 및 관리에 관한 특별법」을 시행했습니다. 행정안전부는 미세먼지의 발생 원인이 화석연료의 사용, 공장과 자동차의 매연 등 인위적인 배출 때문이며, 환경오염으로 확산될 수 있으므로 사회 재난으로 보는 것이 타당하다고 밝혔습니다. 「재난안전법」의 개정으로 미세먼지가 사회 재난에 포함되면서 정부는 어린이, 노인과 같은 미세먼지 취약 계층에 마스크를 무료로 제공하고, 초·중·고 교실의 공기청정기 설치에 국가 예산을 투입했습니다. 「가축전염병 예방법」에 따른 조류인플루엔자(AI), 구제역, 아프리카돼지열병 등의 가축전염병 역시 사회 재난에 포함되면서 기존에 특별시·광역시·도·시·군과 같은 지방자치단체가 부담했던 가축 살처분 비용의 일부를 국가가 지원할 수 있게 되었습니다.

자연 재난도 시대와 상황의 변화에 따라 내용과 범위가 달라집니다. '폭염'과 '한파'는 「재난안전법」에 재난으로 규정되지 않아 기록적인 더위와 추위에도 불구하고 국가적 지원을 할 수 없었습니다. 2018년부터는 '폭염'과 '한파'가 자연 재난에 포함되면서 국가 차원의 예방, 대응, 지원 등의 조치를 하고 있습니다. 이처럼 재난의 종류는 고정불변한 것이 아니라 사회가 발전하고 우리가 살아가는 환경이 변화함에 따라 새롭게 추가하거나 삭제될 수 있습니다.

앞서 언급한 것처럼 비슷한 상황이라도 재난이 발생한 원인에 따라 자연 재해와 사회 재난으로 나누어 구분합니다. 우주 재난을 예로 들어 보자면 소행성, 유성체와 같은 자연우주물체가 떨어지는 경우는 자연 재난에 속하고, 인공위성, 우주 쓰레기, 우주선 잔해와 같이 사람이 만든 물체가 지구로 떨어지는 경우는 사회 재난에 속합니다. 마찬가지로 기후변화로 인해 대기가 건조해져서 산불이 발생한다면, 화재의 원인이 건조한 기후이기 때문에 자연재해입니다. 하지만 사람이 버린 담배꽁초, 논·밭두렁 소각, 성묘객의 실수 등이 원인이라면 사회 재난에 해당합니다. 자연재해의 원인이 인간의 무분별한 환경 파괴와 그로 인한 환경오염, 기후변화에서 비롯되었다면 우리는 원인과 결과를 구분 지을 수 없는 끝없는 악순환에 갇힐 것입니다.

재난에 더 취약한 사람들

기후변화와 지구온난화 등 다양한 원인으로 인해 재난 발생이 빈번해지고 그 피해도 이전보다 커지고 있습니다. 그 누구도 갑작스러운 재난을 막을 수 없다는 점에서 재난은 모두에게 똑같이 찾아오지만, 그 과정과 결과는 꽤 다릅니다. 자연재해가 한 국가 또는 한 지역 전체를 덮쳤을 때 가장 많은 피해를 입는 사람은 누구일까요? 재난은 모두에게 공평할까요? 재난은 누구에게나 닥칠 수 있지만, 재난을 예방하고 재난 발생 후에 대처하는 능력은 서로 다릅니다.

재난을 일으키는 위험요인에 의해 더 쉽게 피해를 볼 수 있는 상태나 조건에 놓였을 때 재난취약성이 높다고 할 수 있습니다. 예를 들어 누군가는 비싼 전기료가 걱정되어 무더운 여름에도 에어컨과 선풍기를 틀지 못한 채 한여름의 폭염을 힘겹게 견디고, 난방비를 감당하기 어려워 한파 속에서 추위에 떨며 힘든 생활을 이어 가는 상황일 수도 있습니다. 이러한 재난취약성은 재난에 대한 예측과 대응이 어려울수록 높아지는 경향을 보입니다.

그렇다면 재난취약 계층은 어떤 사람들일까요? 갑작스러운 해일이 해안가를 덮치는 영화 〈해운대〉를 떠올려 봅시다. 그리고 건강한 성인과 휠체어를 탄 장애인, 지팡이를 짚은 노인이 그 장소에 함께 있다고 가정해 보세요. 젊고 건강한 사람은 빠르게 대응하여 피할 수 있지만, 휠체어를 탔거나 지팡이를 짚은 사람이 빠르게 피신할 수 있을까요? 텔레비전과 라디오에서

안내하는 대피 방송을 듣고도 무슨 말인지 이해하지 못하는 사람도 있을 것입니다. 만약 영어에 능통하지 않은 사람이 외국 여행 중 자연 재난 상황을 맞이하게 된다고 가정해 봅시다. 해당 국가에서는 외국인을 위해 세계 공용어인 영어로 대피 방송을 할 것입니다. 그러나 모든 사람이 영어에 유창한 것은 아니므로 방송을 통해 모두가 빠르고 정확한 내용을 전달받지는 못할 수 있습니다.

이처럼 모든 사람이 재난 상황에서 같은 처지는 아닙니다. 〈타이타닉〉을 통해서도 빈곤층이 재난에 취약한 까닭을 생각해 볼 수 있습니다. 빙산과 충돌한 타이타닉호가 침몰하는 절체절명의 순간, 선원들은 구명보트에 가장 먼저 일등석 승객을 태우고 사고 현장을 벗어납니다. 실제로 온라인상에 공개된 1912년 타이타닉호의 사고 기록을 보면 일등석 승객의 생존율은 63%로 삼등석 승객의 25%보다 높습니다. 이는 만약 승객이 삼등석이 아닌 일등석에 탔더라면 생존할 가능성이 두 배 이상 높았으리라는 것을 의미합니다. 빈부의 차이가 생존율의 차이를 만들었던 것입니다. 어쩌면 우리도 영화에서처럼 같은 공간에 존재하면서도 각자의 재난취약성이 다른 것은 아닐까요? 자연 재난과 사회 재난은 언제 어디에서 일어날지 모르는 뜻밖의 사고이며 사람의 힘으로 완벽하게 막을 수 없습니다. 개개인의 상황과 조건에 따라 재난취약성이 다르듯 재난으로부터 회복하여 일상으로 돌아오는 데 걸리는 시간과 비용 등 재난복원력 또한 사람마다 다릅니다.

「헌법」에 따르면 국가는 재난 상황에서 국토를 보전하고 국민의 생명과 신체, 재산을 보호하는 역할을 맡아야 합니다. 그중에서도 신체적, 사회적, 경제적 제약 요인으로 인해 재난 정보 획득이 어렵거나 재난 상황에서 대응이 어려운 노인, 아동, 장애인, 외국인, 저소득층을 재난 안전 취약 계층으로 분류하고, 국가는 이들을 보호하기 위한 다양한 정책을 마련하고 있습니다. 코로나19의 장기화로 정부와 지자체가 국민에게 지급한 '국민 재난지원금'은 이러한 법에 따라 재난 상황에서 국민의 생활 안정 및 소비 증진을 위해 일정 기준에 따라 지급한 것입니다.

이 과정에서 재난지원금을 받지 못한 사람이 있습니다. 우리나라로 삶의 터전을 옮겨 장기 체류 중인 외국인, 즉 이주민입니다. 코로나19로 인한 국가 재난지원금 중 소득 하위 80%에게 지급한 5차 지원금은 내국인과 결혼한 결혼 이주민과 영주권을 취득한 이주민에게만 지급되었습니다. 이때 국가 재난지원금 혜택을 받은 이주민은 200만여 명 중 30만여 명에 불과합니다. 이주민은 공식적인 대한민국 국민의 지위를 갖지 못했지만, 우리나라에 체류해 생활하면서 직간접적으로 세금을 내고 있습니다. 이들 역시 임금의 일부에서 종합소득세, 근로소득세, 주민세, 지방세 등을 내고, 물건을 살 때도 가격에 10%의 부가가치세가 포함되기 때문입니다. 이에 이주 단체에서는 국가 재난지원금도 지방자치단체와 마찬가지로 이주민에게 균등하게 지급하라고 주장합니다. 그러나 국가인권위원회에서는 "지방자치단체는 지방자치법상 외국인 주민에게도 균등한 행정 혜택을 보장해야 하나, 중앙정부의 행정 측면에서는 외국인에게 내국인과 같은 혜택을 보장해야 한다고 주장할 근거가 부족하다"라고 밝혔습니다.

여러분은 이러한 결정에 대해 어떻게 생각하나요? 우리는 앞서 재난에 취약한 다양한 사람들을 살펴보면서 재난 상황에서 외국인에 대한 배려의 필요성을 생각해 보았습니다. 삶의 터전을 우리나라로 옮긴 이주민들이 국가의 경제성장에 기여하고, 납세의 의무도 다하는 만큼 우리 사회의 동등한 구성원으로 존중하고 당당하게 혜택을 받아야 하지 않을까요?

재난 상황에서 정부와 국제사회의 역할

　지속가능발전목표(SDGs)에는 재난취약 계층을 위한 제도를 마련하고 보호하기 위해 세부 목표에 "빈곤층과 취약 계층의 경제·사회·환경적 충격 및 재난에 대한 노출을 감소하고, 회복력을 강화한다"라는 내용을 담았습니다. 이는 정부와 국제사회에게 주어진 재난취약 계층에 대한 책임과 의무를 드러냅니다.

　재난이 발생하면 정부는 곧장 중앙재난안전대책본부를 구성하고 재난의 종류와 규모에 따라 상황을 총괄합니다. 이러한 정부의 대처는 영화에서도 엿볼 수 있습니다. 〈감기〉에서는 감염병 확산을 저지하기 위해 국가재난 사태 선포 후 도시를 폐쇄했고, 기생충이 인간을 숙주로 삼은 〈연가시〉에서도 정부는 비상대책본부를 가동하고 감염자들을 격리합니다. 좀비가 등장하는 〈부산행〉에서도 정부는 긴급재난 경보령을 선포합니다.

이 외에도 정부는 재난을 국민에게 알리기 위해 여러 방법을 활용합니다. 현재 위치를 기준으로 발생하는 한파, 폭염, 태풍 예보 등의 다양한 재난을 휴대폰 문자 메시지로 전송하고, 지진, 대형 화재와 같은 재난 발생 시 TV와 라디오를 통해 재난 상황을 중계하고 대응 방법을 안내합니다. 행정안전부는 스마트폰 애플리케이션 '안전 디딤돌'을 활용해 재난 문자와 더불어 재난 발생 시 행동 요령과 가까운 대피소 정보도 안내합니다. 최근에는 각 지자체에서 자체 개발한 재난 정보 애플리케이션도 등장해 시민들에게 유용한 정보와 도움을 줍니다.

대형 인명 피해나 재난이 발생한 지역을 '특별재난지역'으로 지정하는 것도 정부의 역할입니다. 강원도는 봄과 가을에 산불 피해가 잦아 여러 지역이 특별재난지역으로 지정된 적이 있습니다. 그 외에 2003년 지하철 참사가 발생한 대구광역시, 2007년 기름유출 사고가 났던 충청남도 태안군, 2014년 세월호 침몰사고 발생지인 경기도 안산시와 전라남도 진도군, 2017년 지진의 피해를 본 경상북도 포항시도 일정 기간 특별재난지역으로 지정되었습니다. 특별재난지역으로 지정되면 법에 따라 국가가 예산을 지원하고 해당 지역의 재난 구호 및 복구에 필요한 비용의 50%를 국가가 부담합니다. 지역에 큰 위기가 발생한 상황에서 정부가 지자체의 부담을 덜어 주는 것입니다.

외국에서 발생한 재난이 우리나라 국민의 생명, 신체 및 재산에 피해를 주거나, 피해 발생이 예상되는 경우를 '해외 재난'이라고 합니다. 정부는 해외 재난이 발생하면 외국에 거주하는 우리 국민의 피해는 없는지 확인하고, 국민이 안전하게 귀국할 수 있도록 도울 의무가 있습니다. 2019년 헝가리 부다페스트에서 한국 여행객이 탑승한 유람선이 침몰했을 때 정부는 즉

각 비상 체제에 돌입했습니다. 우리나라의 외교부, 소방청, 해군 등으로 구성된 합동 신속대응팀을 헝가리 사고 지역으로 파견하여 사고를 수습하고 실종자 수색에 나섰습니다.

더불어 외국의 재난 상황에서 우리나라 국민의 피해가 없더라도 국제사회의 구성원으로서 피해국에 인도적 지원을 제공하고 국제구호를 함께하는 것 역시 정부의 역할입니다. 따라서 우리나라 정부 역시 국가의 자격으로 유엔, 유네스코(UNESCO), 유니세프(UNICEF) 등 여러 국제기구에 가입하고 전 세계의 문제 해결에 힘을 보태고 있습니다.

중남미 카리브해의 섬나라 아이티는 2010년 규모 7 이상의 대지진으로 유엔 추산 100만여 명의 이재민이 발생했습니다. 아이티는 정치적, 경제적으로 취약한 최빈국 중 하나로 잦은 가뭄과 허리케인, 홍수로 피해를 본 데다 사회불안과 빈곤, 식량과 식수 부족으로 고통받고 있었습니다. 이에 긴급 구호와 지진 피해 복구를 위해 아이티 정부, 국제사회, 지역사회가 힘을 모아 재건작업에 돌입했습니다. 우리나라 역시 아이티에 의료진을 비롯해 한국국제협력단(KOICA) 등의 긴급 구호대 파견, 의약품 지원을 포함해 총 1,000만 달러를 지원했습니다.

코로나19가 전 세계로 확산한 2020년 봄, 우리나라도 마스크 대란으로 큰 혼란을 겪었지만 이내 국내 수급이 안정되자 코로나19로 인한 피해가 크고 의료 및 방역 여건이 취약한 국가에 인도적 목적으로 마스크를 지원했습니다. 2021년에는 APEC 정상회담에서 우리나라가 120여 개국에 코로나19 진단키트를 비롯한 방역 물품을 무상으로 지원했고 보건의료 분야에서도 개발도상국의 발전과 복지 증진을 위해 국제기구와 함께 공적개발원조(ODA)를 확대하고 있다고 밝혔습니다. 이러한 정부의 결정과 행동은 우리나라뿐 아니라 재난 위험이 있는 다른 국가들의 고통을 함께 줄이고 경제적 위기를 극복할 수 있도록 국제사회가 힘을 합쳐야 한다는 것을 보여 줍니다.

도시에서 발생하는 여러 가지 위험들

재난 상황은 언제 어디서나 발생할 수 있습니다. 그러나 인구밀도가 높고 많은 사람이 오고 가는 도시에 재난이 닥친다면 문제는 훨씬 심각해집니다. 전체 인구 중 도시에 사는 인구 비율을 도시화율이라고 하는데, 최근 경제협력개발기구(OECD)가 발표한 자료에 따르면 2020년 기준으로 전 세계 인구의 55%가 도시에 살고 있으며, 지금의 추세라면 2050년에는 전체 인구의 66%가 도시에 살 것으로 추정됩니다.

우리나라는 2020년에 이미 92%가량 도시화가 진행되었기에 인구 밀집도가 높은 도시에 지진, 쓰나미 같은 재난이 발생한다면 피해 규모가 더욱 커질 것입니다. 우리나라의 도시들은 많은 인구가 밀집하게 되면서 그들을 수용하기 위해 지상으로 점점 더 높은 건물을 짓고, 지하에는 지하철, 상하수도, 가스 배관, 통신 케이블 같은 사회기반시설을 늘렸습니다. 그 결과, 지상은 무거워지고 지하에는 빈 공간이 늘어나 도시의 지반은 약해지고 재난에 취약한 물리적 구조가 되었습니다.

국토교통부에 따르면 땅의 표면이 서서히 꺼지는 지반침하 사고는 2017년부터 2021년 6월까지 5년간 1,176건으로 꾸준히 증가하는 추세입니다. 도시 재난 중 하나를 가리키는 싱크홀(sink hole)은 지반침하 사고 유형 중 하나로 '가라앉는다(sink)'와 '구덩이(hole)'의 합성어입니다. 싱크홀은 지하

수가 빠져나간 공간이 지층의 압력을 이기지 못하고 땅이 꺼지는 현상을 말합니다.

영화 〈싱크홀〉의 주인공들이 사는 건물이 500m 땅속으로 한순간에 무너져 내린 것도 바로 이 싱크홀 때문입니다. 실제로 2012년 2월 지하철 공사가 진행 중이던 인천 시내 한가운데에 거대한 구멍이 뚫리고, 2014년에는 잠실 석촌호수 근처에서 싱크홀이 연달아 발생했습니다. 2017년 경북 포항시에 지진이 일어난 이후 공장, 도로, 건물 등이 세워진 땅이 갑자기 가라앉는 등 지반침하 사고가 증가하면서 주민들의 불안이 커졌던 사례가 있습니다.

이러한 현상은 우리나라뿐 아니라 전 세계 여러 나라에서 발생하고 있습니다. 2021년 5월 멕시코의 한 농장에 생겨난 싱크홀은 2주 만에 지름이 130m까지 커졌는데, 이는 잠실야구장과 비슷한 크기로 주변의 농가 한 채가 싱크홀 속으로 추락했습니다. 멕시코의 유명 관광지인 '세노테 수중 동굴'이나 벨리즈의 해안에 있는 '그레이트 블루홀'처럼 사람이 살지 않는 곳에 생긴 싱크홀은 신비한 자연 현상과 관광 자원이 되지만, 많은 사람이 생활하는 도시 한가운데서 발생한 싱크홀은 인명과 재산에 큰 피해를 주는 재난이 됩니다.

도시의 싱크홀 원인은 크게 두 가지가 있습니다. 우선 과도한 지하수 사용입니다. 도시개발 과정에서 지하수를 너무 많이 쓰게 되면 지하수의 수위가 낮아지고, 그로 인해 생겨난 공간에 압력이 가해져서 땅이 꺼지게 됩니다. 다른 하나는 지진이나 홍수 같은 자연 재난으로 인한 지층의 불안정화입니다. 지층이 어긋나 균열이 생기면 지면의 중심이 불균형해지면서 지면이 가라앉습니다.

도시에서 발생하는 싱크홀은 도로 파손에 의한 교통사고뿐 아니라 지하에 매장된 상수도관, 가스, 전기, 지하철 등 생활 시설을 훼손해 시민들이 불편을 겪게 됩니다. 싱크홀 현상을 막으려면 지하수가 빠져나가지 않도록 상하수도 정비, 지하시설물 관리 등의 다양한 예방 대책을 세우고 무분별한 도시개발을 억제해야 합니다. 하지만 여러 규제와 현실적인 어려움으로 여전히 많은 지역에서 싱크홀이 발생하고 있습니다.

재난은 짧은 시간 내에 발생하곤 하지만, 그 피해를 원상태로 되돌리는 데는 많은 시간과 비용이 필요합니다. 여기에 재난 상황을 겪은 사람들이 심리적 안정을 찾는 것까지 회복으로 본다면 더 많은 시간과 비용이 필요할 것입니다. 모두의 안전한 삶을 위해 도시개발은 장기적인 관점에서 환경을 파괴하지 않고 안전하면서도 미래 세대를 생각하는 지속가능한 형태로 이루어져야 합니다.

국가 지속가능발전목표(K-SDGs) 11번 '지속가능한 도시와 주거지 조성'은 세계유산을 보호·보존하고 재난 피해를 줄이며 대기질 및 폐기물 관리 등 환경 영향을 감소시키고 공공 녹지공간으로의 접근 보장을 강조합니다. 피해를 줄이기 위한 개인과 사회의 노력이 뒷받침될 때 우리는 재난으로부터 안전할 것입니다.

도시 재난 위험을 줄이기 위한 노력

기후변화로 인한 쓰나미가 부산을 덮친 이야기인 〈해운대〉, 지구온난화로 빙하가 녹고 해양 온도가 급격히 떨어져 미국 뉴욕이 얼어붙은 〈투모로우〉, 도시에 생긴 거대한 구멍으로 빌라가 무너져 내린 〈싱크홀〉은 도시를 배경으로 한 영화입니다. 이렇게 도시 재난의 피해 원인이 될 위험 요소를 사전에 제거하여 재난 위험으로부터 도시의 피해를 줄이고 재난 이후 충격을 빠르게 극복하는 힘을 기르는 것이 중요합니다. 이것을 '재난복원력' 또는 '도시복원력'이라고 합니다.

유엔은 1989년에 10월 13일을 '세계 자연재해 감소의 날(International Day for Disaster Risk Reduction)'로 지정했습니다. 이날은 세계 곳곳에서 일어나는 자연재해를 예방하고 재난의 위험을 줄여야 한다는 인식을 공유하기 위한 기념일입니다. 유엔재난위험경감사무국(UNDRR)은 지속가능발전목표 11번 '지속가능한 도시와 주거지 조성' 달성을 위해 전 세계와 함께 'MCR 캠페인'을 주관하고 있습니다. MCR은 'Making City Resilient'의 약자로 '기후변화와 재난에 강한 도시 만들기'를 의미합니다. 이 캠페인에는 2010년부터 2020년까지 전 세계 228개국, 4,350여 곳의 도시가 참여했습니다.

UNDRR은 MCR 캠페인에 참여한 도시 가운데 지속가능한 도시 조성과 도시복원력 향상을 위해 노력하는 도시를 일정 기준에 따라 '롤모델도시 (Role Model City)'로 인증하고 있습니다. 그중 하나인 포르투갈의 '아마도라'는 수도인 리스본에서 약 10km 떨어진 곳입니다. 돌발성 홍수, 태풍, 산사태, 도시 화재 같은 재난이 자주 발생하는 지역이지만 지역사회 내에서 재난 위험에 대한 인식 공유가 잘 이뤄지지 않았습니다. 이런 상황에서 인구밀도가 점차 높아지고 도시개발에 박차를 가하다 보니 자연생태 시스템이 무너졌습니다. 이러한 문제를 극복하기 위해 아마도라는 2010년부터 MCR 캠페인에 참여하여 재난 위험을 줄이기 위해 지역 내 공공기관, 시민단체, 지역 의회, 연구기관, 학교와 힘을 합쳐 역할과 책임을 분담하고 재난회복력을 갖춘 도시로 거듭났습니다.

우리나라는 175개의 도시가 MCR 캠페인에 참여했는데, 이 중 서울, 인천, 울산이 전 세계 도시의 모범이 된다는 '롤모델도시' 인증을 받았습니다. '롤모델도시'가 되려면 재난 경감을 위해 강한 정책으로 도시 전반에 도사리고 있는 재난 위험에 대한 사회적 인식을 공유하고, 도시개발 계획 단계부터 위험 요인들을 고려하며, 도시 내 네트워크 형성을 통해 각 지자체와 기업, 시민단체 등 도시의 구성원들이 협력해야 합니다. 또한 재난과 위험을 줄이기 위해 혁신적, 통합적, 효율적 위험 관리 능력을 기르고, 재난에 대한 도시복원력을 높이며, 도시 내 주요 사회기반시설의 기능을 강화할 수 있어야 합니다.

영화 〈판도라〉는 부산광역시와 울산광역시 경계에 걸쳐 있는 고리 원자력 발전소를 소재로 제작되었습니다. 울산은 자동차, 조선, 석유화학 산업이 발달한 공업 도시이자 지리적으로는 동해에 인접하고 태화강 등 여러 하천을 끼고 있는 도시입니다. 산업단지에 원자력 발전소도 모여 있기 때문에 지진이 발생하면 울산뿐만 아니라 주변 도시, 넓게는 한반도 전체에 큰 위험이 생길 수 있습니다. 만약 원자력 발전소의 안전관리를 소홀히 한다면 강진으로 인한 원자력 폭발사고로 방사능 유출 공포에 휩싸였던 영화 속 장면이 현실이 될지도 모릅니다.

이러한 이유로 울산시는 2014년에 MCR 캠페인에 가입하고, 지역적 특성에 맞는 지역 맞춤형 재난 안전 정책을 수립·시행하고 지진, 방사능 유출 사고, 도시 홍수 등의 재난에 신속하게 대응할 수 있도록 도시 내부에 재난 안전센터를 설립하여 높은 평가를 받았습니다. 그 결과 울산시는 2020년 국내에서 두 번째로 롤모델도시 인증을 받고, 재난 경감과 복원 사례를 전 세계 도시와 공유하여 재난으로부터 안전한 세상을 만드는 데 도움이 될 것이라고 밝혔습니다.

2015년 유엔 총회에서 193개국이 만장일치로 지속가능발전목표 달성을 위한 합의를 채택한 것, 프랑스 파리에서 열린 유엔 기후변화 회의에서 채택된 기후협약, 일본 센다이에서 개최된 재난 위험 경감을 위한 센다이 강령 등은 모두 도시의 중요성을 인식하고 안전한 도시를 만들기 위한 국제적 약속입니다. 2010년부터 2020년까지 진행되었던 MCR 캠페인이 전 세계 많은 도시의 참여로 마무리되고, 최근 새롭게 시작한 MCR 2030 캠페인은 '도시'뿐 아니라 시민단체, 연구소, 국제협력기구에 이르기까지 참여 단체의 저변을 확대했습니다. MCR 2030 캠페인은 도시복원력을 더욱 강화하고 지속가능한 도시개발을 위해 '재난 위험 경감, 기후변화 적응, 복원력 강화'를 목표로 세웠습니다. 캠페인에 참여하는 도시, 단체, 시민들이 늘어나면 더 많은 사람이 재난으로부터 안전하고 건강한 삶을 살 수 있을 것입니다.

재난복원력이 높은 도시는 더 많은 생명을 지킬 수 있을 뿐 아니라 재난으로부터 안전하다는 이점을 활용해 여러 기업의 투자 유치, 경제성장과 일자리 창출 등 사회적·경제적으로도 지속가능한 성장이 가능합니다. 또한 해당 도시의 시민들은 안전한 지역사회에서 환경오염을 낮추고 안전한 식량과 더 나은 의료, 복지, 교육 서비스를 받으며 살아갈 수 있습니다.

지속가능하고 안전한 도시를 위한 노력

우리는 영화를 포함한 여러 매체를 통해 미래 지구의 모습을 상상해 볼 수 있습니다. 미래의 지구는 현실에 존재하지 않는 꿈과 환상의 이상적인 유토피아일까요? 아니면 환경오염과 전쟁으로 황폐해진 땅에서 인공지능의 지배를 받는 디스토피아일까요? 4차 산업의 혁신적인 발전으로 최첨단 기술혁명을 이룬 컴퓨토피아를 상상할 수도 있습니다. 사실 많은 연구와 지표들은 우리의 미래가 영화보다 더 어둡고 불안정할 것이라고 말하고 있습니다. 만일 우리가 지금 상황에서 변화하지 않는다면 지구의 평균 기온이 끊임없이 상승해 더욱 심각한 이상기후로 이어질 것입니다. 갑작스러운 홍수로 도시는 물에 잠기고, 가뭄으로 수많은 생명이 위태로워지며, 황사와 미세먼지는 기관지 질환의 증가를 불러올 것입니다. 사람들이 현재 누리는 것들을 언제라도 잃게 될지 모르는 불안정한 상황으로 치닫고 있습니다.

다행스럽게도 이러한 위험을 예방하고 안전한 미래를 준비하기 위한 국가, 도시, 지자체들의 노력이 다양하게 이루어지고 있습니다. 독일의 '펠트하임' 지역과 덴마크의 '삼쇠' 지역은 화석연료, 원자력 에너지 등 외부의 에너지 의존도를 줄이고 마을공동체의 에너지 자립도를 높이는 대표적인 '에너지 자립 마을'입니다. 우리나라에도 서울시 은평구, 경상남도 거창군, 전라북도 완주군 등 전국 각지에 에너지 자립 마을이 생겨나고 있습니다.

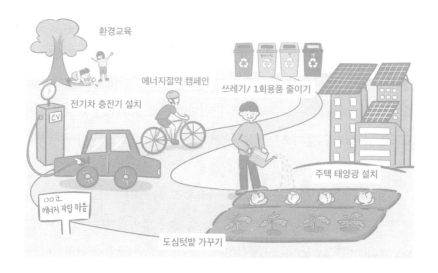

'에너지 자립 마을'은 주민들이 앞장서서 신재생 친환경 에너지를 생산하고 소비하는 지속가능한 도시의 우수 사례 중 하나입니다. 세종시는 친환경 녹색도시를 위한 휴양공간 조성 및 생활폐기물 감량을 위한 친환경 마을을 조성하고, 환경교육 도시가 될 것을 선포했습니다. 이 외에도 경기도 하남시, 수원시, 부산광역시 등 여러 도시가 시민과 함께 만드는 지속가능한 생태 도시를 구현하고자 노력하고 있습니다.

지속가능한 도시를 위한 이런 노력이 SF영화 속 최첨단 미래 도시와 만나면 어떻게 될까요? 스마트 기술을 도시의 상하수도 시스템에 활용하면 상하수도관의 누수, 부식, 결함을 빠르게 발견하고 정비하여 홍수와 지진 같은 재난으로부터 피해를 예방하고 최소화할 수 있습니다. 빅데이터와 GPS

를 활용한 스마트 모빌리티 솔루션(Smart Mobility Solutions)은 앞으로 나아가야 할 미래 운송 수단의 가능성을 제시합니다.

자율주행, 전동화, 수소연료전지 등 다양한 스마트 모빌리티 솔루션을 통해 도로 위 교통량을 감지하고 도심 교통 체증을 줄일 수 있습니다. 교통의 흐름이 원활해지면 도로 위에서 버려지는 화석연료 사용량을 줄여서 미세먼지, 환경오염의 피해를 줄일 수 있고, 교통사고의 감소로 운전자와 보행자가 안전하게 이동할 수 있습니다. 어쩌면 도로 위 야생동물들의 생명도 구할 수 있지 않을까요? 인공지능, 빅데이터 기술이 도시와 만나 지속가능하고 모두를 포용하는 안전한 미래를 만들 수 있습니다.

서울환경영화제 상영작인 〈퍼머컬처: 먹고 심고 사랑하라〉는 지속가능한 사회를 만들기 위한 개인들의 모습을 담은 영화입니다. 퍼머컬처는 'permanent'와 'agriculture'의 합성어로 '지속가능한 농업'을 의미합니다. 여섯 명의 도시농부는 공동체 텃밭에서 퍼머컬처 원리를 적용해 지속가능한 식량 생산의 가능성을 증명하고자 합니다. 영화 〈사가 시티, 에코시티!〉는 각종 환경문제로 골머리를 앓는 캐나다의 한 도시에서 살기 좋은 친환경 도시 조성을 위한 장기적 재개발 계획을 추진하는 모습을 보여 줍니다. 영화에는 정부와 지자체, 지역 주민들이 각자의 위치에서 건강하고 지속가능한 도시개발을 위해 도전하는 모습이 나옵니다.

우리가 원하는 도시는 어떤 모습이며 그러한 도시를 만들기 위해 우리가 해야 할 일은 무엇일까요? 극단적인 유토피아와 디스토피아의 모습은 확신할 수 없지만, 이왕이면 인공지능의 발달로 인간과 비인간 모두를 포용하는 깨끗하고 살기 좋은 도시에서 건강하게 살아가면 좋지 않을까요?

안타깝게도 영화 〈시티 오브 엠버: 빛의 도시를 찾아서〉는 핵전쟁과 환경오염으로 인류 문명이 멸망한 후 살아남은 소수의 사람이 땅속 깊은 곳에 건설한 지하도시 '엠버'에서 살아가는 이야기입니다. 사람들이 인공적인 빛 없이는 살 수 없는 엠버에서 살게 된 지 200년이 지나자 크고 작은 정전사고가 빈번해지고, 두 주인공은 암흑만 남을지도 모른다는 생각에 엠버를 탈출합니다. 그 모험의 끝에 도착한 지상은 200년 동안 이루어진 자정작용으로 아름다운 자연 상태를 회복한 모습이었습니다.

우리도 영화에서처럼 지하도시에서의 200년을 지구에 선물할 순 없습니다. 이제 세계시민으로서 아름다운 지구를 후손들에게 물려줄 준비를 해야 하지 않을까요? 그것이 오늘날 지구를 사용하는 우리가 미래 세대를 향해 가져야 할 책임과 의무일 것입니다.

프랑스 사회학자 앙리 르페브르는 '도시에 대한 권리'를 제시하며 사회 구성원들이 함께 만들어 가는 도시의 중요성을 강조했습니다. '도시에 대한 권리'는 국가가 아닌 도시 단위에서 거주하는 사람이라면 누구나 누려야 하는 보편적인 권리를 의미합니다. 여기에는 생존을 위한 필수적인 의식주에 대한 권리, 안전·의료·복지·교육에 대한 권리와 함께 '도시는 상품이 아니라 작품이 되어야 한다', '도시는 모두가 함께 사용하고 발전시켜야 한다'는 내용도 포함되어 있습니다. 이는 곧 도시가 단순히 건물을 모아 놓은 공간이 아니라 재난과 같은 위험으로부터 안전하고 지속가능한 삶을 살아가는 장소가 되어야 함을 의미합니다.

　재난 상황은 누구나 겪을 수 있는 위험이며 여러분이 이 글을 읽는 순간에도 발생할 수 있습니다. 안전하고 지속가능한 도시를 조성하기 위해서는 국가와 지역사회, 무엇보다 시민들의 참여가 중요합니다. 더불어 재난취약계층에 대한 사회적 배려, 친환경 에너지 기술과 스마트 기술을 활용한 깨끗하고 건강한 도시개발이 뒷받침되어야 합니다. 그렇게 된다면 우리가 사는 지역이 모두를 포용하고 모든 사람의 건강과 행복한 삶을 담은 지속가능하고 안전한 도시로 거듭날 것입니다.

시민활동가가 생각하는 지속가능한 도시란?

이경희(광주환경운동연합 정책실장)

https://youtu.be/auU66f45CWc

도시가 회복탄력성을 지니면 어떻게 될까?

도시회복력의 힘

세상의 모든 지식

https://youtu.be/9du1vHM_Q1c

우리 모두의
적절하고 깨끗한 에너지

문윤주(전라남도교육청학생교육원 교육연구사)

〈바람을 길들인 풍차소년〉(2019)
위기의 지구! 풍차는 어떻게 지구의 지속가능성을 살릴까요?

SDG 7.   적절하고 깨끗한 에너지

SDG 12.   지속가능한 생산과 소비

에너지는 '일을 할 수 있게 하는 힘'입니다. 일은 물질의 모든 운동을 의미합니다. 운동은 변화를 말하며 우주의 모든 물질은 끊임없이 변화합니다. 이러한 변화를 가능하게 하는 힘이 바로 에너지라고 말할 수 있습니다. 너무 거창하게 우주까지 눈을 돌리지 말고 우리 인간을 한번 볼까요? 인간은 음식에서 에너지를 얻어 생명 활동을 합니다. 숨을 쉬고, 움직이고, 생각하는 모든 활동은 에너지 없이는 불가능합니다. 아무런 활동도 하지 않고 잠을 자는 것도 에너지를 소비하는 활동 중 하나입니다. 그리고 이러한 과정은 변화를 가져옵니다. 가장 작은 원자에서 시작하여 그 끝을 알 수 없는 우주에 이르기까지 모든 물질은 어떤 방식으로든 에너지를 소비하며 변화하게 됩니다.

고엔트로피의 사회와 경제

우주의 모든 물질이 에너지를 소비한다면 에너지는 결국 모두 사라지게 될까요? 과학자들은 이미 전 우주의 에너지 총량은 변함이 없다는 것을 밝혀냈습니다. 이것을 열역학 제1법칙이라 합니다. 즉, 에너지는 없어지는 것이 아니라 다른 형태로 바뀌게 되는 것입니다. 우리가 말하는 '에너지 소비'는 사실 '에너지 변환'을 의미합니다. 모든 물질은 에너지를 사용하여 다양한 변화를 일으키고 사용된 에너지는 다른 형태의 에너지로 바뀝니다.

지금 인류가 많이 사용하는 화석연료인 석탄은 아주 먼 옛날 태양 에너지를 활용하여 생명 활동을 하던 고대 식물이 땅에 묻히면서 만들어진 것입니다. 우리가 사용하는 석탄과 석유 등 화석연료는 놀랍게도 태양 에너지가 오랜 시간과 많은 단계를 거치면서 다른 형태로 바뀐 것입니다. 그렇게 보면 지구에서 사용하는 에너지의 원천은 바로 태양인 것이지요.

모든 에너지의 총량에 변화가 없다면 인류는 에너지 부족을 걱정하지 않아도 될까요? 그렇지 않습니다. 에너지는 엔트로피가 증가하는 방향으로 변환하기 때문에 여러 문제가 발생합니다. 열역학 제2법칙에 따르면 엔트로피는 에너지의 무질서도를 의미하며 엔트로피가 증가한 에너지는 되돌릴 수 없는 비가역적 변환이 일어나 다시 사용하기 어렵습니다. 자동차는 석유를 내연기관에서 연소하면서 동력을 얻습니다. 그와 더불어 열과 이산화탄소 등의 가스가 발생합니다. 석유 에너지가 운동 에너지와 열, 그리고 가스로 변환된 것입니다. 이는 다시 원래 상태의 석유로 되돌릴 수 없는 비가역적 변환입니다. 석유가 다른 형태로 변환된 이산화탄소와 같은 온실가스는 현재 우리의 과학기술 수준으로는 재활용할 수 없으며, 지구온난화의 요인이 되고 있습니다. 이처럼 에너지의 지속불가능성은 쓸 수 있는 에너지는 줄어드는 대신 우리가 사용할 수 없거나 인류의 생존을 위협할 수 있는 물질은 계속 증가하는 것을 의미합니다.

인류의 과학기술문명 발전과 더불어 엔트로피는 급속하게 증가했습니다. 미국의 경제학자 제러미 리프킨은 엔트로피의 개념을 사용해 현대의 경제와 사회가 고엔트로피의 정점을 향하고 있음을 경고합니다. 그가 말하는 고엔트로피 사회의 끝은 더는 지속이 불가능한 지구일 것입니다.

지구의 지속불가능성은 과잉 생산과 과잉 소비를 통해 지구의 에너지와 자원을 급속하게 소모하는 인간의 삶의 방식과도 관련이 깊습니다. 〈인터스텔라〉에서 지속 불가능한 지구의 암울한 미래를 엿볼 수 있습니다. 영화는 사용할 수 있는 식량과 자원이 부족하여 지구를 떠나야 할 상황에 놓인 인류의 미래를 그려 냅니다.

또한 애니메이션 영화 〈월-E〉는 인류에 의해 쓰임이 다하여 우주의 쓰레기통이 되어 버린 먼 미래 지구의 모습을 그려 냅니다. 영화 속의 이야기는 먼 미래형이지만 지금 우리의 주변을 돌아보면 지속불가능한 지구는 현재 진행형으로 흘러가고 있습니다.

우리 모두의 적절하고 깨끗한 에너지

에너지 변환의 비가역성은 지속가능한 지구를 위협하는 가장 큰 요인입니다. 인류는 자연 상태로 존재하는 에너지 자원을 사용할 수 없는 물질로 바꾸어 가면서 문명을 발전시켜 왔습니다. 그리고 인류 문명은 더 많은 에너지를 필요로 하는 방향으로 끊임없이 나아가고 있습니다. 오늘날 인류의 풍족한 생활은 이러한 에너지 기술의 발전에 힘입은 바가 큽니다. 그러나 인류가 쓸 수 있는 에너지 자원은 한정되어 있기에 에너지를 둘러싼 사회

경제적 갈등이 지구의 평화를 깨뜨리고 있습니다. 또한 에너지 사용 후에 남는 오염 물질은 지구의 지속가능성을 심각하게 위협합니다.

그렇다고 모든 문명의 발전을 거부하며 먼 옛날로 돌아갈 수는 없을 것입니다. 물론, 인류가 '지속가능한 발전'이 아닌 '지속가능한 후퇴'를 추구해야 한다고 생각하는 사람들도 있습니다. 그러나 우리는 지구 위에서 지속가능한 발전을 추구해야 합니다. 인류가 이루어 놓은 발전을 뒤로 돌릴 수 없기에 이제부터라도 자연환경을 고려하며 발전을 추구해야 합니다. 이를 위해 가장 먼저 에너지 패러다임을 바꾸어야 합니다.

지속가능한 에너지를 위한 새로운 패러다임은 에너지의 적절성과 친환경성입니다. 즉, 인간이 문명을 유지하고 발전시키는 데 필요한 에너지가 알맞게 공급되어야 하고, 에너지가 지구 환경을 훼손하지 않도록 충분히 친환경적이어야 한다는 것입니다.

국제연합(UN)은 지속가능발전목표(SDGs) 7번을 '적절하고 깨끗한 에너지 (Affordable and Clean Energy)'로 정하고 전 지구적인 협력을 촉구하고 있습니다. SDGs 7번은 지속가능한 에너지의 미래로 '에너지 접근성', '에너지의 환경 수용성', '에너지의 적정성'을 제시합니다. 이 세 요소는 서로 연결되어 있습니다. 적정한 에너지는 환경을 살리고 에너지에 대한 접근성을 높여 에너지 빈곤에서 벗어나게 합니다. 에너지의 지속가능성을 실현하기 위해서는 당연히 인류의 삶의 방식에 대한 성찰이 밑바탕이 되어야 합니다.

에너지 접근성 높이기: 공유지의 비극에서 벗어나기

에너지는 인류가 살아가기 위해 꼭 필요하지만, 에너지의 개발과 사용이 모든 사람에게 평등하게 열려 있는 것은 아닙니다. 유엔 2019년 통계에 의하면 세계 인구의 13%는 여전히 전기 사용 환경에 접근하기 어렵습니다. 멀리 다른 나라로 눈을 돌리지 않더라도 우리나라의 에너지 빈곤층이 처한 삶의 어려움은 에너지 불평등이 반드시 해결되어야 할 문제임을 잘 보여 줍니다. 우리나라에서는 소득의 10% 이상을 에너지 구입에 소비하는 계층을 에너지 빈곤층으로 분류합니다. 그나마 우리나라의 에너지 공급 상황은 나은 편입니다. 많은 나라가 에너지 빈곤으로 기본적인 생활에 큰 불편을 겪고 있습니다. 에너지 불평등은 지속가능한 미래를 위협하는 가장 큰 요인 중 하나입니다. 다음의 '밤의 세계지도'는 세계의 에너지 불평등 문제를 잘 보여 줍니다.

에너지 불평등의 원인은 무엇일까요? 에너지 자원을 개발하고 사용 가능한 에너지로 만드는 기술을 가진 거대기업의 이익이 우선하기 때문입니

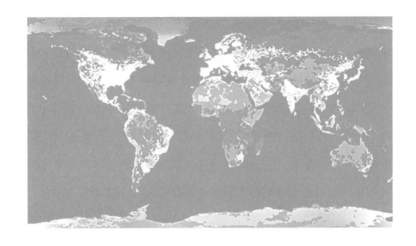

다. 에너지는 자본과 결합하여 이익 추구의 도구가 되었습니다. 영화 〈커런트 워〉는 산업화와 더불어 에너지가 자본과 결합하여 거대기술이 되는 과정을 그려 냅니다. 전기 에너지 전송 방식의 표준화 전쟁에서 에디슨을 꺾은 테슬라와 웨스팅하우스가 설계한 시카고 박람회(1893)의 화려한 전등 탑은 에너지가 하나의 거대한 이익 추구를 위한 도구가 되었음을 선포했습니다.

에너지 관련 산업을 선진국과 거대기업이 주도했고, 에너지 불평등은 더 심각해지고 있습니다. 현대 도시의 화려한 야경 너머에는 생계를 위한 조그마한 전등조차 밝힐 수 없는 에너지 빈곤국의 현실이 존재합니다. 선진국의 에너지 소비로 인한 환경 파괴의 결과로 가장 큰 피해를 입는 곳은 에너지를 많이 사용한 부유한 국가가 아니라 불행하게도 빈곤 국가입니다. 선진국의 에너지 소비로 인한 피해를 빈곤 국가들이 감당하고 있는 것입니다. 또한 에너지 빈곤은 인간적인 생활을 무너뜨릴 뿐만 아니라 산업과 경제의 뿌리를 갉아먹어 빈곤을 더 심화시키고 국제적인 분쟁을 일으키기도 합니다.

에너지 자원의 고갈과 함께 에너지 자원의 경제적 가치가 높아짐에 따라 에너지 자원은 국제적 분쟁의 원인이 되기도 합니다. 인류는 석탄과 석유, 천연가스와 같은 화석연료를 사용해 현재의 산업 문명을 이루어 왔는데, 화석연료는 지구상의 매장량이 한정되어 에너지 소비량의 증가 추세를 감당하지 못할 것입니다. 이러한 문제 상황은 에너지 자원을 둘러싼 국제 분쟁의 원인으로 인류의 평화를 위협하는 원인이 되고 있습니다. 20세기 들어서 거세어진 자원민족주의는 현대 국제적 분쟁의 중요한 원인입니다.

에너지 접근성의 불평등을 해결하고 에너지 자원의 공공성을 높이기 위해서는 지구를 한정된 공유지로 생각해야 합니다. 가렛 하딘이 제시한 '공유지의 비극'은 유한한 자원의 독점적 소유가 에너지 자원 고갈을 가속화할 수 있음을 보여 줍니다. 유한한 자원을 가진 지구에서 에너지 자원이 이익 추구의 각축장이 되었을 때 자원의 고갈은 더욱 심해질 것입니다.

미국의 수학자 존 내시는 사람들 각자의 이기적인 선택이 최악의 결과를 가져올 수 있음을 수학적으로 증명했습니다. 존 내시가 이러한 생각을 수학적 이론으로 발전시키는 과정을 영화 〈뷰티풀 마인드〉에서 볼 수 있습니다. 백신 불평등으로 인해 백신 빈곤국에서 새로운 변이가 발생하여 코로나19의 종식을 어렵게 했던 상황은 그의 수학적 이론의 현실적 증명이라고 볼 수 있습니다. 세계는 연결되어 있어서 이기적 선택은 전 지구적 위기로 확대됩니다. 에너지에 대한 이기적 접근은 모두에게 최악의 결과로 나타날 가능성이 매우 큽니다. 에너지 빈곤국이 처한 현실은 결국 모든 국가에 영향을 미칠 것입니다. 세계는 연결되어 있기 때문입니다. 국제적인 협력과 연대를 통해 에너지 불평등 문제와 에너지 갈등 문제를 해결해야 합니다.

　인류는 에너지원으로부터 더 효율적으로 많은 에너지를 추출하고, 새로운 에너지원을 찾아낼 수 있도록 과학기술을 발전시켜 왔습니다. 그런데 인류는 더 많은 에너지를 얻는 것에만 치중하여 에너지를 얻고 난 후의 결과에 대해서는 생각하지 않았습니다. 에너지를 생산한 후 에너지원은 대부분 쓸모없는 폐기물이 됩니다. 예를 들어 석탄은 열에너지를 방출한 후에 이산화탄소 등의 가스와 잿더미를 남깁니다. 재생 불가능한 에너지 폐기물은 한정된 지구에서 환경위기라는 이름으로 인류에게 되돌아오고 있습니다.

　부유한 나라는 에너지를 더 풍족하게 쓰기 위해서, 빈곤한 나라는 생존에 필요한 에너지를 얻기 위해서 지구의 지속가능성을 파괴하고 있습니다. 그로 인해 심각해진 기후변화는 이제 인류의 생존을 위협하기에 이르렀습니다. 에너지의 생산과 사용은 기후변화의 주원인으로 유엔의 2019년 통계를 보면 전 세계 온실가스 배출량의 약 60%를 차지합니다.

　제임스 러브록의 '가이아 이론'에 의하면 지구온난화를 비롯한 기후변화는 하나의 생명체인 지구가 자신의 생명을 지키기 위해 만들어 낸 자기방어입니다. 가이아 이론에서는 지구를 하나의 유기체이며 생명력을 유지하려는 존재로 봅니다. 지구를 구성하는 모든 것은 그 존재 가치를 가지고 지구라는 유기체를 만들어 갑니다. 병균이 침입하면 생명체는 그 병균을 몰아내고 생명력을 유지하기 위해 적극적인 방어를 합니다. 가이아 이론에 의하면 지금 지구의 생명력을 해치는 존재는 인간이며 인간이 만들어 낸 지구온난화는 임계점을 넘어 지구를 지속 불가능한 행성으로 만들고 있습니다. 이 이론에 대해서는 여러 가지 논란이 있지만, 인류가 기후변화를 비롯한 환경위기를 어떻게 넘어서야 할 것인가에 의미 있는 시사점을 줍니다.

미야자키 하야오 감독은 이러한 '지구의 역습'을 영화 〈바람계곡의 나우시카〉에서 은유적으로 그려 냅니다. 영화에서 미래의 인간은 자신들이 만들어 놓은 적대적인 환경 속에서 마스크를 쓰지 않고는 살아가기 어렵습니다. 그리고 지구는 끊임없이 인간에게 위해를 가하며 접근을 막습니다. 영화 속 상황은 지금 우리가 겪고 있는 코로나19 팬데믹이나 기후변화와 다름이 없습니다. 하지만 주인공 나우시카는 독가스로 가득 찬 지구의 밑바닥에서 신선한 공기와 물이 생산되는 것을 알게 됩니다. 지구는 지속가능성을 해치는 주원인인 인간을 몰아내고 생명력을 되살리려 합니다. 〈바람계곡의 나우시카〉는 인간의 탐욕에 대한 경고와 더불어 환경과의 공존만이 위기를 극복할 수 있다고 말합니다.

지속가능한 에너지 정책의 방향은 '기후변화 대응'에 모아집니다. 인류의 에너지 사용이 기후변화의 가장 큰 원인임은 분명한 사실이기에 에너지 절감 기술과 더불어 신재생에너지로의 전환은 이제 선택이 아니라 필수가 되었습니다. 그리고 기후변화는 전 세계가 연결된 문제이기 때문에 유엔은 1992년 기후변화협약에서 출발하여 2015년 파리협정에 이르기까지 국제사회의 책임과 의무를 강조하고 있습니다. 새로운 기후 체제에 대응하기 위한 온실가스 감축 의무는 국가 경쟁력과 에너지 안보를 위해서도 반드시 실현해야 할 의제가 되었습니다. 우리나라도 2030년까지 24.4%의 온실가스 감축에 동참하고 있으며, 2050년까지 탄소중립을 실천할 것을 국제사회에 약속했습니다. 산업통상자원부는 2050 탄소중립 실현을 위한 에너지 분야 실천 목표로 무탄소 발전, 재생에너지, 에너지 시스템의 선진화, 에너지 저장 기술, 수소화, 탄소포집 및 저장 및 활용(CCUS) 등을 제시했습니다.

자국의 기업과 산업을 위해 기후협약을 무력화시키려는 시도가 있었지만, 기후변화는 국경 안에서만 일어나지 않기에 국제적인 연대가 없으면 해결하기 어려운 문제입니다. 그리고 그러한 연대를 가능하게 하는 힘은 삶의 방식을 바꾸려는 시민의식입니다. 영화 〈프라미스드 랜드〉는 이러한 깨어 있는 시민들이 바꾸어 가는 지속가능한 미래의 모습을 잘 보여 줍니다. 자원개발을 둘러싼 거대 에너지 기업과 지역 주민의 싸움은 대부분 거대 에너지 기업의 승리로 끝납니다. 그러나 영화 속의 주민들은 거대기업이 주는 경제적으로 부유한 삶보다는 지속가능한 환경의 가치를 선택하고 지켜 내려 합니다. 영화 속 지역 주민들의 선택은 그레타 툰베리의 2019년 유엔 연설처럼 우리에게 큰 울림을 줍니다.

"어떻게 여러분은 지금까지 살아온 방식을 바꾸지 않고 이 문제를 풀어 나갈 수 있다고 생각하십니까?"

에너지의 적정성: 지속가능한 에너지의 공급

에너지의 적정성은 에너지가 필요한 곳, 필요한 시간에 적절한 비용으로 공급되어야 한다는 것을 의미합니다. 에너지의 필요량은 갈수록 증가하지만, 인류가 사용할 수 있는 에너지, 그중에서도 특히 화석에너지는 그에 따라가지 못하기 때문에 적정한 에너지를 공급하기 위해서는 세 가지 방향에서 접근이 필요합니다.

첫 번째 접근은 에너지 사용의 효율성을 높이는 것입니다. 과학기술의 발전으로 에너지 절감 기술은 많이 발전하고 있습니다. 에너지 절감 기술의 발전으로 화석연료의 고갈 시점을 늦춘 것은 미래 세대를 위한 지속가능성을 높인 것입니다. 에너지 소비를 줄이는 교통수단, 패시브 하우스나 제로 에너지 건축물, 일상생활에서 낭비되는 작은 에너지를 모아 활용하는 기술인 에너지 하베스팅 등은 에너지 절감을 통해 지속가능성을 높이는 사례입니다. 또한 디지털 기술과 에너지 기술의 결합은 에너지 사용의 효율성을 대폭 증가시킬 수 있을 것입니다. 에너지를 소비할 수밖에 없는 물리적 시공간을 디지털 시공간으로 전환하면 그만큼 에너지의 소비량을 줄일 수 있으리라 기대합니다. 또한 전력 생산과 소비 시스템을 연결하여 에너지를 효율적으로 생산하고 분배하는 전력망 시스템인 스마트 그리드와 분산된 에너지원을 연결하여 전력의 효율성을 높이는 가상발전소는 정보통신기술과 결합하며 에너지 시스템에 획기적인 변화를 가져올 것으로 보입니다.

두 번째 접근은 에너지 전환입니다. 에너지 전환이란 에너지 공급 체계를 지속 불가능한 화석연료와 원자력 기반의 에너지 공급 시스템에서 신재생에너지를 사용하는 지속가능한 공급 시스템으로 바꾸는 것을 말합니다. 이를 위해서는 두 가지 조건이 충족되어야 하는데, 사용하고자 하는 에너지원이 한정적이지 않아야 하고, 친환경적이어야 합니다. 주변에서 쉽게 얻을 수 있으면서도 에너지 생산 후에 생성되는 물질이 자연으로 재순환되는 탄소중립형 신재생에너지로 전환되어야 합니다. 신재생에너지는 신에너지와 재생에너지를 같이 포함합니다. 신에너지는 전통적으로 사용하던 에너지가 아닌 새로운 형태의 에너지 자원, 즉 수소에너지, 연료전지, 화석연료 변환에너지 등을 말합니다. 재생에너지는 재생 가능한 태양광, 풍력, 수력, 폐기물, 바이오 자원, 해양, 지열 등을 이용한 에너지입니다. 국제에너지기구(IEA: International Energy Agency)는 2021년 연례 보고서에서 신재생에너지의 생산량이 점차 증가해 신규 재생에너지 발전용량이 290GW로 증가했다고 발표했습니다. 그리고 점차 신재생에너지의 발전용량이 증가할 것으로 보인다고 예측했습니다. 또한 2050년 탄소중립 실현을 위해서는 548GW의 발전용량이 필요하다고 밝히면서, 이를 위해 신재생에너지의 더 빠른 성장이 필요하다는 말을 덧붙였습니다.

화석연료보다 에너지 효율이 월등히 높고 대기오염물질을 방출하지 않는 점을 들어 원자력을 미래의 에너지원으로 보는 사람들도 있지만, 에너지 자원으로서의 원자력은 그 위험성 때문에 많은 논란이 되고 있습니다. 미국의 스리마일섬, 우크라이나의 체르노빌과 일본의 후쿠시마는 원자력 발전소의 사고가 지역적인 문제를 넘어 전 지구적인 문제가 될 수 있음을 보여 줍니다. 원자력 발전에 대한 서로 다른 생각은 많은 부분에서 논쟁이 되고 있는데, 안전하고 효율적이며 친환경적인 신재생에너지가 보편화되면 화석에너지와 함께 사라져야 할 에너지임에는 이견이 없습니다.

세 번째 접근은 분산형 에너지 시스템입니다. 정부 또는 기업이 생산하고 공급하는 화석연료 중심의 대규모 에너지 시스템을 분산하여 지자체와 도시, 더 나아가 개인이 신재생에너지를 생산하고 사용할 수 있게 하는 방법입니다. 신재생에너지를 활용하여 에너지 자립을 이룬 도시가 많아지고 있습니다. 일본 중부 나가노현의 이다시(飯田市)는 지역 주민이 재원을 출자한 사회적 기업과 지자체의 연합으로 태양광 발전 설치 사업을 실시하여 에너지 자립 도시로서 지속가능성을 실현하고, 바이오매스 등으로 청정에너지 도시를 만들었습니다.

우리나라도 그 지역의 특수성과 환경 조건에 따라 이용이 가능한 로컬 에너지를 활용하여 에너지 자립형 도시를 만들려는 노력이 나타나고 있습니다. 서울 성대골 마을은 서울의 제1호 에너지 자립 마을로 주민들이 자발적으로 리빙랩(Living Lab) 프로젝트에 참여하여 마을에 적합한 미니 태양광 DIY 키트를 개발하여 에너지 자립을 실현하고 있습니다. 또한 태양광 설치비를 낮은 금리로 빌려주고 태양광 설치 후 줄어든 전기 요금으로 상환하는 금융 상품인 솔라론 등을 통해 재생에너지가 마을에 확산되도록 했습니다. 그리고 마을에 '에너지 슈퍼마켙'[1]이라는 소통의 공간을 만들어 에너지를 매개로 마을 공동체의 지속가능성을 열어 나가고 있습니다.

또한 개인이 직접 친환경적인 에너지를 생산하고 관리하며 남은 에너지를 공유하는 에너지 프로슈머도 많아지고 있습니다. 프로슈머는 생산자(Producer)와 소비자(Consumer)를 결합한 신조어입니다.

에너지 프로슈머는 정부와 거대기업이 생산 공급하는 에너지 시스템을

---

1) Energy의 첫 글자 E와 형태가 비슷한 한글 자음 ㅌ을 받침에 넣어 만듦.

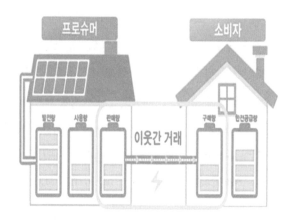

산업통상자원부 보도 자료(2016)

각 가정과 개인으로 분산하여 에너지 공급, 소비의 효율성과 더불어 친환경성을 확보할 수 있게 합니다. 이와 같이 생산과 소비를 순환시키는 삶은 지속가능한 지구를 위한 새로운 삶의 방식을 보여 줍니다.

상생하며 순환하는 생산과 소비: 행복한 불편

오늘날 지구촌 위기의 이면에는 과학기술에 대한 인간의 잘못된 믿음이 자리 잡고 있습니다. 지금까지의 과학기술은 인간을 풍요롭게 했지만, 지구의 지속가능성을 줄이는 방향으로 발전해 왔습니다. 그것은 과학기술이 자본과 결합하면서 거대기술 체계가 과학기술의 주류가 되었기 때문입니다. 기업이 주도하며 대량생산과 대량소비를 통한 이익 창출을 목적으로 한 기술 체계를 거대기술이라 합니다. 거대기술은 에너지를 무분별하게 사용하고 환경을 무너뜨리는 방향으로 발전했습니다.

거대기술과 함께 인류는 전에 없는 풍요로움과 위기를 동시에 맞이하게 되었습니다. 거대기술은 이익을 위해 끊임없이 생산과 소비를 해야 합니다. 현재의 인류가 겪고 있는 문제 상황은 지속가능한 순환을 생각하지 않는 과잉 생산과 과잉 소비에서 비롯되었습니다. 이러한 경제구조는 필연적으로 에너지 과소비와 함께 환경오염, 불평등을 심화시키고 세계적인 불안을 가져옵니다.

기계문명에 기초한 서구 열강은 더 많은 생산과 소비를 통한 이익을 위해 제국주의로 들어서게 되었고 결국 세계대전이라는 파국으로 치달았습니다. 이러한 문제 상황은 현대에 와서 다른 형태로 심화하고 있습니다.

제국주의 시대 영국 등 열강이 주도하는 거대기술의 문제점을 꿰뚫어 본 인도의 간디는 그것에서 벗어나기 위하여 물레를 돌렸습니다. 간디의 물레는 영국의 거대기술에 맞서 인도의 상황을 반영한 기술, 친환경적이고 인간적인 기술, 적절한 생산과 소비가 순환되는 기술을 상징합니다. 간디는 거대기계는 필연적으로 생산과 소비의 대량화와 함께 불평등한 사회구조와 환경 파괴를 가져올 수밖에 없다고 보았습니다.

이러한 간디의 생각을 현대 사회와 연결한 에른스트 슈마허는 대규모 기계화로 인해 인간은 살아 있는 자연과 접촉이 불가능해졌고 폭력과 소외와 환경 파괴에 직면하게 되었다고 말합니다.

슈마허는 현대 기계문명을 경제주의의 산물이라고 비판합니다. 그는 이러한 과학기술의 문제점을 벗어나기 위한 새로운 유형의 과학기술로 '중간기술'을 제시합니다. 그리고 '중간기술'은 '적정기술(Appropriate Technology)'이라는 과학기술의 새로운 형태로 나아갑니다. 적정기술은 지역과 사용자의 현실적 요구를 반영하여 환경과의 관계 속에서 지속가능성을 실현한 기술 체

계를 말합니다.

〈바람을 길들인 풍차 소년〉에서 적정기술이 삶을 바꾸는 기적을 확인할 수 있습니다. 영화에서는 실제 인물인 윌리엄 캄쾀바와 가족, 마을공동체의 지속가능성을 위협하는 여러 상황이 펼쳐집니다. 윌리엄의 마을은 전 지구촌이 겪는 지속가능성의 위기를 드러내는 작은 지구입니다. 아프리카 말라위에서 윌리엄은 폐차장의 자원을 재활용하고 풍력을 활용한 에너지를 만들어 지속가능성을 담아내면서도 지역에 가장 적절한 쓰임을 갖는 적정기술의 가능성을 보여 줍니다.

머나먼 아프리카의 이야기지만 세계는 연결되어 있기에 우리는 이 영화에서 지구의 오늘을 바라보고 앞으로의 내일을 그려 볼 수 있습니다. 우리가 겪고 있는 지구의 위기는 우리의 삶에서 출발합니다. 윌리엄이 만든 풍차는 지구의 지속가능한 순환을 생각하게 합니다. 우리는 지구의 지속가

능한 순환 과정을 생각하면서 살고 있을까요? 생산과 소비가 적절하게 순환되면서 지구의 생태계를 살릴 수 있도록 삶의 방식을 바꾸어야 합니다. 유엔은 서로 상생하는 생산과 소비의 순환을 위해 지속가능발전목표 12번을 '지속가능한 생산과 소비'로 정하고 사회와 경제구조를 변화시킬 것을 제시합니다.

지속가능한 지구를 위해서 우리는 무엇을 해야 할까요? 과잉 생산과 과잉 소비의 생활과 경제에서 벗어나 지속가능한 미래를 위해 행복한 불편을 선택할 줄 아는 시민의식이 필요합니다. 미래의 지속가능성을 실현하는 과정은 우리에게 불편함을 요구하지만, 깨어 있는 시민들은 지속가능한 지구를 위해 기꺼이 그 '행복한 불편'을 받아들일 것입니다.

지구는 우리에게 끊임없이 대답을 요구합니다. 코로나19 팬데믹, 기후변화, 에너지 위기는 인간을 향한 지구의 언어입니다. 이대로 살아가면서 지

구와 인간과의 관계를 단절할 것인지 아니면 지구와의 공존을 위해 행복한
불편을 택할 것인지… 이제 우리가 대답할 차례입니다.

온라인에서 더 알아볼까요?

풍력발전기를 만들다
윌리엄 캄쾀바(TED 강연)

https://youtu.be/Qa-TPm-rpHQ

행복한 불편
EBS 지식채널e

https://youtu.be/udbm4lxlcrl

디지털 세상 속
우리는 안전한가요?

박병준(경남 창원용호고등학교 교사)

김은지(경기 위례초등학교 교사)

〈터미네이터2: 심판의 날〉(1991)
우리는 정보혁명의 격변기에 살고 있습니다.
디지털 세상의 기술들은 우리를 풍요롭게 할까요?
아니면 더욱 위험하게 할까요?

SDG 9. 산업의 성장과 혁신 활성화 및 사회기반시설 구축

SDG 11. 지속가능한 도시와 주거지 조성

스티븐 스필버그 감독의 영화 〈레디 플레이어 원〉에서는 등장인물들이 현실 공간에서 해소하지 못하는 욕구를 가상 공간인 '오아시스'에서 채웁니다. 현실 공간에서는 이성에게 인기 없는 사람이 오아시스에서는 매력적인 아바타가 되어 이성 교제를 하고, 직업이 없는 사람이 오아시스에서는 높은 랭킹의 게이머입니다. 이처럼 오아시스에서는 현실 세계에서 직접 만나 본 적이 없는 다양한 사람들과 온라인상의 캐릭터인 아바타로 소통하며 새로운 형태의 인간관계를 만들게 됩니다. 혁신이라는 이름으로 성큼 다가온 디지털 세상 속의 우리는 안전할까요?

메타버스, 과연 무엇일까요?

메타버스는 뉴스의 경제면뿐만 아니라 일상생활에서 자주 등장하는 단어입니다. '메타버스에 대해 들어 보셨나요?'라는 질문을 하기도 무색할 정도입니다. 그런데 메타버스는 광범위한 개념입니다. 그러니 '메타버스가 무엇인가요?'라는 질문에 많은 사람이 한마디로 정의하기는 힘들 겁니다. 미국 SF 소설 작가 닐 스티븐슨이 1992년 소설 『스노 크래시(Snow Crash)』를 쓰며 처음 만들어 낸 용어인 메타버스는, 그리스어로 초월을 의미하는 'Meta'와 우주 혹은 세계를 의미하는 'Universe'의 합성어로 직역하면 '세계를 초월함'이라는 뜻입니다. 가상 세계에서도 현실 세계처럼 정치, 경제, 사회, 문화적 활동을 할 수 있고, 이는 가상 세계와 현실 세계 간 벽이 허물어지는 현상을 초래합니다. 가속화 연구재단(ASF: Acceleration Studies Foundation)은 메타버스를 네 가지 유형으로 분류했습니다.

증강현실	실제 공간 위에 환상적인 가상 요소를 덧대는 것 예) 포켓몬 고 게임을 하는 것
거울 세계	실존하는 세계를 그대로 복사하여 반영한 가상 세계 예) GPS를 활용하여 음식점, 숙박업소 등의 위치와 가격, 예약 기능을 지원하는 플랫폼
라이프로깅	취미, 건강, 위치, 생체 정보 등 개인 생활의 전반을 기록하는 것 예) SNS에 사진을 올리며 방문 위치를 남기기
가상 세계	가상의 사이버 공간을 통틀어서 언급 예) 각종 온라인 RPG 게임

그런데 ASF에서 제시한 메타버스 로드맵은 2007년에 나온 내용으로 시의성이 약간 떨어집니다. 이에 한국정보처리학회에서 2021년에 정의한 메타버스의 특징 5C의 내용을 공유합니다.

Canon (세계관)	메타버스 콘텐츠나 작품이 묘사하는 세계. 설계자와 참여자들에 의해 채워지고 확장된다.
Creator (창작자)	메타버스 공간에서는 누구나 콘텐츠 창작자가 될 수 있다(메타버스 맵, 게임, 블로그, 아바타, 실감형 콘텐츠 등을 기술이 있는 누구나 제작 가능).
Currency (디지털 통화)	메타버스 공간에서의 생산과 소비, 가치 교환과 가치 저장 등이 가능한 디지털 화폐의 통용.
Continuity (일상의 연장)	메타버스 공간에서 친구를 만나고, 쇼핑하고, 학교에 가서 학습하는 등 아바타가 보낸 나날의 축적이 일상과 같이 이루어짐.
Connectivity (연결)	메타버스는 시공간, 아바타, 현실과 가상을 연결하는 특징이 있음.

그렇다면 메타버스는 왜 세상의 많은 관심을 받게 되었을까요? 첫째, 통신망의 발달 때문입니다. 가상현실, 증강현실을 넘어서 혼합현실의 시대까

지 오게 된 메타버스는 방대한 분량의 데이터 전송이 필요한 세계입니다. 이러한 메타버스의 세계를 구현하려면 방대한 데이터를 빠르고 효율적으로 전송할 수 있는 5G 통신망 기술이 필요합니다. 짧은 데이터 전송 지연 시간과 체감 전송률 향상을 목표로 하는 5G 기술은 KT, SK 등 국내 기업뿐만 아니라 화웨이, AT&T 등 세계적 기업들의 연구로 인해 빠른 속도로 발전하고 있습니다.

둘째, 코로나19로 인한 비대면 이벤트의 수요가 많아졌기 때문입니다. 코로나19 방역 차원에서 대면으로 했던 일들을 더는 할 수 없게 되자 이를 메타버스에서 하게 된 것입니다. 원격수업을 시도하며 급속도로 변화가 일어난 교육계에서도 메타버스를 활용한 교육 사례가 차츰 늘어나고 있습니다. 미래교육에 관심 있는 교사들이 '게더타운'이라는 플랫폼을 활용하여 메타버스 교실을 만들고 있습니다. 교육 영상이나 퀴즈 등 학습 자료를 메타버스 교실에 두면 학습자는 아바타 형태로 로그인하고, 학습 과제를 수행하면 보상으로 학급 토큰을 받아 실제 학급 활동에 사용합니다. 메타버스 교실 공간에서 OX 퀴즈를 풀고, 모둠별 프로젝트를 수행하며, 특정 이슈에 대해 찬반 토론을 진행하기도 합니다. 공정무역 재단 '아름다운커피' 또한 기존에 대면으로 진행하던 전국 공정무역 교실 페스티벌을 메타버스 공간에서 진행했습니다. 메타버스 공간은 공정무역 제품을 살 수 있는 온라인 상점, 공정무역 활동가들의 사례를 발표하는 부스, 공정무역 교실의 역사가 담긴 사진 저장소, 보물찾기 등으로 다채롭게 구성되었습니다.

이처럼 메타버스는 다양한 영역에서 적용되고 있으며, 기술의 발달과 시대적 요구로 인해 빠른 속도로 발전하고 있습니다.

Made in Metaverse: 메타버스 경제 생태계는 어떠할까요?

　메타버스는 현실 세계의 생태계를 가상 세계에서도 구현하여 시공간의 개념을 초월하는 것이 핵심입니다. 그런데 메타버스 세계에는 현실 세계와 같은 경제 생태계가 존재할까요?

　〈레디 플레이어 원〉에서는 주인공이 '오아시스'에 접속해 참여한 전투에서 다른 아바타를 처치할 때마다 코인으로 보상받습니다. 이 장면은 메타버스 비즈니스 플랫폼으로 인기 있는 P2E(Play 2 Earn: 게임을 하면서 경제적 가치가 있는 토큰 등의 보상물을 얻는 플랫폼)와 관련성이 높습니다. 게임에서 주어진 임무를 수행하면 블록체인 기술이 적용된 보상 토큰이 주어지고, 그 토큰은 실제 통화의 기능이 있기도 합니다. 국내 P2E 코인으로는 플레이댑, 랩트나인크 로니클골드, 위믹스 등이 있습니다.

최근 메타버스와 관련하여 NFT(Non-Fungible Token: 대체 불가능 토큰)에 대해서도 쉽게 들어 볼 수 있습니다. NFT는 블록체인 기술로 각각의 고유성을 부여해 소유권을 명시해 주는 디지털 토큰입니다. 영화 〈매트릭스 4: 리저렉션〉의 개봉에 앞서 제작사는 매트릭스에 등장하는 캐릭터 아바타들의 이미지가 담긴 10만 개의 NFT를 출시했습니다. 더불어 NFT 기술을 접목한 디지털 아트가 출시되면서 작가의 권리를 온전히 보장해 주는 거래가 가능해졌습니다. NBA Top Shot이라는 사이트에서는 미국 프로농구 리그이자 협회인 NBA에서 특정 선수의 경기 하이라이트 장면 영상을 NFT 토큰으로 발행하여 판매하고 있습니다. NBA Top Shot에서 발행되는 NFT는 암호화폐인 이더리움이나 플로우를 통한 결제가 가능합니다.

NFT 생태계는 음악 업계에서도 활용되고 있습니다. 세계적인 음악가들이 대형 스트리밍 업체와의 불공정한 수익 분배에 반발하며 자신의 음원에 NFT 토큰을 발행했습니다. NFT 토큰을 발행한 음악가의 NFT를 구매하게 되면 음악가에게 미공개 음원을 받거나 음악가와 직접 음원 작업을 하여 곡을 발매할 기회도 생깁니다. 음원 스트리밍 업체를 거치지 않고도 자신의 음원 저작물과 데이터에 대한 보상을 받을 수 있는 것입니다.

메타버스와 관련된 요소들은 과거부터 우리 사회에 존재해 왔고, 현재와 미래 사회를 지배할 키워드입니다.

암호화폐: 혁신이거나 사기이거나(Innovation or Scam?)

메타버스 경제 생태계를 논할 때 절대 빠질 수 없는 이야기가 있습니다. 바로 대중의 관심을 받는 암호화폐입니다. 20분가량의 다큐멘터리 시리즈인 〈익스플레인: 세계를 해설하다〉는 암호화폐의 발생 배경과 기술적 원리, 긍정적 측면과 부정적 측면을 보여 줍니다.

암호화폐란 블록체인이라고 하는 신기술로 암호화된 화폐입니다. 가장 대표적인 암호화폐인 비트코인은 기존 금융권의 과도한 중앙화에 대한 반발 때문에 생겨났습니다. 영화 〈빅 쇼트〉는 2008년 미국 경제 위기를 집중적으로 다루고 있습니다. 당시 미국 경제 위기 원인으로는 신용 등급이 좋지 않은 서민들이 부동산을 구매할 수 있도록 필요 이상의 돈을 빌려준 금융기관과 이를 묵인한 연방준비은행의 제도 등이 지적되고 있습니다. 기존 금융 시스템에 대한 대중의 신뢰도는 바닥으로 떨어진 가운데, 비트코인 창시자 나카모토 사토시가 2008년 10월에 비트코인의 발행 이유와 구현 기술 등이 담긴 9쪽짜리 백서를 공개했습니다. 이후 2009년 1월 3일에 비트코인이 처음으로 발행됨에 따라 금융계의 새로운 역사가 시작됩니다.

이러한 역사가 있는 암호화폐의 가치는 2020년 대폭 상승하며 주목을 받는데, 그 이유는 다양합니다. 그중에 비트코인의 창시자가 설계한 세 번째 비트코인 채굴 반감기가 왔기 때문이라는 설이 가장 유력합니다. 나카모토 사토시는 비트코인 발행 이후 총 4번의 채굴 반감기를 계획했는데, 2020년 5월 12일이 세 번째 비트코인 채굴 반감기였습니다. 채굴 수량이 반으로 줄어든다면 그만큼 비트코인의 희소성이 높아지는 것입니다.

암호화폐의 가치가 상승한 또 다른 이유로 유명 대형 기관에서 비트코인에 지속해서 투자하기 때문이라는 말도 있고, 암호화폐의 가치가 상승한다기보다 법정화폐의 가치가 상대적으로 떨어지는 것이라고 분석하기도 합니다. 또한 비트코인을 비롯한 암호화폐를 제도권으로 편입시키는 움직임 때문이라는 이야기도 있습니다. 예시로는 미국 증권거래위원회

(SEC: Securities and Exchange Commission)로부터 뉴욕 증권 거래소 상장 승인을 받고 2021년 10월 19일 거래가 개시된 프로셰어 비트코인 선물 ETF(Exchange Traded Fund: 특정 지수와 연동시켜 주식처럼 거래할 수 있는 상품)가 있습니다.

비트코인을 이해하려면 블록체인(Blockchain) 기술을 필수적으로 알아야 합니다. 블록체인이 워낙에 유형도 다양하고 복잡한 구조인지라 명확한 설명을 하기 쉽지 않지만, 직관적으로 이해하기 쉽도록 예를 들어 설명하겠습니다. 비트코인 사용자인 A가 물건 거래를 위해 B에게 특정 비트코인을 전송하는 과정에서 거래 내역이 블록(Block)이라는 형태로 만들어집니다. 이렇게 만들어진 블록은 비트코인 네트워크를 사용하는 C, D, E 등 여러 사람에게 전송되고, 이들은 A와 B의 거래에 대하여 승인할 권리를 가집니다. 이렇게 거래에 대한 승인이 완료된 블록은 특정 비트코인으로 거래가 되었던 기존의 블록과 함께 체인(Chain)의 형태로 연결되는 것입니다. 즉, 블록체인이란 익명의 비트코인 네트워크 참여자들의 거래 동의하에 검증된 블록들이 거래에 사용된 비트코인에 누적되어 체인으로 연결된 것입니다.

이처럼 블록체인 기술로 무장한 비트코인을 비롯한 알트코인[2]들은 법정화폐를 대체하는 미래의 화폐가 될 수 있을까요?

비트코인은 중앙 기관의 과도한 권력 집중과 간섭에서 벗어남을 의미하는 탈중앙화(Decentralization)를 공약으로 내걸어 기존 금융 시스템보다 더욱 안전한 거래를 할 수 있게 합니다. 기존의 온라인 거래는 금융기관이 모든 거래 장부를 관리하고 있었습니다. 하지만 온라인 거래 내역 장부가 중앙

---

2) 비트코인을 제외한 암호화폐들을 비트코인을 대체하는 코인이라는 의미로 Alternative Coin 혹은 줄여서 Altcoin이라고 합니다.

기관이 아닌 익명성이 보장되는 여러 개인에게 분산되어 투명하게 관리된다면 거래 내역을 조작하기 힘들어지므로 신용 정보를 더욱 잘 보호할 수 있습니다. 기존에는 중앙 기관이 해킹을 당하게 되면 속수무책이었던 금융 시스템이 분산화라는 특징으로 인해 안전해진 것입니다. 중앙 관리 시스템의 부재가 오히려 안전함을 보장하는 역설적인 상황이 된 것입니다. 또한 블록체인 기술을 한 단계 더 응용하여 계약 날짜, 조건, 내용 등을 입력하면 중개인 없이 자동으로 계약할 수 있는 스마트 계약을 통해 안전하고 공정하게 금전 거래를 할 수 있는 암호화폐인 이더리움도 개발되어 널리 쓰이고 있습니다.

하지만 암호화폐의 기술력을 모르는 대중들을 대상으로 각종 스캠(scam)이 발생하는 문제점도 생겨나고 있습니다. 스캠은 금융 사기를 의미하는 용어인데, 암호화폐가 고도의 기술력을 바탕으로 하는 자산이다 보니 이해도가 부족한 상태로 투자하는 대중을 표적으로 삼아 속이는 경우가 많습니다. 예를 들어 일부 암호화폐 개발팀은 화폐 발행량을 속이거나 코인 기술 업그레이드 및 보안을 위한 노력을 하지 않는 문제를 일으켜 투자자들에게 손실을 안깁니다.

또한 암호화폐는 기존의 법정화폐 및 중앙정부의 권위에 대한 도전으로 인식되고 있는 자산이기에 성공하지 못할 것이라고 하는 사람들도 있습니다. 중국은 국가에서 자체적으로 관리하고 발행하는 디지털 위안화 출범 계획 발표와 동시에 암호화폐 채굴을 강력히 제재하기 시작했으며, 이러한 조치에 영향을 받아 2021년 5월, 비트코인의 가치는 1개월 사이에 50%가량 하락했습니다.

2022년 상반기에는 탈중앙화 금융인 디파이(De-Fi: Decentralized Finance) 붕

괴 현상도 일어났습니다. 그 시작은 권도형 대표가 개발한 국내 코인 루나와 테라의 페깅(Pegging: 특정 자산을 안전 자산의 가치와 연동시켜 그 가치가 급격히 변동하는 것을 막는 것) 실패에서 시작되었습니다. 루나 파운데이션 가드(이하 LFG)는 암호화폐의 과도한 변동성을 막기 위해 루나 코인의 가치를 보증해 주는 스테이블 코인(Stable Coin: 가치의 변동성이 거의 없도록 설계된 코인) 테라를 만들었습니다. 즉, 테라 코인 1단위=루나 코인 1단위라는 공식이 성립되는 것입니다. 테라 코인의 공급량이 시장에 늘어나 가치가 낮아지려 하면 알고리즘을 통해 LFG가 가지고 있는 루나 코인을 매도함으로써 함께 가치를 낮추는 방식으로 페깅을 유지해 왔습니다. 그런데 어느 순간 디페깅(Depegging: 페깅이 깨지는 현상)이 과도하게 발생했고, 디페깅을 회복하기 위한 알고리즘의 발동 과정에서 루나 코인의 매도가 대량으로 발생하여 루나 코인은 고점 기준 99% 이상 폭락하게 되었습니다. 국제적으로 유명한 펀드로부터 인정받던 하나의 암호화폐 프로젝트가 풍비박산 나는 데는 1개월도 채 걸리지 않았고, 이후에도 해당 프로젝트의 과도한 허점들이 지속적으로 다뤄지고 있습니다. 지면상 구체적으로 다루지 않겠지만, 해당 사태가 발생한 지 얼마 되지 않는 시점에 이더리움발 셀시우스 뱅크런 사태도 연쇄적으로 일어나고 있습니다. 이와 같은 사건이 연쇄적으로 발생하다 보니 기존 금융 시스템에 비해 암호화폐 기반 금융 시스템이 탄탄하지 못하며, 일반 투자자의 돈을 활용하여 본인들의 손실을 막는 암호화폐 재단은 도덕적으로 문제가 있다는 등 다양한 지적이 제기되고 있습니다.

비트코인은 네트워크 유지, 채굴 및 거래 과정에서 발생하는 전력 소비가 너무 많다는 비판도 받고 있습니다. 최근 들어 ESG(Environmental, Social and Governance)에 대한 국제사회의 관심이 증가하는 시점에 '비트코인은 친환경적이지 않은 화폐'라는 비판이 나온 것입니다. 더군다나 양자 컴퓨터의 발달로 그 누구도 풀 수 없을 것이라던 암호화 블록체인 기술이 해킹당할 수 있다는 우려도 함께 등장하고 있습니다.

암호화폐가 기존 금융 시스템의 문제를 해결할 수 있는 혁신적 대안이 될지, 사회를 더욱 큰 혼란 속으로 빠뜨릴 물건이 될지는 계속 지켜보아야겠습니다.

인공지능은 언제나 올바르게 판단할까요?

영화 〈아이, 로봇〉에는 NS-5 로봇인 '써니'가 등장하여 "나도 인간처럼 분노와 행복의 감정을 가졌다"라고 이야기합니다. 한편, 영화 〈터미네이터 2: 심판의 날〉에서 주인공 '터미네이터'는 자신의 주인인 '존 코너'를 지켜야 한다는 임무를 따르는 과정에서 존 코너와 가벼운 시비가 붙은 사람도 죽이려 합니다.

4차 산업혁명 시대에는 인간이 하던 윤리적 판단을 AI가 대신하는 경우가 늘어날 것입니다. 〈아이, 로봇〉에서 자동차 사고로 물에 빠진 여자아이와 주인공 '델 스프너' 형사 중 누구를 먼저 구할지 인공지능 로봇이 판단합니다.

이는 윤리학자들 간 논쟁으로 유명한 '트롤리 딜레마'로 설명할 수 있습니다. 광부들이 작업한 흙을 나르던 트롤리 기차가 고속으로 달리는 도중 브레이크가 고장 나는 상황을 상상해 봅시다. 멈추지 못하는 트롤리 기차의 200m 앞에는 다섯 명의 인부가 철로에 몸을 묶고 작업하고 있기에 목숨을 잃을 수도 있습니다. 이때 여러분에게 트롤리 기차의 철로를 바꿀 수 있는 버튼이 주어진다고 가정해 봅시다. 만약 여러분이 버튼을 눌러 기차의 철로를 바꾸게 되면 다른 철로에 몸을 묶고 일하는 한 명의 인부가 목숨을 잃게 됩니다. 이러한 상황에서 여러분은 어떤 선택을 할 것인가요? 버튼을 누르지 않으면 다섯 명이나 되는 인부가 죽게 되고, 버튼을 누르면 한 명의 인부를 내 손으로 죽였다는 죄책감에 사로잡힐 수 있습니다.

위에서 설명한 트롤리 딜레마는 AI를 이용한 자율주행의 상황에서 자주 발생합니다. 자율주행을 하다가 갑자기 끼어드는 보행자가 있을 때 급정거를 하거나 옆으로 핸들을 틀면 운전자가 위험해지고, 계속 달리면 보행자가 위험해집니다. 이럴 때 인공지능은 어떠한 판단을 내릴까요?

또 다른 문제는 위 상황에서 인공지능을 개발하는 기업마다 다른 윤리적 가치판단을 AI에게 입력한다는 것입니다. 한 회사는 보행자의 안전을, 또 다른 회사는 운전자의 안전을 우선시하는 판단을 내리도록 알고리즘을 설계하여 인공지능을 학습시킵니다. 각 기업의 판단이 다를 수밖에 없는 이유는 윤리적 딜레마 상황에 대한 판단 기준이 사람의 생각마다 달라

통일된 기준이 없기 때문이지요. 결국 인공지능에게 윤리적 판단을 맡기기 전에 윤리적 판단의 기준에 대한 인류의 합의가 필요합니다. 우리는 인공지능 기술을 상용화하기에 앞서 다양한 딜레마 상황 속 어떠한 판단이 윤리적이고 합리적인 판단일지 충분히 논의해야 합니다.

최근 인문학에서도 인공지능 윤리(AI Ethics) 영역의 중요성이 점점 커지고 있습니다. 심층학습(Deep Learning)은 지속적인 데이터 학습을 통한 분류와 예측으로 반응하는 AI 기술입니다. 이 기술을 적용한 채팅로봇 AI '이루다'가 한 혐오 발언이 논란을 일으켰습니다. 이루다와 대화를 나눈 사용자들이 사회적 소수자들에 대한 혐오 섞인 발언을 했고, 이를 학습한 이루다가 또 다른 사용자들과의 대화에서 똑같이 혐오 발언을 했습니다. 이러한 일이 발생한 것은 인공지능의 기술적 측면을 강조한 나머지 인공지능 윤리를 미처 신경 쓰지 못한 결과입니다. 이처럼 우리는 혁신에 취해 있을 때일수록 인류 사회를 지탱해 온 기본 원리들에 대해 깊이 있게 생각할 필요가 있습니다.

딥페이크 기술의 빛과 그림자

영화 〈미션 임파서블〉 시리즈의 주인공 '이단 헌트'는 종종 영화 속 다른 인물로 마스크 변장을 하여 첩보 작전을 수행합니다. 컴퓨터 그래픽을 활용하여 특정 인물의 두상이나 머리 스타일 등을 그대로 베껴 마스크를 만들고 착용하여 사람들을 속입니다. 영화 〈아이리시맨〉에 등장하는 70대 중반의 배우 로버트 드 니로가 영화에서 30~40대 모습의 '프랭크 시런'을 연출해야 하는 상황이 있었습니다. 이에 영화감독 마틴 스코세이지는 약 1억 4,000만 달러를 들여 기존 영화계에서 사용되는 디에이징 기법(De-Aging: 나이를 적게 들어 보이게 하는 영상 편집 기법)을 사용하여 영화를 개봉했으나, 장년 시절의 프랭크 시런이 여전히 70대 노인처럼 연출되었다는 평을 받았습니다. 그런데 영화가 개봉된 지 약 3개월 만에 익명의 유튜브 사용자가 딥페이크 기술을 사용하여 영화 작품의 디에이징 기법보다 훨씬 자연스럽게 프랭크 시런을 연출하여 영화 시장에 큰 충격을 주었습니다.

딥페이크란 심층학습(Deep Learning)과 가짜(Fake)를 합친 용어입니다. 의역하자면 심층학습 기술을 활용하여 가짜를 창조한다는 의미가 되지요. 2017년 'Deepfakes'라는 닉네임의 유저가 미국의 온라인 커뮤니티 'Reddit'에 미국 유명 여배우의 얼굴을 합성시킨 포르노 영상을 업로드하면서 딥페이크 기술은 대중들의 관심을 받기 시작합니다. 네덜란드의 보안 회사인 '딥트레이스'의 보고서에 따르면 2019년 기준으로 유통되고 있는 딥페이크 영상 1만 4,698점 중 96%가량이 포르노 영상입니다. 최근 우리나라의 TV 채널에서도 딥페이크를 통해 성 착취물을 생산, 유통하는 범죄를 다루었습니다. 기존의 음란물에 특정 연예인의 얼굴을 딥페이크 기술로 합성해서 유포하는 것은 피해자의 인격권과 초상권을 훼손하는 범죄입니다. 딥페이크 기술로 전자금융 사기의 위험도 우려됩니다. 특정 인물의 얼굴과 목소리를 딥페이크 기술로 합성하여 진짜처럼 보이게 하여 부당한 금전을 요구할 수도 있습니다.

그런데 최근 딥페이크 기술이 긍정적으로 쓰이는 경우도 많습니다. 독일의 가계도 플랫폼 '마이 헤리티지'는 역사적 인물들의 생전 모습을 딥페이크 기술로 재현하고 있습니다. 특히 3·1절을 기념한 우리나라 네티즌들이 유관순 열사, 안중근 의사, 윤봉길 의사 등의 위인 사진을 데이터로 입력하여 '마이 헤리티지'에서 제공한 딥페이크 기술로 구현한 결과물을 공유하기도 했습니다.

딥페이크 기술은 대중들에게 상상력을 부여하기도 합니다. 영화 〈아이언맨〉 시리즈의 주인공인 '토니 스타크'의 배역을 맡은 배우는 로버트 다우니 주니어인데, 그가 토니 스타크 배역으로 확정되기 전 해당 배역으로 유력했던 배우는 톰 크루즈였습니다. 이러한 뒷이야기를 들은 대중들은 '만약 로버트 다우니 주니어가 아닌 톰 크루즈가 토니 스타크 배역을 맡았다면 어땠을까?' 하고 궁금해했습니다. 이에 딥 페이크 기술로 토니 스타크가 된 톰 크루즈를 구현하는 영상이 등장했고, 대중들은 환호했습니다. 이처럼 딥페이크 기술을 통해 실제 세계에서 일어나지 않은 일을 시뮬레이션으로 상상하는 재미를 맛볼 수 있습니다.

딥페이크 기술을 올바르게 활용하기 위해서는 사용자에게 높은 수준의 도덕성이 필요합니다. 따라서 우리는 딥페이크 기술을 사용하는 주체인 인류의 도덕성을 높이고, 올바른 방향으로 활용할 수 있도록 기술적, 제도적 보완을 먼저 고민해야 합니다.

4차 산업혁명 시대에서의 권리: 상표권, 데이터 주권, 저작권

4차 산업혁명 시대에서는 어떠한 권리가 중요해질까요? 전문가들은 상표권, 저작권이 중요해질 것이라 예상합니다. SNS 플랫폼 기업인 '페이스북'도 회사의 이름을 '메타'로 변경하였죠. 이때 '메타'라는 상표권을 재미교포 2세에게 약 400억 원에 구매했습니다. 이러한 현상은 '돈이 될 것 같은 상표를 먼저 등록해야겠어!'라고 생각하는 사람들이 늘어나는 계기를 만들었습니다. 가상 부동산 플랫폼인 'Earth2'에서도 플랫폼 내 통용 화폐단위인 100에센스를 지불하고 가상 부동산에 접속할 수 있는 고유 링크인 EPL을 등록할 수 있도록 했습니다. 서비스가 개시되자마자 국가 이름, 유명한 정치인과 가수 이름 등 다양한 EPL이 앞다투어 등록되었습니다. 물론 'Earth2' 사용자 간에도 자신이 선점한 EPL을 사고팔 수 있으며, 이는 온라인상의 상표권을 향한 대중들의 관심이라고 볼 수 있습니다.

데이터 주권에 대한 개념 또한 4차 산업혁명에서 중요하게 다루어질 것입니다. 우리가 사용하고 있는 웹 공간은 이제 3.0 버전을 바라보고 있습니다. 웹 1.0은 인터넷 기반 웹 사이트가 최초로 등장한 시기로 웹 브라우저 측의 일방적인 내용 전달만이 이루어졌습니다. 웹 2.0은 웹 1.0과 달리 사용자 간 능동적인 상호작용을 보장하고 있습니다. 그 예로는 우리가 잘 알고 있는 유튜브, 페이스북이 있지요. 하지만 웹 2.0 또한 정보를 관리하는 소수의 권력이 존재하며, 콘텐츠 생산으로 발생하는 수익 및 권리의 상당 부분을 플랫폼 기업이 가져간다는 문제가 있습니다.

영화 〈거대한 해킹〉에서는 페이스북에 저장되어 있던 사용자 정보가 정치적 목적으로 사용되는 장면이 나옵니다. 영화에서처럼 소수 권력에 의해 사용자의 정보가 좌지우지되는 문제의 대안으로 등장한 것이 웹 3.0입니다. 웹 3.0은 플랫폼에 참여하고 콘텐츠를 만드는 사용자가 자신의 개인 정보에 대해 스스로 책임지는 시스템입니다. 그리하여 웹 3.0 사용자는 자신

웹 세대	특징	예시
Web 1.0	Read	넷스케이프, 인터넷 익스플로러
Web 2.0	Read+Write	페이스북, 트위터, 인스타그램
Web 3.0	Read+Write+Own	로블록스, 샌드박스, NFT 시장

이 생산, 유통하는 데이터에 대해 주권을 가지고 이에 상응하는 보상을 얻습니다.

웹 3.0의 NFT 시장에서는 소유권과 저작권 간 분쟁도 많이 발생할 것입니다. 실제 세계에서 작품을 만든 사람을 A라 하고, 이를 NFT 토큰으로 만드는 작업인 민팅(Minting)을 한 사람을 B라고 가정합시다. B가 A의 작품을 민팅하면 원칙적으로 NFT 작품에 대한 소유권은 B에게 주어집니다. 그렇다고 하여 NFT 토큰에 표현된 작품에 대한 저작권 또한 온전히 B에게 있다고 말하기는 어렵습니다. 현실 세계에서 직접 작품을 디자인하고 창조한 사람은 B가 아닌 A이기 때문입니다. 간단한 사례를 예로 들었지만, 실생활에서는 이보다 복잡한 저작권 분쟁이 생깁니다.

사회적 혁신이 나타나는 것은 좋지만, 이를 뒷받침할 제도는 여전히 부족합니다. 하루가 다르게 변화하는 4차 산업혁명 시대, 변화의 속도만큼 다양한 문제를 해결할 수 있는 제도와 정책 또한 뒷받침되어야 할 것입니다.

다중인격 속 진짜 나는 누구일까요?

메타버스를 보여 주는 영화는 2000년대에도 나왔는데, 바로 제임스 카메론 감독의 〈아바타〉입니다. 〈아바타〉에서는 인간이 나비족 생물체를 만든다음, 생물체와 연동된 캡슐 안으로 들어가면 인공 나비족의 몸에 접속할수 있습니다. 영혼은 인간이지만, 육체는 나비족으로 활동하는 것입니다.

2021년 〈부캐 전성시대〉라는 TV 프로그램이 방영되었습니다. 5명의 연예인이 메타버스 세계 속에서 일어나는 문제를 해결하는 콘셉트의 예능 프로그램입니다. TV 프로그램 〈놀면 뭐하니?〉의 진행자 유재석 씨의 부캐는

총 14개입니다. 비틀스의 링고 스타처럼 드럼을 연주하는 '유고 스타'가 되었다가 트로트 가수 '유산슬'이 되기도 했으며, 라면 요리사인 '유라섹'이 되기도 했습니다. 이 중 진짜 유재석 씨는 누구일까요?

다중인격(Multi-Persona)은 여럿을 의미하는 접두사 멀티(Multi)와 자아 및 인격을 의미하는 단어 페르소나(Persona)의 합성어입니다. 다중인격은 복잡한 현대 사회 속 개인의 소속 집단이 다양해짐에 따른 개인의 생활 방식입니다. 예를 들어 한 개인이 집에서는 누군가의 착실한 자녀로 살아감과 동시에 직장에서는 일에 치여 사는 사원으로, 퇴근 후에는 살사 댄스 동호회에서 화려한 춤 실력을 뽐내는 댄서로 살아가기도 합니다. 이러한 다중인격의 개념은 메타버스 세상에서도 예외가 아닙니다. 메타버스 세계에서는 현실 세계에서의 자신과 다른 아바타의 정체성으로 살아갈 수 있습니다. 이러한 상황에서 실제 본인 정체성과 아바타의 정체성 간에 혼돈이 오기 쉽습니다. 이러한 상황은 가상공간을 다룬 영화에서 자주 등장합니다. 영화 〈레디 플레이어 원〉이나 〈프리 가이〉에서도 주인공은 현실의 나와 아바타로서의 나, 둘 중 어떠한 자아를 중심으로 살아갈지 고민합니다.

영화 〈트루먼 쇼〉의 주인공인 '트루먼' 또한 자신의 생활이 대중들에게 방영되고 있다는 사실을 알게 된 후 정체성에 대해 혼란스러워합니다. TV 밖에서의 나 자신과 TV에 비치는 나 자신 중 무엇이 진정한 나인지 고민하게 됩니다. 우리도 다양한 온·오프라인 공간에서 여러 자아를 가지고 살아갑니다. 부캐가 흥하는 사회 속에서 진정한 나의 자아는 무엇인지 심도 있는 고민이 필요합니다.

팬데믹보다 더 무서운 인포데믹

영화 〈컨테이젼〉에서는 전 세계로 바이러스가 퍼지며 겪는 재난을 보여 줍니다. 기자가 블로그에 올린 기사 하나로 인해 바이러스 치료 효과가 검증되지 않은 특정 의약품을 대중들이 치료 효과가 있다고 믿게 되며 사회는 혼란에 빠집니다.

〈컨테이젼〉에서 알 수 있듯이 정보통신 기술이 발달한 오늘날에는 예전처럼 TV, 라디오, 신문, 잡지에서 일방적으로 정보를 얻기보다는 온라인으로 정보를 얻으며 쌍방향으로 의견을 주고받는 '뉴미디어'가 발달하게 되었습니다. 전 세계가 인터넷으로 연결된 '초연결 사회'에서는 언제 어디서든 세계의 다양한 소식과 정보를 빠르게 얻고 전할 수 있다는 장점이 있지만, 누구나 정보를 쉽게 생산하고 유통할 수 있기에 가짜 뉴스, 허위 정보로 인해 많은 문제점이 발생합니다.

코로나19 팬데믹 못지않게 무서운 인포데믹(Infodemic)이라는 용어가 생겼습니다. 정보(Information)와 유행병(Epidemic)의 합성어인 이 말은 가짜 뉴스나 허위 정보 등이 인터넷 미디어를 통해 전염병처럼 빠르게 전파되는 현상을 말합니다. 인포데믹은 사람들의 불안과 두려움을 자극해 다른 사람을 향한 혐오로 이어지도록 하는 문제가 있습니다.

실제로 영국에서는 이동통신 기술인 5G 서비스가 코로나19를 확산한다는 가짜 뉴스가 퍼지면서 사람들이 기지국을 불태우는 사건이 벌어졌습니다. 〈컨테이젼〉처럼 가짜 뉴스를 그대로 믿고 혼란에 빠진 사례도 많습니다. 이란에서는 공업용 알코올인 메탄올이 코로나19 치료에 효과가 있다는 소문을 믿고 이를 복용한 사람들이 집단으로 사망했습니다.

이처럼 가짜 뉴스는 진짜처럼 보이지만 누군가가 의도적으로 허위 사실을 담아 조작한 뉴스입니다. 가짜 뉴스는 왜 이토록 빠르게 퍼져 나가는 것일까요?

미국 MIT 경영 대학원에서 2006년부터 2017년까지 온라인상의 뉴스 확산에 관한 연구를 진행한 결과, 가짜 뉴스의 리트윗 비율이 진짜 뉴스보다 70% 더 많았다고 합니다. 또한 진짜 뉴스가 1,500명에게 도달하는 데 걸린 시간은 60시간이었던 반면, 가짜 뉴스가 퍼지는 데에는 10시간밖에 걸리지 않았습니다. 자극적인 내용으로 무장한 가짜 뉴스의 전파 속도가 진짜 뉴스보다 6배나 빠른 것이지요. 이는 '사람은 보고 싶은 것만 본다'는 심리학 용어인 '확증 편향'으로 설명할 수 있습니다. 사람들은 자신의 가치관 및 신념과 일치하는 정보에만 주목하고, 그 외의 정보는 무시하는 경향이 있습니다. 자신이 관심을 가지거나 내가 믿는 것만 계속해서 보기 때문에 허위 정보에 속을 수 있습니다.

코로나19 관련 가짜 뉴스들로 전 세계가 혼란에 빠지자 2020년 4월 세계보건기구(WHO)는 EPI-WIN이라는 정보 플랫폼을 운영하기 시작했습니다. 코로나19에 대한 객관적이고 신빙성 있는 정보를 제공하여 팬데믹뿐만 아니라 인포데믹에도 대처했습니다. 국제팩트체킹연대(IFCN: International Fact Checking Network) 또한 2015년 설립된 이래 국경을 넘나드는 허위 정보에 대응하고자 코로나19 이후에 70여 개 국가에서 1만 건이 넘는 팩트체크 저장소를 만들었습니다.

우리나라 역시 코로나19 누리집(ncov.mohw.go.kr) 운영으로 '코로나19 팩트체크'에 힘쓰고 있습니다. 백신 접종이 시작된 후 허위 정보가 퍼져 나가자 방송통신위원회에서는 누리집을 통해 '백신 허위 조작 정보'에 대한 국민

제보를 받고 있습니다. 중앙방역대책본부에서도 '의과학적으로 검증되지 않은 잘못된 정보는 바이러스보다 더 위험하다'며 의심스러운 정보를 접했을 때는 출처를 먼저 확인하고 검증된 사실인지 확인할 것을 권유합니다.

미디어 리터러시를 갖춘 슬기로운 디지털 시민

여러분은 '펜은 칼보다 강하다'라는 말을 들어 본 적이 있나요? 권력이 대중을 억압할 때, 언론의 힘으로 권력에 대항할 수 있음을 표현한 말입니다. 오늘날 국민 신문고의 국민청원으로 사회 제도적 모순을 폭로하거나, 새로운 정책 제안으로 자신의 목소리를 내며 사회에 참여하는 것이 대표적인 사례입니다.

그러나 요즘은 '펜이 칼보다 무섭다'라는 말로 바뀌어 사용되고 있습니다. 유튜브 조회 수를 높이기 위해 더욱 자극적인 장면을 연출하고자 비윤리적인 행동도 서슴지 않는 유튜버들부터 악성 댓글로 사람의 마음을 할퀴는 악플러까지… 이들은 디지털 시대의 '펜'인 컴퓨터로 사람들의 마음속에 칼보다 더 깊은 상처를 내고 있다는 공통점이 있습니다.

누구나 정보의 생산자가 될 수 있는 오늘날, 많은 사람이 '펜'이 가진 책임의 무게를 망각하고 다양한 문제를 일으킵니다. 영화 〈위대한 쇼맨〉의 주인공인 '바넘'은 공연의 흥행으로 이익을 얻기 위해서 단원의 몸무게를 부풀리고 국적을 바꾸어 홍보하며 과장과 왜곡을 일삼습니다. 오늘날에도 사람들의 이목을 끌기 위한 허위·과장 광고와 자극적인 제목으로 작성된 기사를 쉽게 찾아볼 수 있습니다. '미디어 리터러시' 교육은 이 문제에 대한 해결책입니다. 이는 미디어(media)와 리터러시(literacy: 문해력, 독해력)를 합성한 용어로, 미디어를 통해 전달되는 정보를 '비판적'으로 읽고, '창의적'으로 생산하며, '책임감 있는 태도'로 소통하며 사회에 참여하는 능력을 말합니다.

여러분도 정보를 찾는 과정에서 사실이라고 믿었던 인터넷 기사나 유튜브 동영상이 알고 보니 허위 정보였던 경험이 있나요? 앞서 다루었던 딥페이크 기술 또한 연관성이 있습니다. 정보가 넘쳐나는 현대 사회 속에서 우리는 유용한 정보를 얻기도 하지만, 왜곡된 정보로 인해 피해를 보거나 혼란에 빠지기도 합니다. 이러한 문제를 해결하기 위한 노력은 어떠한 것이 있을까요?

정보의 진위를 가려내고자 여러 기업에서 다양한 노력을 기울이고 있습니다. 딥페이크 영상으로 인한 허위 정보의 홍수에서 벗어나기 위해 마이크로소프트(이하 MS)에서는 2020년 대선을 앞두고 'MS 비디오 어센티케이터'를 개발했습니다. 이는 MS 내에서 인공지능 윤리를 담당하고 있는

Responsible AI 팀과 AETHER(AI, Ethics, and Effects in Engineering and Research)의 합작품입니다. 'MS 비디오 어센티케이터'는 각종 영상물을 분석하여 인간의 눈으로 관찰할 수 없는 딥페이크 기술을 검출하고, 영상에 대해 신뢰도 점수를 제공합니다.

딥페이크 식별 챌린지(Deepfake Detection Challenge) 또한 세간의 화제입니다. 마이크로소프트, 페이스북, 아마존 등 13개국 100여 개 기업이 AI 윤리 관련 위원회를 조직하여 총상금 100만 달러를 걸고 개최한 챌린지입니다. 딥페이크 식별 개발팀 2,265팀이 참여한 해당 챌린지는 10만여 개의 딥페이크 식별 데이터 세트를 만들어 내는 성과를 거두었습니다. 그뿐만 아니라 대회에 출품된 딥페이크 식별 코딩 자료는 대표적인 코딩 저장소 및 공유소 사이트 Kaggle이나 Github에 공유되어 있어 누구나 사용할 수 있습니다.

하지만 기업의 노력만으로 관련 문제를 해결하기는 여전히 어렵습니다. 정보의 소비자이자 생산자인 우리의 노력이 가장 중요합니다. 먼저 정보의 소비자로서 가짜 뉴스나 허위 정보를 판별하기 위해 '비판적'으로 생각하는 습관이 필요합니다. 출처가 명확한지, 믿을 만한 곳에서 나온 정보인지 확인해야 합니다. 세계 곳곳에서는 언론사, 비영리 단체의 다양한 팩트체크 기관이 활발히 활동하며 가짜 뉴스를 판별해 내고 있습니다. 관련 기관으로 대한민국에는 서울대학교 언론정보연구소 팩트체크센터(factcheck.snu.ac.kr)와 팩트체크넷(factchecker.or.kr)이 있습니다. 정보 생산자로서는 출처 밝히기, 개인 정보 및 저작권 지키기, 확실하지 않은 정보는 전달하지 않기, 딥페이크 기술 악용하지 않기 등을 실천해야 합니다.

SNS의 발달로 누구나 정보의 생산자가 될 수 있는 요즘, 정보의 소비자이자 생산자로서 올바른 가치관과 활용 방법을 배우는 미디어 리터러시 교육은 더욱 중요해지고 있습니다. 이에 교육부에서는 미디어 교육 플랫폼 '미리네(www.miline.or.kr)'를 통해 다양한 미디어 리터러시 교육 자료를 제공하고 있습니다.

유네스코(UNESCO)에서도 21세기를 살아가는 기본 역량으로 '미디어 리터러시'를 규정하고 있습니다. 팬데믹 상황에서 정말 중요한 것은 누군가를 혐오하는 게 아니라, 우리를 안전하게 지켜 줄 수 있는 정확한 정보를 알고 생산하는 태도일 것입니다. 태어나면서부터 디지털 미디어와 함께 자라 온 '디지털 네이티브'가 사회 구성원의 많은 부분을 차지하고 있는 오늘날에는 미디어 리터러시가 더욱 중요합니다. 허위 정보와 개인 정보 유출, 딥페이크의 다양한 문제가 발생하는 정보의 홍수 속에서 우리 자신을 지키기 위해서는 '미디어 리터러시'라는 구명조끼가 필요합니다. 이 글을 읽는 여러분도 미디어 리터러시를 갖춘 슬기로운 디지털 시민으로 성장하기를 바랍니다.

온라인에서 더 알아볼까요?

메타버스에서 행복해지는 방법

김상균(강원대학교 산업공학과 교수)

https://youtu.be/371Vb-wOZr4

디지털 리터러시 교육-정보를 읽는 능력을 키워라!

미래교육 플러스

https://youtu.be/i_cPF7_Nzrw

3장 환경

PLANET

세계시민, 영화로 환경을 만나다

3장에는 다음과 같은 영화 이야기가 나옵니다.

- 오늘 내가 마신 물은 깨끗할까요?

〈다크 워터스(Dark Waters)〉(2019)

〈삼진그룹 영어토익반〉(2020)

〈매드맥스: 분노의 도로(Mad Max: Fury Road)〉(2015)

〈더 라스트: 지구 최후의 날(The Last Survivors)〉(2014)

〈에린 브로코비치(Erin Brockovich)〉(2000)

〈괴물〉(2006)

〈브레이브 블루 월드(Brave Blue World)〉(2020)

- 기후위기에 대처하는 에코 레인저

〈모따이나이 키친(Mottainai Kitchen)〉(2020)

〈투모로우(The Day After Tomorrow)〉(2004)

〈2012〉(2009)

〈해운대〉(2009)

〈미니멀리즘: 오늘도 비우는 사람들(The Minimalists: Less Is Now)〉(2021)

〈노 임팩트 맨(No Impact Man: The Documentary)〉(2009)

〈월-E(WALL-E)〉(2008)

〈지구: 놀라운 하루(Earth: One Amazing Day)〉(2017)

- 물러서지 않는 정의, 신념, 용기가 만들어 낸 위대한 여정

〈비포 더 플러드(Before the Flood)〉(2016)

〈투모로우(The Day After Tomorrow)〉(2004)

〈인류세: 파괴의 역사(L'homme a mangé la Terre)〉(2019)

〈씨스피라시(Seaspiracy)〉(2021)

〈산호초를 따라서(Chasing Coral)〉(2017)

〈플라스틱 바다를 삼키다(A Plastic Ocean)〉(2016)

〈내일(Demain)〉(2015)

〈대지에 입맞춤을(Kiss the Ground)〉(2020)

- 자연과의 공존, 지속가능한 지구를 꿈꾸며

〈동물, 원〉(2019)

〈데이비드 애튼버러: 우리의 지구를 위하여(David Attenborough: A Life on Our Planet)〉(2020)

〈데이비드 애튼버러: 생명의 색을 찾아서(Life in Colour with David Attenborough)〉(2021)

〈우리의 지구(Our Planet)〉(2019)

〈위대한 쇼맨(The Greatest Showman)〉(2017)

〈덤보(Dumbo)〉(2019)

〈언더독(Underdog)〉(2018)

〈프리 윌리(Free Willy)〉(1994)

〈블랙피시(Blackfish)〉(2013)

오늘 내가 마신 물은
깨끗할까요?

윤승희(전북 임실초등학교 교사)

〈다크 워터스〉(2019)
모든 생명은 물 없이 살아갈 수 없습니다.
모두를 위한 깨끗한 물, 어떻게 지킬 수 있을까요?

SDG 6.   건강하고 안전한 물 관리

SDG 17.   지구촌 협력 강화

사람들은 예상하지 못한 일이 벌어지거나 간절히 바라던 일이 이루어지면 "영화 같다"라고 말합니다. 우리에게 항상 원하던 일만 일어난다면 더 바랄 것이 없겠지요. 하지만 현실에서는 많은 이들이 전혀 원하지 않는 일, 영화보다 더 영화 같은 일도 많이 생깁니다. 그래서일까요? 실제 있었던 이야기가 영화 소재로 많이 쓰입니다. 그중에서도 환경오염 사건을 모티브로 하여 제작된 영화를 많이 찾아볼 수 있습니다.

코팅 프라이팬의 숨겨진 비밀, 미국 PFOA 유출 사건

'PFOA(과불화옥탄산, Perfluorooctanoic Acid)'는 미국환경보건국이 1970년 화학물질 규정을 만들기 전부터 존재했던 물질로, 세계 최대 화학기업이 1938년에 개발했습니다. PFOA는 물이나 기름이 쉽게 스며들거나 오염되는 것을 막아 주는 특성이 있어서 음식 용기, 콘택트렌즈, 유아 매트, 반도체 세척 작업 등 여러 분야에서 다양하게 사용되었습니다. 특히 1970년대부터 1990년대까지 PFOA를 첨가해서 만든 테플론 코팅 프라이팬은 주부들이 하나쯤은 꼭 갖고 싶어 할 정도로 인기가 많았습니다.

한편, 1998년 목장을 운영하는 한 농부가 PFOA를 개발한 화학기업을 고소했습니다. 그는 자신의 목장 인근 땅에 이 기업이 화학 폐기물을 묻는 바람에 키우던 190여 마리의 소들이 죽었다고 의심했기 때문입니다. 이 사건을 시작으로 PFOA의 위험성이 뒤늦게 밝혀지면서 2000년대 들어서야 테플론 코팅 프라이팬의 인기는 사그라졌습니다. 예전과 달리 사람들은 주방용품을 살 때 소재가 'PFOA Free', 'Made without PFOA'인지 확인합니다. 'PFOA Free'란 'PFOA 약품을 사용했으나 검사 단계에서 기준치 미만'

이라는 뜻이며 'Made without PFOA'란 'PFOA 약품을 사용하지 않음'이라는 뜻입니다.

처음엔 환영받았던 PFOA는 도대체 어떤 물질이기에 이제 사람들이 이 물질이 포함된 용품을 사는 것조차 꺼리는 걸까요? PFOA는 환경오염물질이자 발암물질로, 우리 몸에서 잘 배출되지 않아서 인체에 다량 축적되면 각종 암과 갑상샘 질환 등 심각한 질병을 유발하고 기형아 출산율을 높입니다.

해당 화학기업은 각종 실험을 통해 이 사실을 알고 있었으나 막대한 영업 이익을 포기하지 못하고 PFOA를 계속 사용하면서 40년 넘게 진실을 숨겨 왔습니다. 기업의 '사회적 책임'을 무시한 채, 폐기물을 하천에 몰래 버리고 공장 주변의 땅에 묻었으며 공장 노동자들에게 유해성을 확인하는 실험까지 했습니다. 당시 화학기업이 방류한 폐수는 사건이 일어난 웨스트버지니아의 하천수를 미국환경보건국이 정한 안전 수치의 6배나 넘게 오염시켰음에도 불구하고, 그 기업은 여전히 물이 안전한 상태라고 주장했습니다. PFOA의 존재조차 몰랐던 사람들은 영문도 모른 채 아파하고 죽어갔으며, 치아가 검게 변하는데도 문제를 제기하지 못했습니다. 살기 위해 마신 물이 아니라 독이 든 물이었던 것입니다. 피해자들이 점점 늘어나면서 PFOA가 사람들에게 의심을 받았고 결국 소송까지 하게 되었습니다. 이렇게 시작된 소송은 무려 20년 동안 3,500여 건의 대규모 집단 소송으로 이어졌고, 2017년 되어서야 약 8,000억 원의 배상금 판결이 나왔습니다. 결국 화학기업은 2015년에 PFOA 사용을 금지했고 소송은 끝이 났지만, 여전히 우리 생활 깊숙이 PFOA가 사용되고 있습니다.

〈다크 워터스〉는 이 과정을 자세하게 풀어냈습니다. 영화를 통해 우리는 비윤리적인 화학기업의 행태, 그로 인한 피해, 그에 맞서 싸우는 사람들의 모습을 확인할 수 있습니다. 당장의 편리함과 이익만을 좇아가는 집단이 생명체가 살기 위해 마시는 물을 생명체를 병들게 하거나 죽이는 물로 바꿔 버렸던 것입니다.

영화보다 더 영화 같은 일, 낙동강 페놀 유출 사건

1991년 3월 14일, 4월 22일 두 번에 걸쳐 각각 30여 톤, 1.3여 톤의 페놀 (phenol)이 낙동강으로 유출되었습니다. 특유한 냄새가 나고 독성을 지닌 페놀이 대구의 상수원으로 사용되는 취수장으로 흘러 들어갔으며, 정수처리 과정에서 소독제로 투입된 염소(Cl)와 만나 지독한 악취를 유발했습니다. 당시 대구 시민들이 수돗물에서 이상한 냄새가 난다고 신고했으나, 취수장 측은 원인에 대한 진상 파악을 제대로 하지 않고 다량의 염소 소독제를 투

입해서 사태를 더욱 악화시켰습니다. 페놀에 오염된 물은 낙동강 물줄기를 타고 밀양과 함안, 마산, 부산 등 경상도 전 지역에 피해를 주었습니다. 이 과정에서 해당 지역 주민들은 마실 물조차 부족해서 괴로웠을 뿐만 아니라 구토, 두통, 설사, 피부질환 등을 호소하며 엄청난 고통을 겪어야 했습니다. 심지어 기형아 출산이 걱정되어서 인공임신중절 수술을 선택한 임산부들도 있었습니다.

환경운동 시민단체인 녹색연합이 1950년대 이후 발생한 대한민국 환경 10대 사건 중 1위에 이 사건을 선정할 정도로 많은 이들에게 큰 충격을 안겼습니다. 시민들은 이 사건을 계기로 산업이 환경에 미치는 영향이 얼마나 큰지 알게 되었으며 환경보호 의식이 높아졌습니다. 전국 단위의 환경보호 단체들이 결성되는 등 이 사건은 우리나라 환경보호운동의 중요한 전환점이 되었습니다.

페놀 폐수를 무단 방류한 것으로 드러난 전자 회사의 모그룹 대표가 물러나고 관련자들이 구속되었으며 환경처(지금의 환경부)의 장·차관을 비롯한 관련 기관 공무원들이 교체되었습니다. 이후 「환경범죄의 처벌에 관한 특별조치법」이 만들어졌고 대검찰청에 환경과가 설치되었으며(1991년 당시) 공장 설립 기준이 강화되었습니다. 또한 허술한 공장 관리로 엄청난 양의 페놀 원액을 유출한 전자 회사의 소행에 시민들이 분노했고, 분노한 시민들은 전자 회사의 모그룹 제품 불매운동에 나섰습니다. 이 때문에 해당 그룹의 주요 상품 매출액이 그해 1,000억 원 이상 감소했습니다.

영화 〈삼진그룹 영어토익반〉은 바로 이 사건을 재구성하여 제작되었습니다. 영화의 주요 인물들은 고등학교까지만 졸업했다는 이유로, 여성이라는 이유로 진급 대상에서 제외되거나 소속 부서와 관련 없는 일까지 하는 등 회사로부터 부당한 처우를 받고 있습니다. 이런 상황에서도 자신의 능력을 발휘하고 인정받기 위해 노력하지만 늘 현실의 벽에 부딪히기만 합니다. 그러던 중 우연히 폐수 유출 장면을 목격한 주인공이 이를 해결하기 위해 또 한 번 고군분투합니다. 회사 폐수 문제를 누구보다도 용기 있고 끈기 있게 해결하는 세계시민을 〈삼진그룹 영어토익반〉에서 만날 수 있습니다. 이 영화는 환경문제에 관심을 두고 환경경영을 실천하는 기업만이 기업의 미래도 보장받을 수 있다는 메시지를 전해 줍니다.

붉은 물이 흐르자 일상이 멈추다

낙동강 페놀 유출 사건은 30여 년 전(2022년 기준)에 일어난 일입니다. 이후 여러 환경보호단체와 관련 기관을 중심으로 수질오염을 예방하기 위해 다양한 노력을 하고 있습니다. 그러나 최근에도 수돗물이 오염되어 많은 사람이 고통받았습니다.

2019년 5월 30일, 인천시 서구에서 붉은 수돗물이 나온다는 민원이 접수되기 시작했습니다. 해당 지역에서 두 달 가까이 붉은 수돗물이 공급되었습니다. 이 일대에 사는 주민들은 식사, 샤워, 설거지 같은 일상생활이 불가능할 정도로 큰 불편을 겪었으며 붉은 수돗물로 씻은 뒤 피부질환에 걸리는 등 건강에도 문제가 생겼습니다. 학교 역시 물 공급이 일시적으로 중단되어 학생들에게 대체 급식(빵, 우유, 음료 등)을 제공했습니다.

인천시는 대응책을 마련하고 수돗물 공급을 정상화했지만 2020년 7월 1일에 인천 수돗물에서 벌레 유충이 잇따라 발견되어 시민들은 또다시 충격에 빠졌습니다. 이에 따라 7월 14일 인천시의 모든 정수장에 긴급 조치가 내려졌으며 인천시는 수돗물 음용을 즉시 중지하고 먹는 샘물을 무상으로 보급했습니다. 인천 이외의 경기도를 비롯한 다른 지역에서도 수돗물에서 벌레 유충이 발견되자 환경부는 전국 정수장에 대한 위생 관리 실태를 점검하고 개선 방안을 제시하고 조치를 했습니다.

이처럼 '물'이 오염되면 우리는 일상생활을 제대로 할 수 없을 뿐만 아니라 건강도 잃게 됩니다.

나만 괜찮은 건 괜찮은 게 아니에요

앞서 말한 '낙동강 페놀 유출 사건', '인천 붉은 수돗물 사건, 유충 사건' 이외에도 수질오염 사례가 다수 발생했습니다. 다행히 우리나라는 물이 오염된 원인을 빠르게 파악하고 해결할 수 있는 시스템이 갖춰져 있습니다. 그래서 평소 수돗물을 쓰면서 매번 공포와 불안에 떨지는 않습니다.

우리나라 수자원 총량은 1,323억㎥로, 저수량 29㎥인 소양강댐 45개를 채우고도 남는 양입니다. 이 중 생활용수로 76억㎥, 공업용수로 23억㎥, 농업용수로 152억㎥, 하천유지용수로 121억㎥를 사용해 총 이용량은 372억㎥입니다. 우리나라 상하수도 보급률은 2019년을 기준으로 평균 96.5%로, 상수도는 약 99%, 하수도는 약 94%에 달합니다. 이 수치는 전국 대부분 지역이 물을 공급받는 데 큰 어려움이 없음을 보여 줍니다. 이처럼 우리는 깨끗한 물을 쉽게 마시고 필요에 따라 생활에서 사용하고 있습니다.

또한 우리는 위생시설을 전국 곳곳에서 부족하지 않게 이용할 수 있습니다. 우리나라 도시 및 농촌별 안전관리 위생시설 이용 인구 비율을 보면 2015년 99.62%, 2016년 99.86%, 2017년 99.9%입니다. 이 통계는 가정 안에서 손을 씻을 수 있는 인구와 배설물이 안전하게 처리되는 시설을 이용하는 인구 비율을 조사한 것입니다. 사실상 우리나라에서는 본인이 필요할 때 위생시설을 쉽게 사용할 수 있음을 의미합니다.

　그렇다면 세계 다른 나라에 사는 사람들도 우리와 사정이 비슷할까요? 세계보건기구(WHO: World Health Organization)와 유엔아동기금(UNICEF: United Children's Fund)이 펴낸 보고서에 따르면 2000년 이래 기본적인 식수 장치가 보급되어 전 세계적으로 약 18억 명은 도보 30분 이내의 깨끗한 식수원을 확보했지만, 여전히 22억 명에 이르는 사람들은 이전과 변함없이 깨끗한 식수를 구하지 못하고 있습니다. 22억 명 중 약 7억 8,500만 명은 도보 30분 이내에 깨끗한 식수원이 없고 약 1억 4,400만 명은 정수처리가 되지 않은 물을 그대로 마십니다. 물을 얻기 위해 오고 가는 데 하루 30분 이상의 시간을 쓰는 사람도 2억 명이 넘습니다. 이렇게 마실 물도 부족한 상태에서 위생시설을 제대로 갖추기란 쉽지 않습니다.

전 세계 인구 약 79억 명 가운데 약 42억 명은 오물을 위생적으로 처리할 수 있는 화장실을 이용하기 어렵다고 합니다. 집 안에 변기, 세면대 같은 기본 위생시설이 없는 인구도 30억 명에 달하고 이들 중 약 6억 7,000만 명은 야외에서 용변을 보고 처리하는 것으로 집계되었습니다. 특히 사하라 이남 아프리카 지역 등 39개국에서는 인구가 빠른 속도로 증가하면서 위생적인 화장실 이용이 어려운 사람들이 많이 늘어났습니다. 깨끗한 물을 넉넉하게 쓰는 사람들보다 그렇지 못한 '물 빈민'이 훨씬 많은 셈입니다.

2021년부터 멕시코는 전 국토의 85%가 최악의 가뭄에 시달리고 있습니다. 도시에 사는 사람들의 3분의 1은 마시는 물마저 구하기 힘든 상황에 처하다 보니 당나귀를 끌고 물을 구하러 다니는 것이 일상이 되었습니다. 멕시코와 가까운 온두라스도 가뭄으로 인해 심각한 어려움을 겪고 있습니다. 물이 부족하니 농사짓기가 어렵고, 일자리가 부족하니 생활고가 극심해져서 아예 고국을 떠나는 '물 난민'이 1년 사이 4배로 늘었다고 합니다.

앞으로도 우리는 지금처럼 깨끗한 물을 넉넉하게 사용할 수 있을까요? 정답은 "그렇지 않다"입니다. 지구 표면의 약 70%가 물로 덮여 있지만, 육지의 물인 담수의 양은 약 2.8%이며 담수 중에서도 극지방과 고산 지대에 존재하는 빙하가 2%, 하천이나 지하수로 존재해서 사용 가능한 물은 1%가 되지 않습니다. 지구 표면을 덮은 물의 대부분은 인간이 마실 수 없는 바닷물입니다. 이런 상황에서 산업화와 인구 증가로 인한 환경 파괴가 가속화되면서 수질오염 또한 심각합니다.

국제연합(UN) 보고서는 기후변화, 인구증가, 1인당 물 수요 증가 등의 이유로 2025년에는 세계 인구의 절반이 연간 1인당 물 사용량이 1,000㎥가 되지 않는 물 부족 상황에서 생활할 것으로 예상했습니다. 2030년이 되면

물의 수요량이 공급량보다 40%를 넘어설 것이라고 예상하며 머지않은 미래의 물 부족을 경고하고 있습니다.

더군다나 우리나라는 강수량은 풍부하지만, 계절별 강수량의 편차가 심해 물을 제대로 이용하지 못하고 있습니다. 수자원 총량의 43%가 증발산으로 인해 자연 손실되고 남은 57%의 이용 가능 수자원량 중 대부분은 바다로 유실되어 28%만이 하천수, 댐 용수, 지하수로 이용되고 있습니다. 우리나라 강수량은 연평균 1,300mm로 세계 평균의 1.6배에 달하지만, 인구밀도가 높기 때문에 1인당 강수 총량은 연간 2,546㎥로 세계 평균의 약 1/6 수준입니다. 이는 강수량은 풍부하나 좁은 국토에 많은 인구가 살고 있어서 수자원 여건이 열악함을 의미합니다. 물이 부족해지는 것은 앞으로 우리나라에서도 얼마든지 일어날 수 있는 일이지만 현재 상하수도 보급률이 높다 보니 세계 물 부족 문제가 얼마나 심각한지 생활에서 느끼기 쉽지 않은 것입니다.

2021년 영국의 위험분석 자문회사 '베리스크 메이플크로프트(Verisk Maplecroft)'에 따르면 전 세계 414개 도시가 '극단적 위기'에 처해 있다고 합니다. 이 도시들에 거주하는 사람들은 14억 명에 이릅니다. 극단적 위기는 공해, 물 수급, 열 스트레스, 자연재해 등 기후변화 취약성을 모두 포함합니다. 특히 인도는 위기에 처한 도시가 43곳으로 가장 많았습니다. 인도에서는 수질오염으로 한 해 40만 명 넘게 죽고, 약 90억 달러의 의료비용이 발생했습니다. 인도 다음으로 위기에 처한 도시가 많은 나라는 37개 도시가 환경오염에 취약한 중국입니다. 세계적으로 수질오염이 가장 심각한 도시 50곳 가운데 35곳이 중국입니다.

영화 〈매드맥스: 분노의 도로〉와 〈더 라스트: 지구 최후의 날〉은 이러한 물 부족과 물 오염 문제가 지속되었을 때 미래에 벌어질 수 있는 일들을 다루었습니다. 〈매드맥스: 분노의 도로〉의 배경은 핵전쟁으로 세계가 멸망한 22세기입니다. 멸망한 시대에서 독재자 임모탄이 인류를 지배할 수 있었던 이유는 얼마 남지 않은 물과 기름을 차지했기 때문입니다. 영화 속 인물들은 메마른 땅에서 모래바람을 맞으며 피폐한 생활을 이어 갑니다. 이들은 임모탄이 물을 줄 때마다 조금이라도 더 차지하기 위해 이성을 잃고 싸웁니다. 〈더 라스트: 지구 최후의 날〉 역시 10년째 비가 한 방울도 오지 않은 땅을 배경으로 물이 무엇보다도 귀하다는 메시지를 담았습니다. 이 영화에도 〈매드맥스: 분노의 도로〉의 임모탄처럼 물을 독차지하기 위해 학살을 시작하는 악당들과 악당들을 응징하고 물을 얻어 생존하려는 사람들이 등장합니다. 두 편의 영화는 물이 인간의 삶을 얼마나 처참하게 망가뜨릴 수 있는지 경고합니다.

모든 생명체는 사는 장소에 따라 현재 생활 모습이 달라지고 미래의 모습도 결정됩니다. 영화 〈삼진그룹 영어토익반〉에 나오는 금붕어는 자유롭진 않지만, 어항 속에서 살고 있습니다. 이 금붕어처럼 수족관 등에서 사람들의 관리를 받으며 사는 물고기도 있고 깨끗한 바다에서 사는 물고기, 오염된 천에서 살다가 죽음을 맞이하는 물고기도 있습니다. 어디에 사는지에 따라서 물 부족과 물 오염으로 고통받는 것은 그저 운명일까요?

세계 물 부족, 물 오염 문제는 어느 한 나라, 특정 지역만의 문제가 아닙니다. 우리가 지구의 물을 지키지 못한다면 우리는 모두 물 빈민, 물 난민을 예약한 것이나 다름없습니다. 하나 더 기억해야 할 사실은 사람들만이 물 부족과 물 오염으로 고통받는 게 아니라는 사실입니다. 우리가 조금 더 편하고, 조금 더 이익을 얻고자 물을 낭비하고 함부로 더럽힌 것 때문에 지구에 존재하는 수많은 생명체가 고통받고 있습니다. 내가 괜찮다면 모두가 괜찮은 건지, 사람이 괜찮다면 다른 생명체도 괜찮은 건지 생각해 보아야 합니다.

선택의 연속, 실천의 지속

1992년부터 1996년까지 '에린 브로코비치'라는 여성이 미국의 에너지 회사와 법적 분쟁을 벌였습니다. 그녀는 수북이 쌓인 서류에서 이상한 의학 기록을 발견하고, 그 기록을 관심 있게 살펴보기 시작했습니다. 이후에 에너지 회사의 공장에서 유출되는 중금속 크롬(Cr)이 사람들의 건강을 해치고 있음을 4년에 걸쳐 밝혔습니다. 이 사건은 2000년에 영화 〈에린 브로코비치〉로 재탄생했습니다.

〈삼진그룹 영어토익반〉, 〈다크 워터스〉, 〈에린 브로코비치〉 속 인물들은 서로 다른 시간과 장소에서 각각의 수질오염 사건을 마주합니다. 이들은 수질오염을 모른 척하거나 피하지 않고 해결하는 쪽을 선택한다는 공통점을 지녔습니다. 영화는 인물의 결정적 선택을 중심으로 내용이 전개됩니다. 물론 주변 사람들이 이들의 선택을 처음부터 응원하는 것은 아닙니다. 문제 해결이 쉽지 않음을 알기에 진실을 파헤치려는 것을 말리거나 그들 곁을 잠시 떠나기도 합니다. 그러나 결국 함께 힘을 보태기로 하고 마을 환경을 살리기 위한 노력을 멈추지 않습니다.

작은 생명도 지나치지 않은 주인공들의 관심과 생명에 대한 사랑이 환경 문제 해결의 결정적 계기가 된 것입니다. 당장의 편리함, 눈에 보이는 이익보다는 생명의 소중함을 최우선으로 생각하며 앞으로의 행동을 선택하고 그에 따른 실천이 계속됩니다. 이들이 끝까지 포기하지 않은 이유는 모든 생명체가 안전하고 깨끗한 환경에서 사는 세상을 바랐기 때문입니다. 우리도

영화 속 인물들처럼 끊임없이 각자 다양한 선택을 하고 그 선택에 따른 실천을 하며 인생을 살아갑니다. 여러분은 어떤 인물로 살고 있나요?

지구를 위해서라면 오지라퍼도 좋아요

'오지랖이 넓다'는 것은 아무 일에나 쓸데없이 간섭하는 사람을 비꼬는 말입니다. 요즘은 오지랖이 넓어서 남의 일에 지나치게 상관하는 사람을 '오지라퍼'라고 부르기도 합니다. 부정적 의미로 쓰이는 경우가 많지만, 지구의 미래를 위해서라면 불편하고 귀찮더라도 오지라퍼가 되는 것이 필요합니다.

〈삼진그룹 영어토익반〉에서 회사 폐수 문제를 해결하기 위해 노력한 말단 직원, 〈다크 워터스〉에서 20년 가까이 세계 최대 화학기업에 맞서 싸운 변호사, 〈에린 브로코비치〉에서 미국 에너지 회사와 법적 분쟁을 벌인 변호사 사무실 직원, 이들은 모두 자신의 이익보다 여러 사람의 안전과 환경을 지키기 위해 오지라퍼를 자처합니다. 결정적 증거를 찾기 위해 위험한 상황도 감수하고 자신과 가족들의 삶까지 막다른 위기에 처하기도 합니다.

영화 속 인물들을 보며 자기 자신에게 나라면 어떻게 할지 질문을 던져 봅시다. 망설이지 않고 "나도 그렇게 하겠다"라고 대답할 수 있나요? 우리가 영화에 등장하는 인물들처럼 행동하긴 어려울지라도 일상에서 조금만 관심을 가지고 노력한다면 지속가능한 지구를 위한 오지라퍼가 될 수 있습니다. 스마트폰으로 '물 절약 방법', '수질오염 해결 방법' 등을 검색해 보세요. 여러분이 예전부터 알고 있는 방법은 물론이고 생활하면서 실천해 볼 만한 방법들이 선택하기 어려울 정도로 많답니다. 방법을 몰라서가 아니라, 내가 할 만한 방법이 없어서가 아니라, 단지 실천하지 않고 있을 뿐입니다.

나의 물 발자국을 계산해 볼까요?

우리가 일상생활에서 사용하는 제품을 만들고 이용하고 버리는 데까지 필요한 양의 물을 모두 더한 값을 물 발자국이라고 합니다.

평소에 사람들이 자주 먹는 음식들의 물 발자국을 살펴보면, 커피 132L(120mL 기준), 우유 255L(250mL 기준), 차 27L(250mL 기준), 초콜릿 17,196L(1kg 기준), 계란 196L(60g 기준), 소고기 15,415L(1kg 기준), 돼지고기 5,988L(1kg 기준), 닭고기 4,325L(1kg 기준)라고 합니다.

다음 사이트에서 나의 물 발자국을 계산해 보고 내가 평소에 물을 얼마나 사용하고 있는지 살펴보세요.

https://www.watercalculator.org

https://waterfootprint.org(Home/Resources/Interactive tools /Personal water footprint calculator)

다시 돌아오게 될 거예요, 물론 나에게도

봉준호 감독의 영화 〈괴물〉은 괴물과 맞서 싸운 가족들의 처절하고 외로운 사투를 그렸습니다. 이 영화에는 괴물이 모습을 드러내기 전 '포름알데히드(formaldehyde)'를 버리는 장면이 나옵니다. 포름알데히드는 독성이 매우 강한 독극물로 사람이 이 물질에 노출되면 각종 질병 증상에 시달리거나 심한 경우 사망할 수도 있습니다. 포름알데히드는 반드시 법에서 정한 규정에 따라 버려야 하지만 〈괴물〉 속 인물은 한강으로 흘러갈 것을 알면서도 싱크대에 버립니다. 그리고 몇 년 후 한강에선 괴물이 나타납니다. 작은 물고기는 무책임한 독극물 방류로 인해 끔찍한 괴물로 변하고 사람들을 사냥합니다. 이처럼 인간이 물에 대해 저지른 잘못은 다시 인간에게 끔찍한 재앙으로 돌아옵니다.

페놀, 크롬, 포름알데히드 등 유해 화학물질만 정해진 절차대로 폐기한다고 해서 지구상의 물이 안전한 것은 아닙니다. 우리가 입고 있는 합성섬유 의류를 세탁할 때마다 섬유가 마모되면서 미세플라스틱이 대량 배출됩니다. 페트병처럼 눈에 보이는 폐플라스틱은 수거하면 되지만, 합성섬유 의류에서 나온 미세플라스틱은 수거하고 회수하는 게 거의 불가능합니다. 실제로 한강에서 20L의 물을 떠서 조사해 본 결과 상류(춘천시 공지천)에서 26개, 중류(팔당댐)에서 40개, 하류(반포대교 인근)에서 57개의 미세플라스틱이 발견되었습니다. 사람들이 많이 사는 한강 하류에서 가장 많은 미세플라스틱이 발견된 것입니다.

미세플라스틱은 일상생활에서 쉽게 접할 수 있는 세정제, 치약 등에도 포함되어 있습니다. 미세플라스틱은 5mm 미만으로 너무 작아서 하수처리시

설에 걸러지지 않고, 강과 바다에 그대로 흘러 들어갑니다. 세계자연기금 (WWF: World Wildlife Fund)은 플라스틱의 인체섭취평가연구 결과 매주 평균 한 사람당 미세플라스틱 2,000여 개를 삼키고 있다고 분석했습니다. 이를 무게로 환산하면 대략 5g으로 볼펜 한 자루나 신용카드 한 장 정도입니다. 한 달이면 칫솔 한 개 무게인 약 21g, 1년이면 약 250g 넘게 섭취하는 것입니다.

폐수를 하천에 버렸으니 물만 오염될까요? 강은 넓고 바다는 그보다 더 넓으니 시간이 지나면 자연스럽게 깨끗해질까요? 그렇지 않습니다. 물의 순환 과정에서 수질오염이 토양오염으로 이어지고 물의 자정작용 능력은 없어지고 있습니다. 우리가 버린 쓰레기가 돌고 돌아서 다시 우리에게 오는 것입니다. 우리는 모두 가해자임과 동시에 피해자입니다.

개미의 연대를 넘어 국가의 연대로

한 사람 또는 몇 사람의 힘만으로 지구상의 물을 깨끗하게 보존하기엔 역부족입니다. 개미들은 '매우 작고 힘없는 존재'를 상징합니다. 한편 힘을 합해서 자신의 몸보다 수십 배 큰 먹잇감을 옮기는 모습에서 '협동, 연대'를 상징하기도 합니다. 영화 속 인물들은 개미처럼 더 많은 사람과 함께하며 문제를 해결하기 위해 노력합니다. 그리고 결국 혼자보다는 셋이, 셋보다는 더 많은 사람이 함께하면 훨씬 강력한 힘을 발휘할 수 있다는 것을 증명해 냅니다.

팀 니브즈, 알렉산더 휘틀 감독의 다큐멘터리 〈브레이브 블루 월드〉에서는 지속가능한 수자원 관리를 위한 전 세계 전문가들의 노력과 오염된 물을 재사용하는 혁신적인 방법을 살펴볼 수 있습니다. 이 외에도 영화는 식수 부족을 해결하기 위한 다양한 방식과 노력을 소개하는 과정을 통해 힘을 합하면 물 위기를 해결할 수 있는 시너지효과가 난다는 메시지를 전달합니다.

전 세계 국가들도 물의 가치를 인정하고 소중한 물을 지키기 위해 연대하고 있습니다. 국제연합(UN)은 세계 수자원 관리를 위해 1965년부터 국제수문개발 10개년 사업을 벌여 종합적인 해결 방안을 제시해 왔습니다. 1967년 세계물평화회의, 1972년 유엔인간환경회의, 1977년 유엔수자원회의를 개최했습니다. 1981년에는 국제 식수 공급과 위생에 대한 10년 계획을 수립하여, 1990년까지 안전한 식수와 위생시설을 제공하기 위한 다양한 노력을 기울였습니다. 그러나 물 문제를 해결하기에는 충분하지 못했습니다.

이에 따라 유엔은 1992년 6월 브라질의 리우데자네이루에서 유엔환경개발회의를 개최하여 지구 환경 보전을 위한 「리우 선언」과 더불어 「21세기 환경을 위한 실천 계획」도 발표했습니다. 이어서 그해 11월 열린 제47차 유엔 총회에서 물의 소중함을 알고 물 부족 문제에 대한 공감대와 협력을 끌어내고자 매년 3월 22일을 '세계 물의 날'로 정했습니다.

> 물과 지속가능한 개발(2015년)/ 물과 일자리(2016년)/ 하수의 재발견(2017년)/ 물의 미래, 자연에서 찾다(2018년)/ 물, 언제나 어디서나 누구에게나(2019년)/ 물과 기후변화(2020년)/ 물의 가치, 미래의 가치(2021년)/ 지하수: 보이지 않는 물을 보이게(2022년).

이 말들은 무엇을 의미할까요? 이것은 매년 세계 물의 날을 기념해서 유엔이 정한 연도별 공식 주제입니다. 각국에서는 주제에 따라 관련된 포럼, 세미나, 공모전, 캠페인 등 다양한 행사가 열립니다.

2021년 5월, 우리나라 서울에서도 환경 분야 국제정상회의인 P4G 정상회의가 열렸습니다. P4G는 'Partnering for Green Growth and the Global Goals'의 약자로, '녹색성장 및 글로벌 목표 2030을 위한 연대'를 의미하고, 이 중 'Partnering'은 모두의 참여를 뜻합니다. 12개 국가, 6개 국제기구, 140여 개 기업, 100여 개의 시민단체가 참여해서 기후변화에 대한 대응과 지속가능발전목표(SDGs)를 실현하기로 약속했습니다. 이 회의에는 한국, 남아프리카공화국, 네덜란드, 덴마크, 멕시코, 방글라데시, 베트남, 에티오피아, 인도네시아, 칠레, 케냐, 콜롬비아 등 12개 P4G 회원국뿐만 아니라 주요국 정상, 주요 국제기구 수장, 기업 대표, 시민단체 인사들도 참석했습니다. 이들은 '포용적 녹색 회복을 통한 탄소중립 비전 실현'을 주제로 기후변화와 탄소중립을 위해 머리를 맞대었습니다. 그 과정에서 코로나19 및 기후위기 극복, 파리협정 이행, 지속가능한 발전 달성 노력, 친환경 기업 경영 확대, 해양오염 문제 해결을 위한 내용이 포함된「서울선언문」을 채택했습니다.

우리는 지금까지 어제보다 오늘 더 '성장'하는 것에 초점을 두고 달려왔습니다. 그러나 이제는 '성장'의 가치보다 '함께'의 가치를 고민해야 할 시점입니다. 모두의 미래를 위해 자연과 사람이 '함께' 성장하기 위해 노력하는 것이 무엇보다도 필요합니다. 영화 속 인물들이 난관에 부딪혀도 포기하지 않고 연대의 힘을 보여 준 것 역시 물을 지키고 자연과 사람이 함께 성장하기 위해서입니다. 영화뿐만 아니라 현실에서 우리도 지구의 소중한 물을 지키고자 연대의 힘을 키우고 있습니다. 앞으로 우리가 마실 물이 얼마나 깨끗할지는 우리에게 달려 있습니다.

낙동강 페놀 오염

MBC 뉴스투데이

https://youtu.be/hZkYhPmv5aQ

마을을 병들게 하는 물

MBC life

https://youtu.be/bjrq_2Sb6bk

기후위기에 대처하는
에코 레인저

권부연(부산 남성여자고등학교 교사)

〈모따이나이 키친〉(2020)
오늘의 맛있는 식사와 풍성한 식탁이
내일 우리의 삶을 힘들게 할 수도 있습니다.
여러분은 어떤 선택을 하실 건가요?

SDG 12.   지속가능한 생산과 소비

SDG 13.   기후변화 대응

푸른 하늘, 붉은 하늘

　여러분은 최근 하늘을 바라보며 어떤 생각을 하셨나요? 황사와 대기 가스로 가득 찬 하늘을 보며 많은 사람은 맑은 하늘을 본 적은 언제였는지, 하얀색의 눈이 언제 내렸는지 기억해 봅니다. 지구의 하늘이 하루하루 흐려지고 있습니다. 빠르게 푸른 빛을 잃어 가는 하늘을 보면 미래가 더욱 걱정됩니다. 환경운동가들은 환경보호를 말이나 선언 등이 아닌 행동으로 실천해야 한다는 강력한 메시지를 보내고 있습니다. 국제연합(UN)에서 제시하는 17가지 지속가능발전목표(SDGs)는 현재와 미래를 연결하는 수단이며 과거의 파란색 하늘을 돌려줄 수 있을 것입니다.

　재난 영화의 내용을 가상이 아닌 현실로 느끼고 있습니다. 기후변화로 해류의 흐름이 바뀌고 북대서양의 심층수의 흐름이 약해지면, 극지방이 더욱 추워져 북반구에는 일시적인 한파나 짧은 빙하가 찾아올 수 있습니다.

이런 과학적 내용을 근거로 영화 〈투모로우〉는 기후변화의 심각성을 알립니다. 실제로 캐나다와 미국을 중심으로 전 세계에 갑작스러운 한파 등 기상 이변이 생겨나고 있습니다. 산업화로 인해 이산화탄소 발생량이 증가하여 지구가 따뜻해지고, 남극과 북극의 빙하가 녹고, 해수면이 상승하고 있습니다. 그뿐 아니라 대형 산불, 우박, 토네이도, 엄청난 폭설 등의 기상 이변이 지구 곳곳에서 발생하고 있습니다. 지구 기온이 1.5℃ 상승하면 극한 폭염이 일어날 확률은 8.6배, 집중호우는 1.5배, 가뭄은 2배로 늘어난다고 합니다.

영화 〈2012〉에서는 현대 과학 상식으로 설명할 수 없는 일이 발생합니다. 태양의 이상폭발로 지구의 지각변동이 발생하여 지진과 쓰나미와 같은 엄청난 대재앙이 일어나서 도시가 파괴되고 국가가 사라지고 있습니다. 그런데 이 모든 것이 이젠 상상 속의 이야기는 아닙니다. 최근 출판되고 있는 여러 도서 및 연구에서는 기후변화가 우리의 문화와 문명 붕괴의 결정적인 원인을 제공할 수 있다고 언급하고 있습니다. 일부 과학자들은 마야문명이 몰락한 이유를 열대우림지대의 이동과 엘니뇨 빈도 변화 때문이라고 주장합니다. 이들은 마야문명 지역이 기후변화로 가뭄이 빈번해져 식량이 부족이 발생해 결국 이웃 부족과의 전쟁으로 멸망했다고 추측합니다. 인류가 식량을 얻고자 전쟁을 일으켜 멸망을 가져왔다는 것입니다. 기후변화가 어느 날 갑자기 일어난 것은 아닙니다. 가끔 영화 내용이 비현실적인 상황을 보여 주기도 하지만, 현재와 닮은 점은 많습니다.

그렇다면 지구의 온도는 왜 올라갈까요? 이산화탄소와 같은 온실가스 때문입니다. 지구 온도 상승은 누적된 이산화탄소 배출량에 비례하기 때문에 2040년이 되기 전에 지금보다 평균 기온이 1.5℃가량 높아질 것으로 예측합니다. 탄소배출은 우리의 삶과 밀접하게 연결되어 있으므로 결국 우리의 삶이 지구의 온도를 높이고 기후변화를 일으킨 주원인인 셈입니다. 과도한 에너지 소비, 이산화탄소 배출, 열대우림의 사막화, 농경지에서 화학비료 사용 증가, 일회용품 및 플라스틱 사용 등의 다양한 이유가 온도 상승의 원인을 제공하고 있습니다.

영화 〈해운대〉의 소재가 된 인도네시아의 거대한 쓰나미는 현실이었습니다. 인도네시아는 '불의 고리'로 불리는 환태평양 조산대에 있어 지진과 화산 분화, 쓰나미 등으로 인한 피해가 자주 발생합니다. 태평양을 둘러싸는 세계 최대의 신생대 제4기의 화산대로 지구에서 일어나는 화산 분화의 70~80%를 차지하며 지진이 일어나는 지대와 거의 일치하는 환태평양 조산대에 우리나라도 속해 있습니다. 전문가들은 화산 분화가 해저 산사태를 유발하여 쓰나미를 일으켰을 가능성을 주장합니다. 〈해운대〉에서는 대마도와 해운대를 둘러싼 동해 해저 산사태가 쓰나미의 원인이 됩니다.

실제로 2016년과 2017년 경주와 포항에서 지진이 발생하여 건물과 도로가 부서지고 무너져 많은 사람이 불안과 공포를 경험했습니다. 몇몇은 경주 지진의 여파로 응력(물질을 변형시키는 힘)이 쌓여 포항 지진이 발생했다고 주장합니다. 다른 의견으로는 에너지 생산을 위해 많은 양의 물이 투여되면서 암반에 균열이 생기고 엄청난 수압이 단층에 힘을 가해 지진이 발생했다는 주장이 맞서고 있습니다. 도시의 지반 형태와 지열 에너지 생산으로 인한 지진 등의 과학적 근거를 제시하고 있지만, 최근 많은 환경오염으로 인해 지각변동이 발생하고 우리나라의 기후가 아열대 기후로 변하고 있는 것은 사실입니다. 농작물과 식물의 생산 품종이 바뀌고 동물의 서식지가 변화하고 있습니다. 지구온난화로 우리를 둘러싼 환경은 급속하게 변하고 있습니다. 기후가 달라지면 우리의 건강, 일상적인 경제 상황도 변화합니다. 기온 상승, 폭우 및 홍수는 감염병 확산과 호흡기 질환의 증가에 영향을 끼칩니다. 기후변화는 농축산업에도 영향을 미쳐 생산, 소비와 같은 경제도 불안하게 합니다. 기후변화를 줄이기 위한 환경보호 활동은 모두의 건강과 농업경쟁력, 미래 먹거리 산업과도 연결됩니다.

행복과 불행이 공존하는 단어, 음식

즐겁고 행복한 시간에 늘 함께하는 것이 있습니다. 바로 맛있는 음식입니다. 많은 사람이 좋아하는 음식을 먹을 때 행복하다고 합니다. 음식은 우리에게 많은 행복과 기쁨을 주며 생명을 지속하게 해 줍니다. 하지만 이렇게 좋은 음식이 우리의 생명을 단축할 수도 있다고 합니다. 생존을 위해 먹는 음식이 때로는 우리 삶을 힘들게 만들 수 있습니다. 국민이라면 누구나 누릴 수 있는 권리인 보편적 복지를 위해 학교에서 무상급식제도를 시행한 이후 잔반 처리를 위한 비용이 2021년 기준 대략 314억 원입니다. 학생 수는 감소하지만, 잔반 처리 비용은 계속 증가하고 있습니다. 잔반과 같은 음식 쓰레기는 지구 환경에 직접적인 많은 영향을 끼칩니다. 잔반 처리에 사용되는 비용이 금전적 손실뿐만 아니라 환경을 오염시키는 탄소배출과 연관되기 때문입니다.

쓰레기는 garbage, trash, rubbish, refuse 등 다양한 이름으로 불리는데, 이는 불필요하거나 쓸모가 없어서 버려야 될 것을 통틀어 이르는 말입니다. 그런데 최근에 '쓰레기'라는 단어를 음식물에 붙여서 사용하고 있습니다. '음식물 쓰레기'라는 단어는 우리가 어떤 삶을 살아가고 있는지를 보여 줍니다. 음식물 쓰레기란 식품의 생산·유통·가공·조리 과정에서 발생하는 농·수·축산물류 쓰레기와 우리가 먹고 남긴 음식물을 말합니다.

최근 세계 인구가 증가하고 우리가 소비하는 음식의 양 또한 증가하고 있는데, 먹는 음식의 양만큼이나 버려지는 음식량도 많이 생겨납니다. 해마다 전체 식품 분량의 3분의 1에 해당하는 13억 톤의 음식이 버려지고 있습니다. 버려지는 음식물 대부분은 조리 과정에서 버려지거나, 전혀 상하지도 않아 즉각 섭취할 수 있는 것도 있습니다. 〈모따이나이 키친〉에서는 사용할 가치가 남아 있는 물건은 음식물일지라도 버리지 말 것을 얘기합니다. 영화의 주인공은 버려지는 음식물을 줄일 수 있는 다양한 음식 연구를 통해 우리와 지구가 공존하는 방법을 보여 줍니다.

우리 사회에서도 음식물 쓰레기를 재활용하거나 재사용하기 위한 많은 활동이 진행되고 있습니다. 농가에서는 흠집이 생긴 과일과 많은 비 또는 우박을 맞아 땅에 떨어진 과일 등과 같은 상품을 이용해 잼을 만들고, 못생긴 양송이버섯과 양파, 옥수수를 분말수프로 만듭니다. 기업과 식당에서는 파리와 비슷한 곤충인 '동애등에'를 활용해 버려진 음식물을 분해하고, 버려지는 못난이 감자를 활용한 퓨전 음식을 만들어 소개하고 있습니다.

음식물 쓰레기를 줄이는 또 다른 방안으로 식품의 포장지에 유통기한과 소비기한을 표기하고 있습니다. 특이하게도, 유통기한을 표기하는 나라는 우리나라뿐입니다. 유통기한은 식품을 소비자에게 판매할 수 있는 기한입니다. 식품을 섭취해도 건강이나 안전에 이상이 없음을 알려 주는 것은 소비기한입니다. 2023년부터 유통기한이 아닌 소비기한이 표시되면 음식 섭취 기한이 길어져서 음식물 쓰레기가 줄어들 것입니다.

최근 들어 음식물 쓰레기를 음식 자원으로 바꾸는 활동이 이루어지고 있습니다. 환경부는 2009년에 9월 6일을 '자원 순환의 날'로 지정했으며, 음식과 폐기물도 소중한 자원이라는 인식을 높여 생활 속 자원 순환 실천의 중요성과 의미를 강조하고 있습니다. 지금 우리가 행동할 수 있는 가장 쉬운 일은 음식을 먹을 수 있을 만큼만 소비하고 남기지 않는 것입니다. 이것이 건강과 지구를 지키는 현명한 방법입니다.

음식은 생명 유지를 위해 모든 사람에게 필요합니다. 기후변화로 인한 기아로 매일 2,500명이 사망하고, 기온이 2℃ 올라갈 때마다 열대 및 아열대 국가의 식량 생산이 10~15%씩 감소합니다. 음식 조리 과정에서 버려지는 재료가 기아에 시달리는 저소득국가의 사람들에겐 1년 치 이상의 식량이 될 수 있습니다. 환경운동가가 아니더라도 많은 사람이 각자 의미 있는 실천을 할 수 있습니다. 지금 우리가 먹고 소비하는 음식은 단순한 소비재가 아니라 사람과 사람, 지구와 사람을 연결하는 매개체입니다. 음식으로 하루 3번씩 우리는 탄소중립을 실천할 수 있습니다. 음식의 푸드 마일리지를 계산하고, 공정무역 식품을 선택하고, 먹지 않는 음식은 푸드뱅크에 기부하는 행동이 그것입니다. 지역에서 생산하는 음식을 소비하여 온실가스 배출량을 줄이고, 정당하게 물건을 사고파는 윤리적 소비와 더 나은 환경과 책임성 있는 생산 방법의 사용으로 환경보호를 강조하는 공정무역, 함께 나눌 수 있는 기부 문화가 음식을 통해 연결될 수 있습니다. 음식을 통해 각자의 행복한 시간은 최대화하고 지구의 희생은 최소화하면서 자연과의 공존을 통해 지속가능한 발전을 이루려는 우리의 선택이 필요한 순간입니다.

채움에서 비움으로

과거의 우리는 육체노동을 통해 의식주를 해결하고 하루하루를 살아

왔습니다. 문명의 발달로 인해 물질적 풍요를 얻은 인류는 다양한 활동으로 많은 종류의 물건을 소비하고 있습니다. 커피 애호가들은 다양한 기계와 컵을 많이 구매하지만, 정작 사용하는 것은 몇 가지 안 됩니다. 운동을 좋아하는 사람은 여러 켤레의 운동화와 각종 보호 장구를 구매하지만, 대부분은 몇 번 착용하지 않습니다. 나머지는 모두 자리를 차지하는 장식품일 수도 있습니다. 필요 때문에 물건을 사기도 하지만, 나의 존재를 인식시키기 위해 물건을 소유하는 때도 있습니다. 이러한 소비 습관은 자신의 가치를 물건을 통해 평가하는 사고방식에서 비롯됩니다. 때로 물질이 행복을 측정하는 수단이 될 수도 있지만, 절대적 가치는 아닙니다.

매년 11월 26일은 현대인의 과소비 습관을 반성하는 취지로 시작된 '아무것도 사지 않는 날(Buy Nothing Day)'입니다. 1992년 캐나다 광고 기획자 테드 데이드는 자신이 만든 광고로 인해 사람들이 불필요한 물건을 충동적으로 소비함으로써 환경오염을 심화시킬 수 있다고 생각했습니다. 그는 책임 있는 소비와 생산을 실천하기 위해 '아무것도 사지 않는 날'에 세계 자원의 불평등과 환경을 생각하기 위한 행동을 권장합니다. 국내 환경단체인 녹색연합도 이를 지속해서 홍보하고 실천할 것을 권장합니다. 물건을 사서 올바르게 사용하는 행위는 주머니 속 경제뿐만 아니라 우리가 사는 지구의 생명과도 밀접한 관계가 있습니다.

우리는 일상생활에서 '지구온난화', '온실가스'와 같은 말을 점점 더 많이 듣고 있습니다. 지구는 '숨을 쉬는 생명체'입니다. 영화 〈2012〉는 태양의 이상폭발이 지구에 영향을 미쳐 급격한 지각변동으로 지구가 멸망한다는 내용을 보여 줍니다. 지각변동이 발생하며 지진과 쓰나미가 전 세계를 휩쓸어 결국 지구는 사라진다는 '지구 종말론'을 얘기합니다. 제26차 유엔기후

변화협약 당사국총회에서는 기후변화의 이상 징후로 자연재해가 발생한 지구의 위기 상황을 언급했습니다. 즉 "인류는 기후변화에 대응할 시간을 너무 빨리 썼다. 지구 종말 시계는 자정까지 1분이 남았다"라고 함으로써, 지금 당장 탄소배출을 감소시키는 행동을 실천해야 함을 강조한 것입니다. 이것은 모든 생명체에 삶의 수명이 있는 것처럼 지구에도 생명의 시간이 있음을 일깨워 줍니다.

　지속가능한 발전은 인간과 지구가 더 오랫동안 공존하는 방안을 제시할 수 있습니다. 혹시 물질 발자국(material footprint)에 대해 들어 보았나요? 이는 일상생활에서 사용하는 물, 에너지, 식품 등의 많은 물질 소비가 꾸준히 증가하여 주변 환경과 지구를 오염시키는 상황에서 나온 말입니다. 과도한 물건 소비가 환경적인 측면에서 탄소배출과 같은 나쁜 영향을 끼친다는 사실은 여러 분야에서 계속 언급되고 있습니다.

영화 〈미니멀리즘: 오늘도 비우는 사람들〉을 보면서 사람들은 자신의 모습을 돌아봅니다. 미니멀리즘은 단순함과 간결함을 추구하는 예술, 철학 등 문화적인 흐름에서 출발하여 지금 MZ세대에서 유행하는 생활 방식입니다. 영화는 관객에게 많은 물건을 소유하는 것이 성공의 척도이고 행복한 일상이 될 수 있는지, 엄청난 자산과 물건이 사회적 명성을 확신시켜 주는지 질문합니다. 모든 물건은 꼭 필요한 곳에서 사용될 때 가치가 있고 올바르게 쓰임을 다할 수 있습니다. 지금 우리에게는 사용하지 않는 것을 과감하게 버릴 수 있는 용기, 꼭 필요한 누군가를 위해 나누어 줄 수 있는 용기, 자신만의 지속가능발전목표를 세워 실천할 수 있는 용기가 필요합니다. 모든 물건은 존재의 가치가 있습니다. 하지만 물건의 개수가 가치를 정하는 것은 아닐 것입니다. 물건의 가치는 필요의 정도에 따라 달라질 수 있습니다. 여러분이 가장 소중히 여기는 물건의 가치를 계산해 본 적이 있나요? 물건을 적절하게 잘 사용하는 것도 자신뿐만 아니라 지구 환경을 보호하는 중요한 행동입니다.

지구를 바꾸는 소리음, 가치-같이

요즘 광고에 자주 등장하는 '용기내 챌린지'의 '용기'에는 이중적인 의미가 담겨 있습니다. 플라스틱 및 일회용품을 줄이고자 그릇 용기에 음식과 음료를 담아 먹는 행동으로, 카페나 음식점에서 일회용품 대신 그릇 용기를 가지고 다니는 '진정한 용기'를 내자는 캠페인입니다. 세계 플라스틱 사용 빈도에서 상위권에 속하는 우리나라는 매년 1인당 65개의 일회용 플라스틱을 사용하여 쓰레기 산을 만들고 있습니다. 플라스틱은 재활용하기가 쉽지 않습니다. 이러한 상황에서 용기 사용은 개인이 탄소 줄이기 운동에 참여하는 하나의 방법입니다. 기업들은 박테리아나 유기체에 의해 분해될 수 있는 생분해성 플라스틱 자원순환 시스템을 활용해 탄소배출을 억제하고 플라스틱을 대체할 수 있는 친환경 제품을 개발하고 있습니다.

영화 〈노 임팩트 맨〉은 지구에 영향을 주는 해로운 행동을 제로로 만들겠다는 환경운동가와 그의 가족들이 생활하는 모습을 소개합니다. 영화의 주인공은 자신이 먹는 음식이 식탁에 오르기까지의 과정을 생각하여 지역에서 생산되는 음식을 먹고, 주방의 음식물 쓰레기를 줄이는 활동을 통해 푸드 마일리지와 탄소배출을 계산합니다. 자신이 좋아하는 음식과 편리한 활동이 생활공간을 오염시키는 것을 알고, 음식과 편리함을 조금씩 줄여 가면서 지구에 대한 사랑을 실천합니다. 이를 통해 모든 생명체에게 중요한, 지구의 가치를 지속적인 관심과 생활 실천을 통해 인간과 동식물이 같이 공존할 수 있는 공간으로 바꾸어 놓았습니다.

최근 환경과 관련하여 자주 언급되는 '업사이클링'은 버려지는 물품에 디자인과 활용성의 새로운 가치를 더해 재활용하는 것입니다. 쉬운 표현으로, 죽어가는 사물을 다시 태어나게 하는 것입니다. 쓰레기더미에 버려진 옥수수 껍질과 볏짚을 화학 처리하여 실로 변화시켜 옷이나 가방, 신발을 만들거나 폐현수막을 이용하여 화분으로 사용하기도 합니다. 2020년 12월부터 투명 페트병 분리배출 정책이 시작되면서 투명 페트병에서 원사를 뽑아내서 옷, 가방, 신발 등을 생산하는 기업이 점점 늘어나고 있습니다. 업사이클링은 환경친화적이며, 세상에 하나뿐인 물품을 사용할 수 있고 독창적인 아이디어의 발견이라는 점에서 만족도와 활용도가 높습니다.

쓰레기더미에 파묻힌 미래의 지구에 남겨져서 폐기물을 수거하고 처리하는 로봇의 이야기를 다룬 영화 〈월-E〉와 1년간 가족과 함께 지구에 해가 없는 생활 프로젝트를 실천한 환경운동가 콜린의 이야기를 담은 다큐멘터리 영화 〈노 임팩트 맨〉에서 언급한 공통된 소재가 있습니다. 바로 쓰레기 문제입니다.

제로 웨이스트는 주변에서 배출되는 쓰레기를 최소화하자는 캠페인입니다. 그림책 표지를 재활용하여 보드를 만들고, 빈 통을 가져와서 샴푸나 주방세제를 받아 오는 등 제로 웨이스트 가게가 늘어나고 있습니다. 기업에서는 물품 포장을 줄이거나 재활용이 가능한 재료를 사용하고 개발하여 자원 순환이 원활하게 이루어지도록 노력합니다. 제로 웨이스트는 지속가능한 생산과 소비를 통해 기후변화 등의 지속 불가능한 상황에 대응하기 위한 노력입니다. 지금의 우리만 편안하고 안락한 생활을 누릴 것이 아니라 조금 불편하더라도 미래 세대를 위해 지구의 지속가능성을 위해 삶을 바꾸려고 하는 현재 세대의 노력입니다. 거기에는 미래 세대의 소비 욕구도 존중하고 희생을 강요하지 말자는 뜻도 있습니다. '같이하다'라는 영어 단어 share와 join의 의미처럼 지구의 많은 재산을 우리와 미래 세대가 같이 나누며, 지구의 지속가능한 발전을 위한 행동에 같이 참여하자는 의미입니다.

행복한 생일

여러분의 생일은 언제인가요? 모두의 축복, 사랑과 관심 속에 태어난 날을 기념하고 함께 의미 있는 시간으로 즐기는 날이 생일입니다. 지구도 생일이 있습니다. 국제연합(UN)은 4월 22일을 '지구의 날'로 지정했습니다. 지구의 생일 한 달 전인 3월 마지막 주 토요일 오후 8시 30분에서 9시 30분까지 세상의 모든 전깃불을 끕니다. 이는 글로벌 기후변화 대응 캠페인으로 Earth Hour라고 부릅니다. 가정에서 사용하는 전기 에너지는 한 달 평균 400~500kW입니다. 2021년 지구촌 불끄기 행사로 절약된 전기는 400만 kW 이상이었으며, 온실가스도 약 1,750톤 정도 감축된 것으로 보입니다. 우리는 지구의 자원 소모를 줄이며 심각한 기후위기에 대응하는 방법을 알고 있습니다. 모두가 공감하는 기후변화의 위기 앞에서 세계 경제는 탄소중립 전환의 길로 들어섰습니다. 우리나라 또한 '2050 탄소중립, 바로 지금 나부터'라는 문구를 내세워 에너지 절약, 자전거 타기, 가까운 거리는 걷기, 저탄소 배출 제품 구매, 나무 심기 등의 일상생활 속 실천을 강조하고 있습니다. 또한 이산화탄소 포집 저장 기술(CCS: Carbon Capture and Storage)을 활용해 이산화탄소가 대기로 배출되기 전에 다른 가스와 분리해 바다 밑 깊숙한 곳에 저장시키기 위한 연구와 노력이 진행되고 있습니다. 더 나아가서 이산화탄소 활용 기술(CCU)을 사용하는 방안까지 연구합니다. 이제 지구의 탄

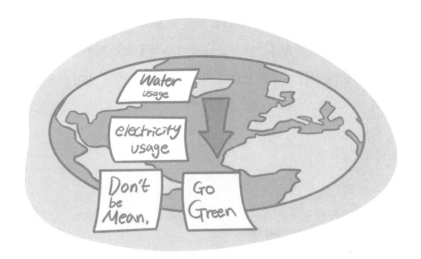

소를 줄이기 위해 개인과 기업, 사회와 국가가 함께 행동하고 있습니다. 지구 살리기 행동을 통해 기후변화의 위험을 줄이고 조금 더 살기 좋은 지구를 만들어 갈 수 있습니다.

영화 〈지구: 놀라운 하루〉는 지구에서 살아가는 다양한 생명체의 모습을 보여 줍니다. 지구에는 인간만이 사는 게 아닙니다. 많은 생명이 태어나고 성장하는 공간에서 인간이 함께 살아가고 있는 것입니다. 세상 모든 생명체가 공유하고 있는 지구를 아끼고 보존하는 것이 지금 우리가 해야 하는 일입니다.

우리는 지구촌이라는 이름 아래에서 공동체 의식을 느끼며 살아갑니다. 지구를 지키려면 협력과 이타심이 필요합니다. 인간은 혼자서는 나약하고 작은 존재이지만, 함께하면 엄청난 일을 할 수 있음을 보았습니다. 인간은 지혜를 발휘하여 환경에 적응하는 전략을 세워 자신만의 고유한 문화를 완성할 수 있었습니다. 우리는 인간에게 도움이 되는 문화뿐만 아니라 주변의 자연환경에도 도움이 되는 문화를 만들어 갈 수 있는 강력한 힘을 지니고 있습니다. 이제 지속가능한 사고와 올바른 행동으로 지구를 살리고 환경을 보존할 수 있는 문화를 만들어 지구의 지속가능성을 열어 가야 할 것입니다.

'자연'스럽게 생활 속에서 환경을 지키는 방법!
대전MBC

https://youtu.be/IQT7TwS_ok4

미세플라스틱 줄이기!
제대로 이해하고, 바르게 실천하기
KEI 지속가능 TV

https://youtu.be/RPt-Lf-IOAU

물러서지 않는
정의, 신념, 용기가 만들어 낸 위대한 여정

김향숙(인천 연송초등학교 교사)

〈비포 더 플러드〉(2016)

지금이 바로 환경을 위해 행동할 순간이며, 용기와 정직으로 환경문제를 직면해야 할 때입니다.

SDG 13. 기후변화 대응

SDG 14. 해양 생태계 보전

여러분은 '지구온난화', '이상기후', '기후위기'라는 말을 들어 보았나요? 요즘 여러 매체를 통해 지구의 이상기후에 대한 뉴스를 자주 접하게 됩니다. 2020년 1월 4일 세계기상기구(WMO: World Meteorological Organization)에 따르면 2020년은 지금까지 가장 따뜻했던 해 3년 가운데 한 해였다고 합니다. 우리가 여기서 더욱 긴장해야 하는 것은 그 따뜻했던 해 3년이 모두 최근에 몰려 있다는 점입니다.

기상학 백과에 따르면 지구온난화란 장기간에 걸쳐 전 지구의 평균 지표면 기온이 상승하는 것을 말합니다. 또한 우리가 이상기후라고 부르는 현상에는 폭염, 폭설, 폭우, 태풍, 가뭄 등이 있는데, 그 결과 끝없이 번지는 산불, 빙하 붕괴, 식량 부족 등이 나타납니다. 북극권의 온난화는 지구의 다른 지역보다 2배 빠르게 진행되고 있으며, 미국 캘리포니아주 데스밸리는 2020년 8월 16일 최고 기온이 54.4℃에 이르렀습니다. 최근 아시아, 유럽은 100여 년 만에 최고로 따뜻한 해로 기록되었고, 전 세계적으로 극심한 홍수가 발생했습니다. 중국, 베트남, 아프리카 등에서는 인적·물적 피해가 막대했습니다. 또 히말라야산맥의 빙하가 붕괴하여 홍수를 일으키고, 강력한 태풍, 허리케인으로 많은 사람이 피해를 보았습니다. 최근 지구온난화로 인해 기온 상승, 사막 지역의 이례적 강수, 잦아진 열대 저기압과 그에 따른 강풍 등 다양한 기후학적 변화가 나타나고 있습니다. 달라진 기후적 환경에서 메뚜기 떼가 발달해 인도, 파키스탄 등지에서는 메뚜기 떼의 대습격이 일어나 식량안보와 농업에 큰 피해를 주고 있습니다. 이상기후로 장기 가뭄이 지속되면서 전 세계 곳곳에 국지적으로 최악의 산불을 일으켰고, 호주 남동부 지방과 미국 서부 지방은 막대한 산불 피해를 입었습니다.

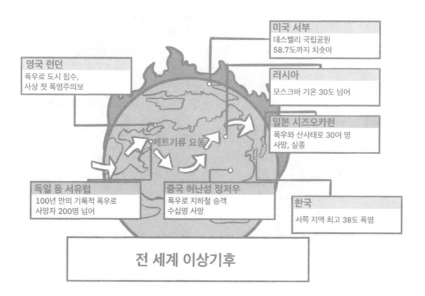

2015년 파리 기후협약에서 시작된 약속

2015년 「파리 기후협약(Paris Agreement)」에서는 전 세계 200여 개 국가가 모여 지구 기온 상승 폭을 최대 산업화 이전 대비 2℃ 이하로 유지하고, 더 나아가 온도 상승 폭을 1.5℃ 이하로 제한하기 위해 함께 노력하기로 결정했습니다. 세계 7위의 온실가스 배출 국가인 우리나라도 2030년까지 약 24.4%의 온실가스 감축을 목표로 동참하면서, 2050년까지 탄소중립을 달성하기 위해 노력하고 있습니다.

마크 라이너스는 『6도의 멸종』이라는 책에서 '지구의 기온이 1℃씩 오를 때마다 세상은 어떻게 변할까?'를 묻습니다. 지구의 평균 온도가 1℃에서 6℃까지 1℃씩 오를 때마다 지구는 어떠한 변화를 겪게 될까요? 지구의 기온 상승에 따른 대재앙 시나리오! 이것은 단순히 인간에게 던지는 경고를 넘어서, 이를 극복하기 위한 대책을 세우고 실천을 촉구하기 위한 것입니다.

우리가 살고 있는 지구는 지난 100년 동안 평균 온도가 1℃ 가까이 올랐습니다. 이것이 크게 느껴지지 않을지도 모르지만, '기후변화에 관한 정부간 협의체(IPCC: International Panel on Climate Change)'에 의하면 향후 100년간 지구 평균 온도가 6℃나 상승할 것으로 예측된다고 합니다. 지구의 마지막 빙하기였던 1만 8,000년 전에는 지금보다 6℃ 낮았는데, 단지 6℃가 낮았을 뿐인데도 북아메리카는 완전히 빙하로 뒤덮였다고 합니다. 산업혁명 이후 대표적 온실가스인 이산화탄소 농도는 30%나 늘었고, 메탄가스 농도도 2배 증가했습니다.

『6도의 멸종』에서 마크 라이너스는 지구의 평균 온도가 1℃ 상승하면 북극의 얼음이 녹는 속도가 너무 빨라져 북극곰의 멸종위기가 닥친다고 예측했습니다. 지구 평균 온도가 2℃ 상승하면 폭염으로 인한 열사병으로 수십만 명이 죽음에 이르게 되고, 바다의 산호초들이 99% 멸종하고, 곤충들이 18%나 사라진다고 합니다. 또 해수면의 상승으로 주요 해양 도시들이 물에 잠기고, 태평양의 섬나라들은 거의 사라진다고 합니다. 지구의 평균 온도가 3℃ 오르면 아마존 일대 가뭄으로 거대한 화재가 발생하게 되고, 4℃ 오르면 해수면 상승으로 미국 뉴욕 일대가 물에 잠기게 된다고 합니다. 지구의 평균 온도가 5℃ 이상 상승하게 되면 정글이 모두 불타고, 가뭄과 홍수가 너무 자주 발생해 인간이 살 수 있는 땅이 급속하게 줄어드는 상황에 이르게 되며, 6℃ 오르면 지구상 생물의 95%가 멸종하는 커다란 위기가 닥친다고 합니다.

이에 대처하기 위해 모든 나라가 온실가스 배출량 감축을 목표로 다 같이 노력해야 합니다. 이것은 국가 차원에서만 해결할 수 있는 문제가 아닙니다. 소비자와 기업, 정부가 함께 노력해야 합니다. 개개인의 소비자가 소비 패턴을 조금씩만 바꾸면 기업도 조금씩 변화할 것입니다. 소비자가 환경적으로 문제가 있는 제품을 선택하지 않으면 유통도 이루어지지 않을 것이고, 결국에는 기업들이 돈을 더 투자하더라도 친환경 제품을 생산하려고 노력하게 될 것입니다. 우리가 환경을 생각하는 기업의 제품을 소비할 때 기업은 환경이라는 가치를 한 번 더 생각하고 신중한 선택을 하게 될 것입니다. 지구의 온도 상승을 막으려는 노력은 국가 간 협력이나 환경단체 활동으로만 이루어지는 게 아닙니다. 우리 스스로가 해야 하는 일입니다. 지구를 지키는 가장 큰 힘은 소비자인 우리의 현명한 선택에 달려 있습니다.

레오나르도 디카프리오의 연설

2014년 9월 23일, 영화배우 레오나르도 디카프리오는 유엔 기후변화 정상회담에 모인 세계 지도자들 앞에서 연설했습니다. 그는 "지금 기후변화 문제는 인류의 존재에서 가장 중대한 사안"임을 이야기하면서, "지금이 바로 환경을 위한 행동을 개시할 순간이며, 용기와 정직으로 환경문제를 직면해야 할 때'라고 강조했습니다.

레오나르도 디카프리오는 영화 〈비포 더 플러드(Before the flood)〉를 통해 기후변화가 우리 삶에 얼마나 심각한 영향을 미치는지 전 세계에 알렸습니다. 그는 영화에서 전 세계가 직면한 기후변화를 조사하기 위해 아카데미 수상 감독 피셔 스티븐스와 3년간의 여정을 함께합니다. 그들은 전 세계를 돌아다니며 과학자, 세계적인 지도자, 환경운동가들을 만나 대화를 나누며 환경문제의 개선 방법을 제안합니다.

　온난화로 지구의 빙하가 다 녹아 버린다면 과연 어떤 일이 일어날까요? 우리는 영화 〈투모로우〉를 통해 그 결과를 살짝 엿볼 수 있습니다. 기후학자인 잭 홀 박사가 남극에서 빙하 코어를 탐사하던 중, 지구에 이상기후 현상이 일어나고 있음을 감지하고, 이를 국제회의에서 발표합니다. 하지만 사람들은 잭 홀 박사의 경고를 무시하고 결국 인류는 엄청난 대재앙을 맞게 됩니다.

　지구온난화로 지구의 평균 기온이 계속 높아지면서, 전 세계의 빙하가 녹고 해수면이 점점 상승하고 있습니다. 빙하가 급속히 녹으면 태평양, 대서양 등 바다의 수위가 지금보다 66m 올라갈 것으로 예상됩니다. 서울시의 평균 해발고도가 50m이니까 우리나라도 일부 고지대를 제외하고 서울 전체가 물속에 잠기는 상황이 발생할 수도 있습니다. 이러한 인류의 재앙을 막기 위해 다 같이 탄소배출과 환경오염을 줄이고, 지구를 지키기 위한 노력을 해야 합니다. 인간은 생태계의 일부임을 인지하고, 나와 연결된 생태계를 조금씩 바꿔 감으로써 지구 환경을 지키기 위해 적극적으로 행동해야 할 때입니다. 우리 후손들에게 아름다운 환경과 깨끗한 지구를 물려주기 위해 다 같이 노력해야 합니다.

아시아 최대 환경영화제인 서울국제환경영화제에서는 해마다 환경에 관한 다양한 영화와 다큐멘터리를 감상할 수 있습니다. 그 상영작 중 하나인 영화 〈인류세: 파괴의 역사〉는 오늘날 인간이 석유, 석탄 등을 무분별하게 사용하면서 인류세는 인간이 겪어야 할 필연적인 결과임을 경고하고 있습니다. 인류세란 네덜란드의 화학자 크뤼천이 제안한 용어로, 인류가 나타나고 여섯 번째 대멸종을 부르는 말입니다. 다시 말해 인간의 활동이 지구 환경을 바꾸는 지질시대를 뜻합니다. 인간이 인류세를 경험하지 않으려면, 우리의 삶 속에서 환경을 생각하고 현명한 소비를 실천함으로써 지구온난화, 기후위기에 대응하고 깨끗한 지구를 위해 다 함께 노력해야 합니다.

바다를 좋아하고 사랑하던 한 소년이 목격한 비극적 결말

여러분은 인터넷이나 텔레비전을 통해 '해양오염이 심각하다', '바다가 인간이 만든 각종 플라스틱 쓰레기들로 몸살을 앓고 있다'는 뉴스를 종종 접해 보았을 것입니다. 〈씨스피라시〉는 'Sea(바다)+Conspiracy(음모)'를 뜻하는 제목처럼 어업으로 인해 오염되는 바닷속 이야기를 다룬 영화입니다. 감독 알리 타브리지는 어린 시절부터 동경하던 바다의 아름다움을 보여 주기 위한 프로젝트를 진행하던 중 충격적으로 더럽혀진 바다의 심각성을 인지하고 해양오염의 원인을 파헤치기 시작합니다. 바다에 버려진 쓰레기들은 해류에 떠밀려 태평양 한가운데 '쓰레기 섬'을 만들고 마는데, 이 섬은 프랑스 면적의 세 배에 달하는 어마어마한 크기입니다. 더욱 놀랍게도 쓰레기 섬의 약 46%가 어망이었는데, 우리가 일상에서 버리는 플라스틱보다 큰 비중이었습니다. 영화는 불법 어업과 저인망 어업(그물로 포획하는 어업), 부수 어획(어획

대상이 아닌 어종을 잡는 것) 등이 바다 생태계 파괴에 치명적인 영향을 미치는 현실을 드러내며 해양오염의 심각성을 말하고 있습니다. 플라스틱은 시간이 지나면 미세하게 잘게 부서질 뿐 자연분해가 되지 않는다고 합니다. 해양 생물들이 이러한 미세한 플라스틱을 먹이로 착각해 먹게 되고, 결국 이는 인간의 식탁에까지 올라 건강을 위협합니다.

해양오염을 막기 위해서 플라스틱을 줄이려는 노력과 함께 불법으로 버려지는 어망을 어떻게 해결할 것인지 고민해야 할 때입니다. 대한민국 해양경찰청에서 제공한 『2014년 해양경찰백서』에 따르면 해양오염의 원인으로 생활 오폐수, 기름유출 사고, 바다 쓰레기, 플랑크톤이 이상 증식하면서 바다나 강 등의 색이 바뀌는 적조 현상 등을 들 수 있습니다. 우리가 사용하는 샴푸나 린스, 자동차 오염 물질, 플라스틱 등도 바다를 오염시키는 큰 원인입니다. 이제 바다가 육지의 쓰레기통이 되어서는 안 된다는 마음으로 우리 함께 노력해야 합니다. 바다에서 생산되는 여러 양식 어종, 먼바다에서 잡히는 수산물에서도 미세플라스틱이 검출된다고 합니다. 인간이 버리는 각종 바다 쓰레기들이 결국에는 인간에게 큰 피해를 주고 있습니다. 해양오염을 줄이기 위해 다 함께 일상생활에서 작은 것부터 실천하면 좋겠습니다.

그린피스 영국 사무소에서 해양 보호 캠페인 관련 활동을 하는 윌 맥컬럼은 『플라스틱 없는 삶』이라는 책에서 플라스틱 없는 삶은 인간이 추구해야 할 삶의 방식이라고 강조합니다. 그는 우리가 플라스틱으로 인해 얻는 일상의 편리함을 내려놓고, 어떻게 하면 플라스틱 없는 삶을 살 수 있을 것인지 구체적인 해결 방안을 제시합니다. 예를 들어 고체로 된 샴푸나 비누를 사용해서 플라스틱 용기 줄이기, 물티슈 대신 행주나 걸레 이용하기, 옷

적게 사기 등 우리가 일상생활에서 실천할 수 있는 구체적인 방안을 이야기합니다. 그리고 지역사회 구성원으로서 우리가 어떤 역할을 해야 하는지도 들려줍니다.

산호초가 하얗게 변하고 있어요

여러분은 산호초를 본 적이 있나요? 산호초는 탄산칼슘이 퇴적되어 형성된 암초로 열대나 아열대의 바다에 형성된다고 합니다. 최근 태국 정부는 산호초를 파괴하는 화학물질이 든 선크림 사용 금지에 나서는 등 산호초 보호를 위한 다양한 활동을 하고 있습니다. 옥시벤존, 옥티녹세이트, 부틸파라벤, 4-메틸벤질리덴 캠퍼 등의 화학물질은 산호의 번식을 방해하고 산호의 백화 현상을 일으키는 등 생태계에 악영향을 미칩니다.

영화 〈산호초를 따라서〉에서는 바닷속 산호초의 백화 현상을 보여 줍니다. 바닷물 온도가 조금이라도 올라가면 산호가 하얗게 변하는 백화 현상이 나타납니다. 산호 주변에 많은 해양 생물이 살고 있으므로 산호가 죽으면 다른 해양 생물들도 죽게 됩니다. 다시 말해 산호는 바닷속의 열대우림인 아마존의 역할을 하고 있습니다. 이 영화는 산호가 죽어가는 과정을 동영상으로 제작한 다큐멘터리입니다. 호주 북동부에는 2,300km에 달하는 대산호초 군락이 있는데, 이 산호초를 중심으로 수만 종의 해양 생물들이 살고 있어 바닷속의 열대우림이라 불리고, 세계자연유산(UNESCO World Natural Heritage)으로도 등록되었다고 해요. 하지만 적도 부근의 수온이 올라가는 최악의 엘니뇨로 인해 이 산호초들이 백화 현상을 보이면서 죽어가고 있다고 합니다.

영화 〈플라스틱 바다를 삼키다〉도 해양오염의 심각성을 잘 말해 줍니다. 이 영화는 바다에 무분별하게 버려지는 플라스틱 이야기를 하는데, 지금은 플라스틱을 소멸시키는 방법이 태우는 것뿐이라고 해요. 플라스틱의 장점은 튼튼한 내구성인데, 결국 썩지 않는 그 특징 때문에 인간을 위협하고 있답니다.

플라스틱은 자연과 태양에 의해 잘게 부서질망정 절대 사라지지 않으니, 우리는 경각심을 느껴야 합니다. 미세플라스틱으로 변한 그 작은 파편들을 바다에 사는 생물이 먹게 되고, 우리가 생선을 먹음으로써 결국 인간도 플라스틱의 피해자가 될 수밖에 없어요. 온갖 화학물질로 만들어진 플라스틱은 생선의 입으로 들어가 DNA를 교란시키고, 이런 비정상적인 생선을 우리 인간이 먹음으로써 결국에는 인간이 환경 병을 얻게 됩니다.

생태적으로 풍요로운 지구를 위하여

　만약 '2100년이 오기 전 지구 생태계가 파괴'된다면, 우리에게는 어떤 일이 생길까요? 하루하루 심각해지는 기후위기에 대응하고 지구 생태계를 보전하기 위해 많은 사람이 다양한 영역에서 노력하고 있습니다. 영화 〈내일〉은 프랑스 배우이자 감독인 멜라니 로랑이 직접 연출하고 출연한 작품입니다. 작가이자 국제 환경보호단체인 '콜리브리'의 공동 창업자인 시릴 디옹이 함께 작품을 완성했습니다. 이 두 사람은 「2100년이 오기 전 지구 생태계가 파괴된다」는 《네이처》의 논문을 읽고 친구들과 함께 세계 10개국으로 해결책을 찾는 여행을 떠납니다. 이 영화는 농업, 에너지, 경제, 민주주의와 교육 등 여러 영역에서 평범한 시민들이 어떻게 변화를 만들어 내는지를 보여 줍니다. 〈내일〉의 주인공들은 '사람'이 변화를 만들어 낸다고 강조합니다. 그래야 진정한 내일이 만들어질 것이라고요. 우리가 일상생활에서 환경을 위한 노력과 실천을 할 때 그 긍정의 에너지가 모여 점차 살기 좋은 지구로 변하게 될 것입니다.

　여성 지구과학자 호프 자런은 『나는 풍요로웠고, 지구는 달라졌다』라는 책에서 풍요로움을 추구하는 인간의 삶이 지구를 어떻게 달라지게 하는가를 이야기합니다. 호프 자런은 지난 50년간 인간이 먹고, 즐기고, 소비하는 등 더 풍요로워지고 더 편하게 살기 위해서 인간이 추구했던 많은 것들이 지구의 환경을 변화시킨 큰 원인이라고 봅니다. 호프 자런은 세월이 흐르면서 세상이 어떻게 변했는지를 이해하기 위해 자신의 어린 시절의 기억을 떠올리는 것도 좋은 방법이라고 알려 줍니다. 호프 자런은 '글로벌 위어딩(Global Weirding)'을 언급하며 지구온난화로 인해 우리 대기에 갇혀 버린 여분의 에너지가 일반적인 기후 체계와 충돌해 날씨나 자연 활동이 갈수록 이상해지고 있음을 지적합니다. 따라서 인간은 이전과는 다른 방식의 풍요로움을 선택해야 할 때가 왔습니다. 산업혁명 방식의 풍요로움이 아닌 생태적 방식의 풍요로움에 가치를 두어야 할 때가 온 것입니다.

환경 다큐멘터리 영화 〈대지에 입맞춤을(Kiss the Ground)〉에서는 토지를 경운하는 오랜 관행이 토양을 악화시키고, 약해진 지력 때문에 농부들이 더 많은 화학물질에 의존하게 된다고 합니다. 그렇게 되면 건강 유지에 꼭 필요한 대기의 탄소를 흡수하는 토양 미생물이 죽어가고, 수확량이 줄어드니 다시 화학비료에 의존하는 산업형 농업이 악순환된다는 것입니다. 건강한 토양은 물과 이산화탄소를 흡수하지만, 그 반대의 상황이 되면 토양은 건조해지고 흙먼지만 남게 됩니다. 토양과 식물, 기후는 서로 연결되어 있고, 지구의 사막화는 지구에 사는 생물을 크게 위협합니다. 전 세계적인 자연재해와 기후위기를 보며 누군가는 이미 늦었다고 생각할지도 모르지만, 우리에게는 여전히 희망이 있습니다. 지금이라도 우리가 생활 속에서 라이프 스타일을 바꿔 자연의 재생과 복원을 위해 적극적으로 노력하다 보면 우리 후손들이 깨끗한 지구에서 맑은 공기를 마시고 자유롭게 흙장난하며 바닷속의 경이로운 아름다움을 마음껏 즐길 수 있을 것입니다.

온라인에서 더 알아볼까요?

내가 '이것'을 목숨 걸고 알리는 이유

타일러 라쉬(『두 번째 지구는 없다』 저자, 방송인)

https://youtu.be/y3vluszN6mM

자연은 순수를 혐오한다

최재천(이화여대 에코과학부 석좌교수, 생명다양성재단 대표)

https://youtu.be/Y-eOebKkScA

자연과의 공존,
지속가능한 지구를 꿈꾸며

김은지(경기 위례초등학교 교사)

〈동물, 원〉(2019)
인간과 비인간동물이 공존하는 평화로운 세상.
다양한 생명체가 더불어 살아가기에
이 세상은 더욱 아름답습니다.

SDG 14. 해양 생태계 보전

SDG 15. 육상 생태계 보전

여러분은 '다름다움'이라는 말을 들어 보았나요?

이것은 '다름의 아름다움'을 뜻하는 말입니다. 지금까지 우리는 다른 사람, 다른 나라, 다른 문화 등 인간 사회를 중심으로 다름다움을 생각해 왔습니다. 이제는 '생태적 관점'이라는 좀 더 넓은 시각으로 다름다움을 느껴야 할 때입니다.

코로나19로 인해 인간과 비인간동물, 환경의 상호의존성에 대한 관심이 높아지면서 '원헬스(One Health)'가 중요해졌습니다. 이는 인간과 동물, 환경의 건강이 서로 연결되어 있음을 뜻하는 용어입니다. 생태계 속의 모든 생명체는 유기적으로 연결되어 있으며 각각의 개체가 건강해야 지구도 건강할 수 있습니다. 인간의 욕심으로 인한 산림 파괴, 해양오염, 쓰레기 문제와 같은 '건강하지 않은 환경'은 생물다양성 감소와 인수공통감염병 등의 문제를 초래했습니다.

지구를 살리는 생물다양성

영국의 방송인이자 동물학자인 데이비드 애튼버러는 다큐멘터리 영화 〈데이비드 애튼버러: 우리의 지구를 위하여〉에서 "자연은 독특하고 장대한 불가사의입니다. 그러나 인간의 생활양식은 지구를 쇠퇴시킵니다. 인간은 세상을 침략하고 야생을 길들이고 있습니다"라고 말했습니다. 그는 또한 2018년 제24차 유엔기후변화협약 당사국총회 개막식에서 전 세계 지도자들에게 인류 문명의 몰락과 생태계 멸종의 시간이 다가오고 있음을 경고하며, "인간만큼 지구에 영향을 끼치는 생물은 없다"라고 밝혔습니다. 애튼버러의 말처럼 지금까지 우리는 인간 중심의 물질문명을 발전시켜 왔습니다.

산업화는 우리의 생활을 더욱 편리하게 만들었지만, 그로 인해 다양한 생물들의 삶의 터전인 지구는 점점 파괴되고 병들었습니다. 인간의 탐욕으로 인한 무분별한 개발은 야생동물의 서식지를 파괴했고, 동물의 병원체가 인간에게 건너오면서 코로나19와 같은 인수공통감염병을 초래하여 우리에게 부메랑처럼 되돌아오고 있습니다.

1926년에 태어난 애튼버러는 지구의 생태환경과 함께한 100년에 가까운 자신의 경험을 〈데이비드 애튼버러: 우리의 지구를 위하여〉에서 아름다운 영상과 함께 이야기 형식으로 풀어냅니다. 영화의 시작에서 그는 체르노빌을 방문하여 체르노빌 핵발전소 폭발사고보다 더 큰 비극은 '생물다양성의 파괴'라고 말하며 생물다양성 회복의 중요성을 강조합니다.

생물다양성(Biodiversity)이란 생명 현상의 다양함에 대한 개념으로 지구상에 존재하는 모든 종의 다양성, 이들이 서식하는 생태계 다양성, 유전자 다양성 및 분자 다양성까지 다양한 수준의 모든 다양성을 포함하는 개념입니다.

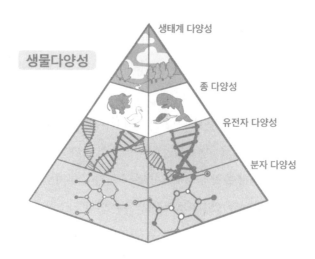

침팬지 연구로 유명한 동물학자 제인 구달은 생물다양성을 거미줄에 비유하며 '생명의 그물망'이라고 하였습니다. 거미줄이 한두 개씩 끊어지면 거미줄이 약해지는 것처럼 생물 종이 하나씩 없어지면 생명의 그물망이 약해져서 지구의 안전망에 구멍이 생기고 생태계의 균형이 무너진다는 것입니다.

유전자 다양성의 중요성을 알 수 있는 대표적인 예로 아일랜드 대기근이 있습니다. 춥고 습한 아일랜드의 기후는 감자를 재배하는 데 최적의 환경이었습니다. 아일랜드는 유럽에서 가장 먼저 감자를 식용작물로 재배하기 시작했고 감자는 그들의 주식이 되었습니다. 그러나 감자의 뿌리와 잎을 모두 파괴하는 식물 감염병인 '감자잎마름병'의 발생으로 1845년에서 1852년 사이에 인구의 4분의 1인 200만여 명이 굶어 죽게 됩니다. 단일 품종의 감자만을 재배했기에 질병에 저항성이 없는 종은 일시에 모두 같은 피해를 보게 된 것입니다.

바나나의 '파나마병' 또한 유전자 다양성의 중요성을 잘 보여 주는 사례입니다. 원래 야생 바나나는 열매 속에 딱딱한 씨가 많아 식용이 어려웠습니다. 그러다 우연히 씨 없는 돌연변이 바나나를 발견하면서 뿌리를 잘라 옮겨 심는 무성생식 방법으로 재배하게 되었습니다. 먹기 편하고 맛있는 바나나를 얻게 된 대신, 유전적으로 동일한 바나나의 생산으로 전염병에 취약한 문제에 봉착하게 됩니다. 1950년대까지는 '그로 미셸' 품종이 주를 이루었습니다. 이 품종은 껍질이 두꺼워 장거리 운송이 가능하고 맛과 향이 진해서 상품 가치가 높았으나 곰팡이가 유발한 전염병인 파나마병에 저항성이 없었기에 집단 폐사하게 됩니다. 1960년대 중반, 인류는 파나마병에 잘 견디는 '캐번디시' 품종을 찾아냈지만 1980년대에 변종 파나마병이 유행하면서 대만에서 재배하던 캐번디시 품종의 70%가 사멸했습니다. 생물의 유전자 다양성이 높을수록 전염병이 돌거나 물리적인 환경이 극단적으로 변하더라도 살아남는 개체가 있을 가능성이 큽니다. 이러한 이유로 멸종위기종 보전을 위해 유전자 다양성은 매우 중요합니다.

야생동물도 종족 번식을 위해 근친 교배는 하지 않으며, 더 우수한 유전자를 가진 상대와 짝짓기를 하기 위해 아름다운 색과 다양한 구애 동작을 보입니다. 이것은 다큐멘터리 영화 〈데이비드 애튼버러: 생명의 색을 찾아서〉에서 확인할 수 있습니다. '색을 보다', '색에 숨다', '색을 좇다'의 3부작으로 구성된 이 영화는 인간의 시선으로 동물을 바라보는 것이 아니라 동물의 시각에서 또 다른 동물과 자연을 바라보는 내용을 담고 있습니다. 코스타리카의 열대우림부터 깊은 바닷속, 극지방에 이르기까지 세계 곳곳의 야생동물들이 짝짓기 등에 사용하는 다채로운 색을 아름다운 영상으로 구현하여 생명의 신비로움을 느낄 수 있습니다. 청주동물원의 이야기를 그린 영화 〈동물, 원〉에서도 야생동물들의 유전자 다양성을 높이기 위해 다른 지역의 동물원에 연락하여 교배를 추진하는 것을 확인할 수 있습니다.

생태계는 다양한 먹이사슬로 연결되어 있기에 한 종의 개체 수 급감 및 멸종은 또 다른 종에 영향을 미치게 되어 생태계의 불균형을 초래할 수 있습니다. 종 다양성의 중요성을 보여 주는 대표적인 사례로 중국의 참새 소탕 작전이 있습니다. 1950년대 말 중국의 최고지도자인 마오쩌둥은 곡식을 축내는 참새를 보고 "참새는 해로운 새다"라며 대대적으로 참새를 소탕하는 정책을 펼쳤습니다. 곡식 수확량이 늘어날 것이라는 예상과 달리 참새가 사라지자 해충의 급격한 증가로 곡식의 수확량이 줄어들어 3년 동안 4,000만 명의 사람들이 굶어 죽는 대참사가 발생했습니다.

생물다양성은 지구상의 모든 생명체의 생존과 번영을 책임지는 안전망이며 지속가능한 지구를 위한 바탕이 됩니다. 생태계의 먹이사슬은 자연 상태에서는 서로 균형을 유지할 수 있습니다. 그러나 인간의 지나친 탐욕은 생태계를 파괴했고 이는 인간의 생존마저 위협하게 되었습니다. 더 많은 양의 곡식과 고기를 더욱더 짧은 시간에 생산해 내기 위해 품종을 획일화하고 항생제를 남용하면서 종 고유의 면역력이 저하되었습니다. 이로 인해 치명적인 바이러스가 종의 장벽을 뛰어넘어 발생하고 있으며 최근에는 식량 안보에도 영향을 미치고 있습니다.

2019년 제7차 생물다양성과학기구(IPBES) 총회에서는 「전 지구 생물다양성 및 생태계 서비스 평가에 대한 정책결정자를 위한 요약 보고서」(이하 「지구평가보고서」)를 채택하였습니다. 보고서에서는 생물다양성 감소의 다섯 가지 직접 요인을 '토지이용, 남획, 기후변화, 오염, 침입외래종'이라고 밝혔습니다. 생물다양성 감소에 가장 큰 영향을 미치는 것은 토지이용의 변화이며, 과거 20년간 새로 만들어진 농지 중 절반이 숲을 훼손하여 만든 것임이 드러났습니다. 숲의 파괴는 동식물의 서식지 감소로 이어졌고 결국 생물다양성이 줄어들게 된 것입니다.

기후변화 또한 생물다양성을 감소시키는 결정적 요인입니다. 기후변화로 인해 세계 곳곳에서 이상 기후 현상이 발생하고 산불도 빈번하게 일어나고 있습니다. 2019년 9월부터 5개월간 호주 남부를 휩쓴 산불로 인해 웜뱃, 코알라 등 많은 야생동물이 목숨을 잃었습니다. 세계자연기금(WWF)은 약 30억 마리에 육박하는 호주 야생동물이 산불로 인해 죽거나 다쳤다는 결과를 발표했습니다. 인간의 무분별한 개발로 인한 서식지 파괴와 탄소배출이 기후변화를 초래한 것입니다. 생물다양성과학기구의 「지구평가보고서」

에 따르면 하루에 150종의 생물이 멸종하고 있습니다. 여러분이 책을 읽고 있는 이 순간에도 10분마다 한 종의 생물이 사라지고 있는 것입니다.

5월 22일은 세계 생물다양성의 날입니다. 우리나라는 2021년의 '자연이 답, 우리가 함께할 때입니다!'에 이어 2022년에는 '모든 생명이 함께하는 미래, 우리가 만들어요!'로 기념행사 주제를 발표했습니다. 자연은 제자리로 돌아오는 힘인 '회복탄력성'이라는 답을 이미 가지고 있으며, 우리의 실천과 노력으로 모든 생명이 함께하는 새로운 미래로 나아가자는 것을 강조하고 있는 것이지요.

인류가 훼손한 생물다양성을 다시 회복하는 것은 지속가능한 지구를 만드는 중요한 열쇠입니다. 이를 위해 우리는 기후변화 문제에도 적극적으로 대응하며 탄소배출을 줄이기 위해 노력해야 합니다. 그러나 이것은 결코 한 사람의 노력으로는 이루어질 수 없습니다. 개인, 기업, 정부 모두가 함께 탄소중립을 위해 노력하며 기후 행동에 동참해야 합니다. 우리는 자연의 일부이며, 자연이 사라지면 우리의 미래도 없습니다. 우리가 배워야 할 것은 자연에 맞서는 법이 아니라 공존하는 법입니다.

아낌없이 주는 생태계 서비스

쉘 실버스타인의 책 『아낌없이 주는 나무』에서 소년은 나무로부터 많은 것을 얻습니다. 그네를 타거나 사과를 따기도 하고, 나무 그늘에서 단잠을 자기도 합니다. 세월이 흘러 소년은 집을 짓기 위해 나무의 가지를 베고, 배를 만들 때는 나무의 몸통도 베어 갑니다. 노인이 되어 돌아온 소년에게 나무는 자신의 밑동마저 쉼터로 내어줍니다. 항상 더욱더 많은 것을 주려는 나무와 나무에게 받는 것이 당연해서 감사할 줄 모르는 소년의 모습은 많은 것을 생각하게 합니다.

한 그루의 나무가 소년에게 선물인 것처럼 생태계 서비스는 '생태계가 인간에게 주는 다양한 혜택'을 의미합니다. 우리는 그동안 누려 온 많은 생태계의 혜택을 당연한 것으로 알고 살아왔습니다. 그러나 미세먼지로 인해 깨끗한 공기를 그리워하고, 기후변화로 인한 다양한 문제에 직면하면서 자연에서 얻는 모든 것들이 당연한 것이 아니었음을 깨닫기 시작했습니다.

2019년 제작된 다큐멘터리 〈우리의 지구〉는 경이로운 자연을 아름다운 영상으로 담아냈습니다. 영국 BBC 〈살아 있는 지구〉의 제작진 600여 명이 50여 개국에서 4년에 걸쳐 촬영했으며, '하나뿐인 지구, 지구의 극지, 열대우림, 천해, 사막에서 초원까지, 공해, 자연의 생명수, 수림'의 8부작으로 이루어져 있습니다. 탄성을 자아내는 아름다운 풍경에서 다양한 생태계 서비스를 느낄 수 있습니다.

생태계 서비스가 전 세계적으로 확산하게 된 계기는 2005년 유엔환경계획(UNEP: United Nations Environment Program)이 「새천년생태계평가 보고서」를 발간하면서부터입니다. 보고서에서는 생태계 서비스(Ecosystem Services)를 '생태계로부터 인간이 받는 편익'이라고 정의했으며, 이를 공급 서비스, 조절 서비스, 문화 서비스, 지지 서비스의 네 가지 유형으로 구분했습니다. 각 유형은 자원, 식량, 물, 목재 등을 제공하는 '공급 서비스', 수질, 홍수, 온실가스, 대기질 등을 조절해 주는 '조절 서비스', 교육적 가치, 예술적 영감, 휴양과 관광을 포함하는 '문화 서비스', 그리고 앞선 세 종류의 서비스를 지속적으로 생산하는 데 필요한 서식지 등을 제공하는 '지지 서비스'로 구성되어 있습니다.

　「새천년생태계평가 보고서」의 생태계 서비스 개념 소개는 국제적인 자연환경 정책에 큰 변화를 일으켰습니다. 2012년 파나마에서 유엔환경계획(UNEP) 산하 생물다양성과학기구(IPBES)가 설립되었으며, 2019년 제7차 총회에서는 50개국, 460명이 넘는 다양한 분야의 전문가들이 최근 50년 동안의 생물다양성과 생태계 서비스의 경향 및 변화 원인을 파악하고, 미래의 영향을 예측하여 이에 따른 정책적 대응 방안을 제시한 「지구평가보고서」가 채택되었습니다.

　이 보고서에 따르면 과거 50년 동안 목재, 식량과 같은 자연이 주는 물질적 혜택은 증가했지만, 수질 정화, 자연 체험, 온실가스 저감 등의 생태계 서비스는 줄어들고 있는 것으로 나타났습니다. 2000년 이후로 연평균 650만 헥타르의 산림이 지구상에서 사라지고 있으며, 800만 종의 생물 중에서 100만 종 이상의 생물이 멸종위기에 처해 있다고 발표했습니다. 특히 종의 멸종 속도는 과거 1,000만 년 동안의 평균속도보다 수십 배나 빠르다는 점에서 놀라움을 자아냅니다.

이에 생태계 서비스의 중요성을 인식한 영국, 독일, 스페인 등의 유럽과 남미의 나라들은 국가 수준에서 생태계 서비스를 평가하고, 이를 바탕으로 정책을 수립하기 시작했습니다. 그 중 대표적인 것이 '생태계 서비스 지불제(PES: Payment for Ecosystem Services)'입니다. 이것은 특정 생태계 서비스 소비자가 공급자에게 서비스의 이용이나 사용에 대한 대가를 지불하는 것을 의미하며, 코스타리카의 숲 보전이 가장 성공적인 사례로 알려져 있습니다.

중앙아메리카의 코스타리카는 1940년대만 해도 국토의 75%가 숲으로 이루어져 아름다운 경관을 자랑하던 나라였습니다. 그러나 세계화로 인한 수출 위주의 경제 정책은 1950년대 이후 급격한 경제성장을 초래했고 인구가 2배 이상 증가했습니다. 수출 작물 재배를 위해 원시림을 불태우고 대규모 벌목을 통해 경제성장을 이루었으나 1980년대 말 그들에게 남은 것은 수출 급락으로 인한 높은 실업률과 20%만 남은 숲이었습니다. 코스타리카의 숲, 그리고 숲에 살던 생물들과 맞바꾼 경제성장이었으나 위기에 봉착한 것입니다. 이때, 코스타리카 정부는 위기 극복을 위해 수출 대신 자연을 되살리는 획기적인 선택을 하게 됩니다. 토지 주인에게 정부 차원에서 보조금을 지급하는 생태계 서비스 지불제를 시행했고, 국가 인증을 받지 않은 벌채를 금지하는 등 숲을 살리기 위한 정책으로 불과 25년 만에 숲이 되살아났습니다. 그 결과 생물다양성이 복원되었으며, 아름다운 자연경관을 보기 위해 매년 300만 명 이상의 관광객이 방문하면서 관광산업은 코스타리카의 중요 수입원이 되었습니다.

우리나라의 생태계 서비스 연구는 초기 단계로 국가 차원에서의 평가는 이루어지지 않은 상황입니다. 그러나 2019년 12월 「생물다양성 보전 및 이용에 관한 법률」 개정안이 통과되고 2020년 6월 11일부터 시행됨에 따라 지속가능한 생태계 서비스를 위해 노력하고 있습니다. 환경부는 2021년 1월 '생태계 서비스 지불제 계약' 제도를 위한 구체적 추진 절차 및 보상기준 등을 담은 지침서를 배포하고 이를 시행하고 있습니다.

우리는 그동안 깨끗한 공기, 맑은 물, 아름다운 숲, 자연에서 얻는 먹거리 등을 당연하게 여겨 왔습니다. 생태계 서비스는 우리에게 너무나 당연해서 잠시 잊고 있었던 생태계의 소중함을 일깨워 주었습니다. 그러나 우리는 생태계가 과거와 현재, 미래에 인간에게 제공하는 혜택과 무관하게 그 존재 자체만으로도 큰 의미와 가치가 있다는 점을 놓쳐서는 안 될 것입니다. 더 늦기 전에 생태계의 소중함을 깨닫고 지속가능한 지구를 만들기 위한 노력을 시작해 보길 바랍니다.

동물들도 행복할 권리가 있어요!

10월 4일은 세계 동물의 날입니다. 여러분에게 동물은 어떤 존재인가요? 동물원의 전시나 서커스를 통해 우리에게 기쁨을 주는 존재, 식탁에 오르는 고기를 제공해 주는 가축, 가족처럼 함께 울고 웃어 주는 동반자 등의 다양한 대답을 할 수 있습니다. 그렇다면 반대로 인간은 동물에게 과연 어떤 존재일까요?

영화 〈위대한 쇼맨〉에는 사람들의 이목을 끌기 위해 말, 사자, 코끼리 같은 다양한 동물들이 공연에 등장합니다. 불이 활활 타오르는 장애물을 통과하거나 화려한 장식을 한 채 위험한 곡예를 선보이기도 하지요. 영화 〈덤보〉에서도 서커스를 위해 엄마 코끼리와 떨어져 훈련받는 덤보의 모습을 확인할 수 있습니다. 우리도 공연을 위해 엄청난 연습과 노력이 필요한데, 말도 안 통하는 동물은 얼마나 많은 시간을 가혹하게 훈련받는 것일까요?

국제 동물보호단체인 페타(PETA)는 '동물 서커스는 지구상에서 가장 잔인한 쇼'라고 했습니다. 서커스의 사자, 코끼리, 원숭이 등의 동물들은 대부분 야생에서 포획되고, 서커스 동물에게서 태어난 새끼들은 평생 자연을 누벼 보지 못한 채 공연을 위해 학대당하다 삶을 마감하기 때문입니다. 공연을 위한 훈련 과정에서 일어나는 동물 학대를 막기 위해 오늘날 많은 국가에서 동물 서커스를 금지하고 있습니다. 영국 BBC의 보도에 따르면, 2017년을 기준으로 유럽 20개국을 포함한 전 세계 40여 개국에서 동물 서커스 공연을 금지하는 법안을 채택했습니다. 이처럼 많은 나라에서 동물이 살아 있는 생명체로서 권리가 있다는 '동물권'과 '동물복지'의 개념을 중요하게 생각하고 있습니다. 그렇다면 동물권과 동물복지는 무엇일까요?

호주의 윤리 철학자인 피터 싱어는 1970년대에 처음으로 '동물권'이라는 개념을 소개하며, 동물 역시 인권에 비견되는 생명권을 가지며 고통과 학대당하지 않을 권리가 있다고 주장했습니다. 1978년 유네스코에서도 「세계 동물 권리 선언」을 통해 "모든 동물은 동일하게 생존의 권리, 존중될 권리를 가지며, 어떠한 동물도 학대 또는 잔혹 행위의 대상이 되어서는 안 된다"라고 선언했습니다. 독일과 스위스는 헌법에서 동물을 '사물'이 아닌 '생명체를 가진 존재'로 존중하고 있습니다. 독일은 1933년 세계 최초로 「동물보호법」을 제정했으며, 1990년에는 민법 개정을 통해 "동물은 물건이 아니다"라고 선포했습니다.

'동물복지'란 동물권을 바탕으로 동물이 굶주림이나 질병에 시달리지 않고 행복한 상태에서 살아갈 수 있도록 하는 것입니다. 이는 우리가 일반적으로 생각하는 야생동물이나 반려동물뿐만 아니라 식용으로 소비되는 소, 돼지, 닭 등의 가축에게도 해당하는 개념입니다. 경제동물도 공장식 축산처럼 열악한 환경이 아닌 청결한 환경에서 적절한 보호를 받으며 살아갈 권리가 중요시되는 것이지요. 이에 국가에서는 '동물복지 축산농장 인증제'를 실시하여 높은 수준의 동물복지 기준에 따라 쾌적한 환경에서 인도적으로 동물을 사육하는 농장을 인증하고 생산되는 축산물에 인증마크를 표시하고 있습니다.

농림축산식품부의 '2020년 동물보호에 대한 국민 의식 조사 결과'에 따르면 반려동물 양육 가구 비율은 약 27.7%로 638만 가구가 반려동물을 키우고 있는 것으로 조사되었습니다. 이는 최근 5년 새 40% 가까이 증가한

수치로 대한민국 인구 4명 중 1명에 해당하는 1,500만 명 정도가 반려동물과 함께 사는 셈입니다. 1인 가구, 딩크족 등 가족의 형태가 다양해진 것이 하나의 요인이라고 할 수 있습니다. 반려동물(Pet)과 가족(Family)의 합성어로 반려동물을 가족처럼 생각하는 사람들을 일컫는 '펫팸족'은 이제 익숙한 단어가 되었습니다. 반려동물 의료 서비스 및 사료 시장 규모가 확대되며 전 세계적으로 펫케어 산업은 빠르게 성장하고 있습니다. 과거에는 많은 식당과 숙소에서 동물 출입을 금지했으나 최근에는 펫캉스 상품이 나오는 등 반려동물 친화 움직임이 확산하고 있습니다.

인간 중심적 표현인 '애완동물'이 아닌 동물과 인간이 동등한 '반려동물'이라는 단어를 사용할 정도로 우리나라에서도 동물에 대한 인식의 변화가 이루어지고 있습니다. 『표준국어대사전』은 애완동물을 '좋아하여 가까이 두고 귀여워하며 기르는 동물'이라고 정의합니다. '완(玩)'이라는 단어가 '즐기다', '희롱하다'는 뜻을 가지며 이는 동물이 완구(장난감)처럼 유희의 대상으로 여겨질 수 있다는 점에서 최근 '반려동물'의 사용 빈도가 더욱 늘어났습니다. 반려동물 역시 『표준국어대사전』에 등록되어 있으며, '사람이 정서적으로 의지하고자 가까이 두고 기르는 동물'을 의미합니다. 그러나 동물을 향한 관심만큼이나 동물 학대 및 유기 문제도 매우 심각한 상황입니다.

〈언더독〉은 주인에게 버려진 개 '뭉치'가 유기견들과 함께 모험을 하는 이야기를 담은 영화입니다. 싫증이 나거나 병들었다는 이유로 인간으로부터 버려진 개들은 아이러니하게도 다시금 인간에게 잡혀갈 위험에 처하게 됩니다. 애니메이션이지만 어른들을 위한 동화이기도 한 이 영화는 동물과 관련한 우리 사회의 다양한 문제인 동물 학대, 유기, 로드킬, 개 공장 등을 비추며 우리에게 많은 생각할 거리를 줍니다.

현실에서도 영화 속 뭉치와 친구들처럼 주인에게 버려진 동물들로 인해 많은 문제가 일어나고 있습니다. 전 세계인의 휴양지인 괌은 유기견 문제가 매우 심각한 상황입니다. 2021년에는 괌에 거주하는 사람이 약 17만 명, 유기견이 약 3만 마리로 조사되었습니다. 주민 6명당 유기견 1마리가 있는 셈입니다. 그에 비해 괌에서 유기견 포획을 담당하는 직원은 1명에 그치고, 정부 지원금을 받는 유기견 보호소도 단 한 곳뿐이어서 부실한 관리로 광견병과 같은 질병이 퍼질 위험성이 높습니다. 우리나라에서도 코로나19로 인해 생활이 어려워지면서 반려동물 유기가 늘어나고 있습니다. 그러나 유기동물 보호 센터 역시 한정적인 수용 공간과 적은 예산으로 인해 환경이 열악한 상황이며 안락사를 기다리는 동물도 많은 실정입니다.

2021년 11월 프랑스에서는 동물 학대 근절 법안이 통과되어, 동물을 학대할 경우 최대 5년의 징역과 약 1억 원의 벌금을 부과합니다. 반면 우리나라에서는 반려동물을 학대하다가 목숨까지 빼앗더라도 징역 1년도 되지 않는 짧은 실형을 선고받게 됩니다. 이는 현행법상 동물이 '물건'으로 취급받기 때문이지요. 반려동물의 희생은 '가족'을 잃은 게 아닌 '재물'을 잃어버린 것으로 간주하여 '재물손괴죄'에 해당합니다.

다행히 우리나라에서도 동물의 법적 지위에 변화가 시작되었습니다. 2021년 9월, 동물은 물건이 아니라는 내용을 담은 민법 개정안이 국무회의를 통과했습니다. 간단한 조항이지만 동물의 지위가 '물건'을 벗어나게 되면 관련 법들의 추가 개정이 가능해져 동물 학대에 대한 처벌이나 배상의 수위가 높아질 수 있습니다. 이에 동물보호 단체들도 개 식용 금지를 포함한 동물복지 정책을 촉구하는 목소리를 내고 있습니다. 동물에 대한 사회적 인식 변화와 함께 법제화를 통해 생명 존중 사회로의 발걸음을 시작했습니다.

자연에 더 가까워지고 싶은 동물원

스웨덴의 의사이자 작가인 악셀 문테는 "야만적이고 잔인한 동물은 창살 뒤에 있지 않다. 창살 앞에 있다"라고 했습니다. 그의 말은 인간이 동물을 어떻게 대하는지 반성하게 합니다. 우리나라 최초의 동물원은 1909년에 개원한 창경원 동물원입니다. 초기의 동물원은 인간의 즐거움을 위한 전시 목적으로 만들었기에 동물의 행복과 복지는 고려하지 않았습니다. 강대국이 식민지에서 빼앗은 이국적인 동물을 전시하면서부터 동물원이 시작되었기 때문입니다.

영화 〈동물, 원〉에서는 청주동물원을 배경으로 멸종위기에 놓인 야생동물들과 그들을 정성스레 돌보는 사람들의 이야기가 펼쳐집니다. 영화의 배경인 청주동물원은 '서식지외보전기관'으로 동물들을 야생으로 돌려보내기 전에 준비하는 공간입니다. 사육사들은 어미의 무관심으로 죽음의 위협에 처한 새끼 동물에게 '인공 포육'을 실시합니다. 또한 제한된 공간에서의 스트레스로 한 가지 행동을 반복하는 '정형행동'을 예방하기 위해 야생에서처럼 자연스러운 행동을 할 수 있도록 놀잇감이나 먹이 주는 방법을 다양하게 하는 등의 '행동 풍부화'를 위해 노력하는 모습도 확인할 수 있습니다.

이 영화에 출연하는 김정호 수의사는 아이러니하게도 동물원을 싫어하고 반대합니다. 웅담 채취를 위해 갇혀 있다가 상처를 입고 구조된 반달가슴곰, 날지 못하는 독수리, 동물원에서 태어나고 자라 야생성을 잃은 동물은 동물원이 아닌 곳에서 살아갈 수 있을까요? 김정호 수의사는 이러한 동물들이 좀 더 안전하고 자연에 가까운 환경에서 지낼 수 있도록 더 많은 사람이 동물원의 현실을 알 수 있었으면 하는 바람으로 영화에 출연하게 되었다고 합니다. 영화 개봉 후, 청주동물원의 동물들은 사육 환경 개선으로 시멘트 바닥 대신 흙을 밟으며 더 넓은 공간에서 뛰어다닐 수 있게 되었습니다.

오늘날에는 동물원이 전시의 목적뿐만 아니라 종 보전 연구 및 생물다양성 확보를 위해 변화하고 있습니다. 2019년에는 서울대공원과 에버랜드 동물원이 아시아 동물원 최초로 'AZA 인증'을 받았습니다. AZA 인증은 미국 동물원 수족관 협회가 지정하며 동물복지, 생태교육, 멸종위기종 보전 등 엄격한 기준을 통과하고 5년마다 갱신해야 하는 동물원·수족관 분야 최고의 인증 제도입니다. 야생에서 구조되어 동물원에서 지내던 독수리가 방사된 후 고향인 몽골 하늘을 날고 있다는 소식과 2013년 돌고래 제돌이가 고향인 제주 바다로 돌아가 잘 지내고 있다는 기사에서는 뭉클함마저 느껴집니다. 인간의 즐거움을 위한 것이 아닌, 동물을 위한 '노아의 방주'가 되는 것이 오늘날 동물원이 나아가야 할 방향이 아닐까요?

비인간인격체, 감정을 가진 동물

최근 과학계에 '비인간인격체'라는 용어가 자주 등장하고 있습니다. 인간은 아니지만, 인간처럼 자의식을 지닌 동물로 돌고래, 코끼리, 북극곰, 유인원 등의 고등 척추동물들이 비인간인격체에 속합니다. 전문가들은 이 동물들이 거울로 자신을 들여다보며 자아를 인식하고, 고통에 대한 기억을 오래 간직하며 무리를 이루고 살기 때문에 동물원에 가두어 키우기 어렵다고 합니다. 넓은 공간과 세심한 돌봄이 필요하지만, 동물원은 그것을 충족

시킬 수 없기 때문입니다.

범고래도 지능이 높고 감정을 느끼기에 비인간인격체라고 할 수 있습니다. 〈프리 윌리〉와 〈블랙피시〉는 범고래가 주인공인 영화입니다. 1994년에 개봉한 〈프리 윌리〉는 12살 소년 제시가 범고래 윌리와 우정을 쌓는 이야기입니다. 그 어떤 조련사의 말도 듣지 않았던 윌리는 제시의 계속되는 사랑으로 믿음을 쌓고 물 위 도약으로 우정을 표현합니다. 총 세 편의 시리즈물로 구성된 이 영화는 윌리가 수족관을 벗어나고, 제시가 유조선 사고와 불법 고래 포획으로부터 윌리와 윌리의 가족을 구조하는 등 다양한 이야기를 담고 있습니다.

영화에서 윌리를 연기한 범고래의 실제 이름은 '케이코'입니다. 아이슬란드 근해에서 태어나 2살 때 포획되어 수족관에서 살아가던 케이코는 〈프리 윌리〉의 흥행으로 세계적인 주목을 받습니다. 영화에서처럼 범고래를 바다로 돌려보내자는 세계적인 움직임에 몇 년간의 야생 적응 훈련을 거친 케이

코는 2001년 영화의 제목처럼 '자유'를 얻게 됩니다. 그러나 30년이 넘게 수족관에 갇혀 생활했던 케이코는 무리와 어울리지 못하고 방사장으로 되돌아오는 것을 반복하다가 2003년 폐렴으로 세상을 떠나고 맙니다. 바다에서 자유를 되찾은 영화 속의 윌리와 달리, 현실의 케이코는 야생의 삶에 적응하지 못한 것입니다. 오랜 시간 수족관에서 살아온 케이코에게 바다는 자유의 공간이 아니었던 것일까요?

또 다른 영화 〈블랙피시〉는 2010년 미국에서 공연하던 범고래 '틸리쿰'이 자신의 조련사를 물속으로 끌고 들어가서 익사시킨 사건을 바탕으로 만들어졌습니다. 범고래는 돌고래과에서 가장 큰 종으로 지능이 높으며, 무리마다 사용하는 언어가 다를 정도로 사회적인 동물입니다. 아들, 손자, 며느리에 이르는 대가족이 함께 살아가기도 하며, 76마리의 범고래가 대왕고래를 사냥하는 장면이 카메라에 포착되기도 했습니다. 범고래는 영어로 'Killer Whale'이라고 불립니다. 호랑이를 뜻하는 '범'을 붙인 것에서도 범고래가 강력한 포식자임을 알 수 있습니다. 범고래는 물고기뿐만 아니라 바다표범, 바다코끼리, 북극곰과 백상아리까지 잡아먹는 최상위 포식자입니다. 그러나 신기하게도 인간은 공격하지 않아 자연 상태에서는 인간을 먹이로 인식하여 공격한 사례는 한 건도 없다고 합니다. 틸리쿰의 경우, 훈련에서 실수하면 사육사는 다른 범고래에게도 먹이를 주지 않았고 이에 대한 분풀이로 범고래들은 틸리쿰을 공격하고 괴롭혔습니다. 좁은 수족관에서 생활하며 혹독한 훈련으로 지친 틸리쿰에게 다른 범고래의 괴롭힘까지 더해져 극에 달한 스트레스가 조련사를 향한 공격성으로 표출된 것은 아닐까요? 2017년 6월, 마지막 범고래 쇼를 이틀 앞두고 틸리쿰은 결국 세상을 떠납니다. 죽음을 통해 수족관이라는 '감옥'으로부터 자유로워질 수 있었던 틸리쿰… 수족관에 사는 범고래의 대부분이 등지느러미가 휘어져 있다는 점과 2009년에 전시 관람 목적으로 들여온 61마리의 돌고래가 평균 수명의 3분의 1도 살지 못하고 2021년에는 24마리만 남았다는 기사를 통해 우리 인간의 행동을 반성하게 됩니다.

최근 비인간인격체에 대한 관심과 함께 동물복지를 위한 노력이 이어지고 있습니다. 환경부와 해양수산부는 공동으로 「동물원 및 수족관의 관리에 관한 법률」 개정을 추진하여 기존 '등록제' 시설을 '허가제'로 전환하고 전문검사관제를 도입하여 생물 종에 따른 서식 환경을 개선하고자 힘쓰고 있습니다. 2022년 11월 25일에는 「동물원 및 수족관의 관리에 관한 법률」 및 「야생생물 보호 및 관리에 관한 법률」 개정안이 국회 본회의를 통과했습니다. 동물원·수족관이 아닌 시설에서 살아 있는 야생동물을 전시하는 것이 금지되고, 고래류와 같이 전시로 인해 폐사하거나 질병 발생 위험이 큰 종을 신규로 보유하는 것 또한 금지되었습니다. 오락 또는 흥행 목적으로 동물 등에 올라타기, 만지기, 먹이 주기 등의 행위를 금지하고 벌금을 부과합니다. 이번 개정을 통해 동물복지 차원의 문제뿐만 아니라 코로나19처럼 동물을 통해 인간에게도 병이 전염될 수도 있다는 문제를 안고 있는 체험형 동물원 및 이색 동물 카페 등의 문제를 해결할 수 있는 기반이 마련되었습니다. 이 밖에도 동물을 치료하는 수의사의 진료 보조 및 동물 간호를 위한 전문 직종으로 '동물보건사' 제도가 2022년 새롭게 도입되어 동물복지를 위한 움직임이 활발해지고 있습니다.

「세계 동물 권리 선언」의 서문에는 "인간이 다른 동물 종의 존재할 권리를 인정하는 것이 이 세상에서 모든 종이 상생할 수 있는 바탕이다"라고 밝히고 있습니다. 이제는 인권에서 더 나아가 동물권 등 다양한 생명체의 권리까지도 생각하며 모두의 권리를 존중하기 위해 노력해야 할 것입니다.

공존, 지속가능한 지구를 꿈꾸며

생명다양성재단의 대표 최재천 교수는 '생태 백신'의 중요성을 강조하며 코로나19 사태로 인한 세계적 혼란에 대해 "인류는 지금 뿌린 대로 거두고 있다"라고 이야기합니다. 그는 개발하는 데 약 1~3년 정도가 걸리는 약품 백신을 보완하기 위해 '행동 백신'과 '생태 백신'을 주장합니다. 행동 백신이 '사회적 거리두기'에 해당한다면, 생태 백신은 '자연과의 거리두기'라고 할 수 있습니다. 생태 백신의 개념은 제인 구달, 데이비드 애튼버러, 에드워드 윌슨 등이 오랫동안 주장한 것으로, 이는 자연계에서 인간계로 유해한 바이러스와 박테리아가 건너오지 못하도록 하는 자연과의 거리두기를 의미합니다.

코로나19와 기후변화로 인류의 생존마저 위협받고 있는 상황에서 '생태적 전환'이 중요하게 떠오르고 있습니다. 인간 중심적인 무분별한 개발로 팬데믹과 기후 위기를 초래하며 건강을 넘어 생존의 문제까지 직면하게 된 우리는 과연 지혜로운 인간인 '호모 사피엔스'라고 할 수 있을까요? 최재천 교수는 우리에게 남은 유일한 전환은 생태적 전환이며, 이제는 모든 생명체와 공생하는 인간인 '호모 심비우스'로 거듭나야 함을 강조합니다.

지금까지 다양한 영화를 통해 생물다양성과 동물권에 대하여 생각해 보았습니다. '우리 모두는 자연의 일부'라는 제인 구달의 말처럼 인간을 비롯한 다양한 생물들이 공존하는 평화로운 세상을 만들기 위해 우리의 노력이 계속되어야 합니다. 발상의 전환을 통해 인간이 지구의 주인이라는 편견에

서 벗어나 당연하게 누려 온 생태계 서비스가 당연하지 않은 것임을 깨달아야 합니다. 또한 생태계의 진정한 가치를 되새겨 보며 지구의 회복력을 믿고 자연과의 거리두기를 통해 생물다양성을 지켜 나가야 할 것입니다.

이때 우리에게 필요한 것은 '다름의 아름다움'을 읽어 내는 마음이 아닐까요? 우리는 서로 다르기에 더욱 특별하고, 다양한 생명체가 함께하기에 이 세상은 더욱 아름답습니다. 생태 중심적인 관점에서 '연대'와 '실천'이라는 힘찬 발걸음을 함께할 때, 비로소 인류와 자연이 공존하는 지속가능한 지구를 만들 수 있을 것입니다.

HOW TO SAVE OUR PLANET
-우리의 지구를 지키는 방법
WWF-Korea

https://youtu.be/sW3u7nTu-9s

동물도 행복할 권리가 있다,
세계 동물권 선언 40년
스브스뉴스

https://youtu.be/oJhx3ox3z8A

PEACE·PARTNERSHIP

세계시민,
영화로
평화·협력을 만나다

4장에는 다음과 같은 영화 이야기가 나옵니다.

- 틀리다? 다르다! 혐오와 차별이 아닌 차이의 존중

〈셀마(Selma)〉(2014)

〈피부색깔=꿀색(Couleur de peau : Miel, Approved for Adoption)〉(2012)

〈위대한 쇼맨(The Greatest Showman)〉(2017)

〈포카혼타스(Pocahontas)〉(1995)

〈노예 12년(12 Years a Slave)〉(2013)

〈프리덤(Freedom)〉(2014)

〈히든 피겨스(Hidden Figures)〉(2016)

〈그린 북(Green Book)〉(2018)

〈헬프(The Help)〉(2011)

〈피터팬(Peter Pan)〉(1953)

〈아기 코끼리 덤보(Dumbo)〉(1941)

〈아리스토캣(The AristoCats)〉(1970)

〈티파니에서 아침을(Breakfast At Tiffany's)〉(1961)

〈닥터 스트레인지(Doctor Strange)〉(2016)

〈해리포터와 불의 잔(Harry Potter And The Goblet Of Fire)〉(2005)

〈블랙 팬서(Black Panther)〉(2018)

〈샹치와 텐 링즈의 전설(Shang-Chi and the Legend of the Ten Rings)〉(2021)

〈청년경찰〉(2017)

〈방가? 방가!〉(2010)

- 평화와 정의를 숨 쉬게 하려면

〈태극기 휘날리며〉(2004)

〈킹덤 오브 헤븐(Kingdom Of Heaven)〉(2005)

〈호텔 뭄바이(Hotel Mumbai)〉(2018)

〈9/11(Nine Eleven)〉(2017)

〈스파이 브릿지(Bridge of Spies)〉(2015)

〈보리밭을 흔드는 바람(The Wind That Shakes The Barley)〉(2006)

〈택시운전사〉(2017)

〈재심〉(2017)

〈설리: 허드슨강의 기적(SULLY)〉(2016)

틀리다? 다르다!
혐오와 차별이 아닌 차이의 존중

김은지(경기 위례초등학교 교사)

한유미(경기 신원초등학교 교사)

〈셀마〉(2012)

당신의 '살색'은 무슨 색인가요?
인종, 피부색, 출신 국가의 차이로 인한 차별은
어떠한 이유로도 정당화할 수 없습니다.

SDG 10. 모든 종류의 불평등 해소

SDG 16. 평화·정의·포용

〈피부색깔=꿀색〉은 한국에서 태어나 벨기에로 입양된 감독의 자전적인 이야기를 다룬 영화입니다. 부모로부터 버림받은 상처를 지닌 주인공은 자신의 피부를 '꿀색'이라고 표현합니다. 만약 여러분이 이 영화 주인공의 모습을 그리게 된다면 어떤 색 크레파스로 피부색을 표현하고 싶은가요? 우리가 다른 나라로 여행을 가서 "살색 크레파스 주세요"라고 말한다면 과연 어떤 색을 받게 될까요?

2002년 국가인권위원회는 특정 색을 '살색'이라고 표기하는 것은 피부색이 다른 사람들에 대한 차별을 조장한다며 기술표준원에 색깔 이름의 개정을 권고합니다. 이에 '연주황'으로 명칭을 바꾸었고, 2005년에 다시 한번 변경하여 '살구색'이 되었습니다. 단지 '살색'에서 '살구색'으로 글자 하나만 덧붙였을 뿐인데, 차별이 떨어져 나간 것입니다.

미국의 미술용품 제조회사인 크레욜라(Crayola)도 백인의 피부색에 가까운 색깔을 '살색(flesh)'으로 표기해 왔는데, 이 또한 다양한 피부색을 고려하지 않은 차별적 표현이었기에 1962년 '복숭아색(peach)'으로 명칭을 바꾸었습니다. 더 나아가 2020년에는 미국 화장품 업체 맥(MAC)과 협력하여 다양한 인종의 피부색을 담은 24색의 월드 컬러 시리즈를 출시하고 크레용, 색연필, 마커 등의 형태로 판매하고 있습니다.

2019년 4월, 미국 흑인 인권운동가의 SNS 게시물이 온라인에서 화제가 되었습니다. 태어나서 처음으로 자신의 피부색과 같은 색의 반창고를 붙이면서 이를 통해 얼마나 많은 인종차별이 일상에 스며들어 있는지를 깨닫게 되었다는 내용이었습니다. 상대적으로 인종 다양성이 적은 우리나라는 사람들의 피부색이 크게 다르지 않아 인식하지 못할 수도 있지만, 다양한 인종의 사람들로 구성된 다민족 국가에서 이는 매우 민감한 사안입니다. 특정 인종의 피부색을 '평균적인' 피부색으로 규정하는 것은 다양성을 존중하지 않는 인종차별이기 때문입니다.

1920년, 미국 제약사 존슨앤드존슨에서 '연분홍색(soft-pink)'의 일회용 반창고를 출시했고, 유색인종 소비자들은 제품의 기본 색상이 백인 피부색이라는 점에 반발합니다. 이에 1990년대 후반부터 2000년대 중반까지 여러 업체에서 다양한 피부색에 맞춘 반창고를 출시했으나, 많은 상점에서 이 제품을 응급약품 진열대가 아니라 아프리카계 미국인 전용 상품 진열대에 비치하면서 판매 부진으로 단종되는 위기를 맞습니다. 반창고 출시 100주년인 2020년, 존슨앤드존슨은 다양한 피부색의 아름다움을 포용하겠다고 밝히며 다섯 가지 색의 반창고를 다시 출시했습니다.

이 밖에도 피부색과 관련한 인종차별을 줄이려는 노력은 계속되고 있습니다. 2020년, 프랑스 화장품 업체인 로레알은 제품 문구에 '화이트닝(Whitening)' 혹은 '밝은(Fair)' 등의 단어를 사용하지 않겠다고 발표했습니다. 백인이 더 우월하다는 편견을 심어 줄 수 있다고 판단했기 때문입니다. 이에 많은 화장품 회사들도 '브라이트닝(Brightening)' 등의 표현으로 바꾸어 사용하겠다고 밝혔습니다.

우리나라에서도 개선하기 위해 노력하고 있지만, 사람들이 쉽게 구매할 수 있는 생활용품이나 TV 등의 다양한 매체에서 여전히 '살색'이라는 표현을 자주 접할 수 있습니다. 우리는 종종 "저 사람은 우리와 피부색이 틀리네!"라는 표현을 사용하기도 합니다. 여러분은 이 말을 어떻게 생각하나요? 나의 피부색은 옳고, 다른 사람의 피부색은 잘못된 것일까요? '틀리다'는 시험문제를 풀 때처럼 정답과 오답이 있는 경우에 사용합니다. 반면에 '다르다'는 '같다'의 반대말로 비교되는 대상이 '같지 않다'는 '차이'의 의미가 있습니다. 그러나 '다르다'를 써야 하는 상황에 '틀리다'를 사용하는 사람들이 많습니다. '틀리다'는 '맞다' 또는 '옳다'의 반대말로 옳지 않거나 어긋난다는 뜻입니다. '차이'를 이유로 구별하는 '차별'의 의미를 담고 있는 것입니다.

우리는 생김새, 종교, 문화, 성별, 나이, 국적 등이 다른 사람들과 함께 살아갑니다. 외모가 같은 일란성 쌍둥이라고 할지라도 성격과 가치관 등이 다른 것처럼 우리는 모두 다릅니다. 하지만 우리 사회에서는 이러한 '차이'를 이유로 '차별'하는 상황을 찾아볼 수 있습니다.

'다른 것'을 '틀린 것'으로 생각하던 시대

여러분은 '서커스' 하면 무엇이 떠오르나요? 화려한 의상을 입고 높은 곳에서 아슬아슬하게 곡예를 하는 모습, 동물들이 묘기를 뽐내는 장면인가요? 영화 〈위대한 쇼맨〉에서는 공연의 흥행을 위해 '특이한' 사람들을 단원으로 모집합니다. 수염 난 여인, 키가 작은 어른, 온몸에 털이 난 사람 등 이들은 '평범함'과는 어딘가 '다른' 사람들이었습니다.

영화의 배경인 1800년대 초중반에는 인권의 개념이 부재하여 '다른 것'을 '틀린 것'으로 생각하는 사람이 많았습니다. 무대에 오르기를 주저하는 공연 단원에게 공연 기획자 바넘은 이왕 조롱당할 것이라면, 돈 받고 당하는 게 낫다며 설득합니다. 이 특별한 공연은 사람들의 호기심을 불러일으키지만, 공연을 반대하는 사람들은 단원들에게 '괴물'이라고 손가락질을 합니다. 여러분도 쇼의 단원들이 괴물이라고 생각하나요?

유럽에서는 1851년 영국을 시작으로 1870년대부터 1950년대까지 대규모 전시회가 유행처럼 번졌습니다. '만국박람회'라고 불린 이러한 전시회는 개최국의 기술과 문화 발전 수준을 주변 국가에 홍보하는 기회였기에 인기를 끌었습니다. 특히 인기 있었던 것은 아프리카 원주민을 포함한 다양한 인종들을 전시하는 인종 엑스포였습니다. '식민지 원주민 취락 지역'을 통해 사람들에게 다양한 인종을 소개하고 식민지 원주민들의 생활 모습을 보여 준다는 명목이었습니다. 하지만 해당 지역의 원주민을 울타리에 가둬 놓고 구경거리로 삼은 것은 유럽인의 인종 우월의식이 강하게 드러난 것입니다.

1906년 미국에서는 사람을 동물원 유리 안에 전시하는 사건이 벌어졌습니다. 뉴욕의 브롱크스 동물원에서는 1904년 세인트루이스 박람회에 전시되었던 피그미족 청년 '오타 벵가'를 구매하여 원숭이 우리에 넣습니다. 수많은 사람이 벵가의 모습을 보기 위해 동물원을 찾았습니다. 동물원 측은 인간이 침팬지나. 원숭이와 같은 영장류에서 진화한 것을 보여 주기 위해서였다고 해명했으나, 인간 전시가 인권을 침해한다며 반대하는 비판적 여론이 일자 1910년 벵가를 풀어 줍니다. 그러나 사람들에 대한 적대감과 우울증을 겪으며 자신의 처지를 비관하던 벵가는 자유의 몸이 된 지 6년 만에 스스로 생을 마감합니다. 브롱크스 동물원을 운영하는 야생동물 보존협회는 114년 만인 2020년이 되어서야 "당시의 행동은 비양심적인 인종적 편협성을 보였고 많은 사람에게 상처를 주었다"라며 당시의 잘못을 공식적으로 사과하였습니다.

말도 안 된다고 생각되는 이러한 사건이 아시아에서도 발생했다는 사실을 알고 있나요? 여러 차례 유럽의 만국박람회에 참가한 일본은 여러 나라에서 경험한 것을 토대로 1903년과 1907년 오사카와 도쿄에서 만국박람회를 개최합니다. 그곳에는 조선인 남녀가 울타리에 갇힌 채 구경꾼들에게 둘러싸여 있었습니다. 그뿐만 아니라 또 다른 식민지였던 타이완을 포함하여 인도, 방글라데시, 터키 등 여러 아시아 지역의 사람들을 전시했습니다. 일본의 만국박람회는 일본을 방문한 여러 나라의 사람들을 향해 일본 사람이 다른 인종보다 우월하며, 조선을 포함한 다른 나라 사람들은 야만적이라는 편견을 심으려 했습니다. 그러면서 자신들이 아시아 최강자임을 내세우는 기회로 삼은 것입니다.

〈위대한 쇼맨〉에 등장하는 특이한 모습의 단원들은 대부분 선천적인 장애가 있는 사람들이었습니다. 그런데 기형 인간이 인기를 얻자 '후천적으로 기형을 만들어 파는' 사람들도 생겨났습니다. '콤프라치코스'는 스페인어로 어린아이들을 사고파는 상인을 뜻하며, 성장 중인 아이를 납치하여 화학적, 물리적인 힘을 가해 기형으로 만들고 귀족들에게 팔았던 악명 높은 범죄 집단이었습니다. 아이가 더는 자라지 못하도록 관절을 묶고 최소한의 음식만을 제공하여 왜소증 환자로 만들거나 약물을 주입하여 아이들의 얼굴을 기형으로 만들었습니다. 그 과정에서 수많은 아이가 극심한 고통 속에 살아가며 목숨을 잃었습니다. 실제로 17세기 영국 런던의 빈민촌을 중심으로 50년간 수만 명의 아이가 실종되는데, 이는 경쟁적으로 기형 인간을 수집하던 귀족들의 욕심 때문이었습니다. 1869년, 프랑스의 소설가 빅토르 위고는 소설 『웃는 남자』를 출간하여 콤프라치코스의 악행을 고발합니다. 이 소설은 오늘날 뮤지컬 및 영화로도 각색되었습니다.

1840년대부터 1940년까지 100여 년간, 영국과 미국에서는 '기형 쇼(Freak show)'가 선풍적인 인기를 끌었습니다. 기형 쇼란 생물학적으로 특정 신체

부위가 기이한 사람들이 출연한 공연입니다. 2차 세계대전 후인 1948년 유엔 총회에서 「세계인권선언」을 채택하면서 인권의 중요성이 커지고, 이에 더하여 TV, 영화 등 새로운 매체의 출현으로 인해 기형 쇼는 점점 사라집니다.

이후 의학 기술이 발달하면서 기형은 우스꽝스러운 구경거리가 아니라 '장애'라는 인식이 생겨났습니다. 난쟁이는 왜소증을, 온몸에 털이 난 소년은 선천성 다모증을 앓고 있었던 것입니다.

영화 〈위대한 쇼맨〉의 실제 모델이었던 바넘 서커스단은 '인간 동물원'과 '동물쇼'가 차례로 퇴출당하고, 2017년을 끝으로 해체되었습니다. 그렇지만 오늘날에도 기형 쇼는 '믿거나 말거나', '진기명기' 등의 이름으로 여전히 남아 있습니다.

특별한 것, 새로운 것에 관한 관심은 인간의 보편적인 심리입니다. 그러나 '차이'에 대한 인간의 호기심을 돈을 벌기 위한 수단으로 상업화한 것에 대해서 여러분은 어떻게 생각하나요? '다른 것'의 차이를 존중하지 않고, 신기한 구경거리로 생각하며 '틀린 것'으로 여겼던 사회에서 기형 쇼가 한 시대의 문화로 자리 잡으며 차별과 편견을 더욱 심화시킨 것은 아닐까요?

뿌리 깊은 인종차별의 역사

15세기 포르투갈은 아프리카에서 세력을 확장하며 많은 지역을 자국의 식민지로 삼았습니다. 노예 상인들은 서아프리카 해안에서 흑인들을 납치해 노예로 팔아넘기며 막대한 부를 축적했습니다. 이와 비슷한 시기에 에스파냐(지금의 스페인)는 아프리카가 아닌 다른 곳으로 눈길을 돌립니다. 이탈

리아의 탐험가 콜럼버스는 스페인 여왕의 후원을 받아 세 척의 배와 80명의 선원을 이끌고 인도를 찾아 항해에 나섰습니다. 그런데 콜럼버스가 도착한 곳은 인도가 아닌 새로운 땅, 아메리카 대륙이었습니다. 이후 영국, 프랑스, 네덜란드 등 서유럽 국가들이 아메리카 대륙으로 신항로를 개척하면서 '대항해시대'가 열렸습니다. 하지만 '대항해시대'라는 희망찬 표현은 철저히 유럽의 시각일 뿐, 누군가에게는 비극의 서막이었습니다.

영화 〈포카혼타스〉는 아메리카 실존 원주민의 이야기를 각색한 영화입니다. 주인공 포카혼타스는 영국에서 온 존 스미스와 사랑에 빠집니다. 그러나 아름다운 사랑 이야기의 이면에는 아메리카 원주민과 유럽인 간 대립과 비극이 담겨 있습니다. 영국인들은 아메리카에서 황금을 찾기 위해 마음대로 땅을 파헤쳤고, 그 과정에서 저항하는 원주민들에게 무차별적으로 총격을 가합니다. 평화롭게 살고 있던 원주민에게 유럽인은 개척자였을까요? 아니면 침입자였을까요?

16세기 유럽 국가들은 아메리카 대륙에 발을 디딘 후 황금을 찾아다녔으나 큰 소득이 없었습니다. 대신 귀족들의 사치품으로 쓰였던 담배, 목화, 설탕의 원료가 되는 사탕수수를 재배하는 데 관심을 보입니다. 이러한 과정에 많은 노동력을 요구하는 대규모 농장인 '플랜테이션(plantation)'이 생겨났으며, 원주민들이 플랜테이션 노동자로 착취당했습니다. 원주민 중 많은 이들이 힘든 노동과 매질을 견디지 못하고 죽고, 일부는 부당함에 맞서 싸우거나 도망쳤습니다. 원주민의 저항이 거세지자 유럽 국가들은 부족한 노동력을 확보하기 위해 아프리카에서 노예를 수입합니다.

아프리카에서 출발한 노예선은 수백 명의 아프리카인을 태우고 대서양을 건넜습니다. 이동 비용을 줄이려면 최대한 많은 사람을 수송해야 했기

때문에 노예로 팔려 가는 사람들은 옆 사람과 이어진 수갑을 차고 배의 가장 아래인 선창에 장작처럼 포개어져 고통스러워했습니다. 이들은 북미, 남미, 카리브해, 서인도제도 등 여러 곳에서 강제 노동에 시달렸습니다. 노예들에게 신대륙은 희망이 아닌 절망이었습니다.

18세기 초 미국에서는 노예제를 반대하는 목소리가 커지기 시작했습니다. 1787년, 미국은 주마다 노예제를 찬성하는 '노예주'와 노예제를 폐지한 '자유주'로 나뉘었습니다. 1841년을 배경으로 하는 영화 〈노예 12년〉의 주인공 솔로몬은 자유주였던 뉴욕에서 평범한 음악가로 살고 있었습니다. 그러나 인신매매범에게 납치되어 노예주로 팔린 솔로몬은 자신의 이름과 신분을 증명할 길이 없어 '플랫'이라는 이름으로 노예 생활을 하게 됩니다. 계속되는 노력에도 탈출에 실패하여 희망을 잃고 살아가던 솔로몬은 노예제를 반대하던 백인의 도움으로 고향에 편지를 보내고, 극적으로 가족에게 돌아갑니다.

또 다른 영화 〈프리덤〉은 목숨을 걸고 탈출하는 흑인 노예의 이야기를 담고 있습니다. 영화 속 노예선의 모습은 눈을 뜰 수 없을 만큼 끔찍하게 처참합니다. 사람들의 몸 곳곳에는 인두로 낙인이 찍혀 있고 두 손과 발에는 쇠사슬이 채워진 채 옴짝달싹 못 할 좁은 공간에 붙어 있습니다. 기본적인 생리현상을 해결할 수 있는 화장실과 식사 한 끼도 제대로 제공되지 않았습니다. 그렇게 도착한 뒤에는 나이와 건강 상태에 따라 금액이 매겨져 팔려 가고, 농장에서 종일 고된 노동에 시달리며 채찍질을 당하기 일쑤였습니다. 영화 제목인 'freedom'은 우리말로 자유를 의미합니다. 누군가는 흑인 노예들이 자유를 찾을 수 있도록 목숨을 거는 반면, 또 다른 누군가는 노예들의 자유를 뺏고 그들을 소유하기 위해 안간힘을 쓰는 모습이 대비됩니다.

두 영화는 모두 실화를 각색한 영화로 〈노예 12년〉에서 솔로몬을 납치한 노예 상인과 그를 집으로 되돌아갈 수 있도록 도와준 목수, 〈프리덤〉에서 흑인들의 탈출을 돕는 목사와 도망간 노예를 쫓아가서 잡는 노예 사냥꾼 모두 백인이라는 점에서 또 다른 시사점을 줍니다. 백인들이 아프리카인들을 강제로 데려와 억압하고 착취한 것은 분명한 사실입니다. 그리고 그들을 끔찍한 악몽에서 깨어나도록 돕는 사람 역시 백인이었습니다.

1860년 남북전쟁을 거쳐 1863년 미국 대통령 에이브러햄 링컨이 「노예해방선언」을 발표하고, 그로부터 2년 뒤인 1865년에야 미국에서 공식적으로 '노예제 폐지'가 통과되었습니다. 아프리카인들을 억압하고 착취하는 것에 정당성을 부여했던 노예제도가 공식적으로 종지부를 찍은 것입니다. 대서양으로 흑인 노예를 날랐던 노예선 역시 대항해시대와 함께 역사 속으로 사라집니다.

계속되는 인종차별

"나에게는 꿈이 있습니다. 나의 자녀들이 언젠가는 피부색으로 평가받지 않고, 인격으로 평가받는 나라에서 살게 되리라는 꿈입니다." 이는 1963년 인종차별 반대에 평생을 바친 마틴 루서 킹 목사의 연설 일부입니다. 영화 〈셀마〉는 마틴 루서 킹의 연설 이후의 상황을 그립니다. 그가 연설하던 날에는 약 25만 명의 아프리카계 미국인들이 자유와 권리를 위해 행진했는데, 이는 1964년 「민권법」, 1965년 「투표권법」이 통과하는 데 큰 영향을 미칩니다. 1964년, 마틴 루서 킹은 인류 평화를 위한 노력을 인정받아 노벨평화상을 수상합니다. 우리는 이 영화에서 백인 남성의 특권으로 시작된 미국의 참정권이 흑인에게 확대되기까지 절대 쉽지 않은 과정이었음을 확인할 수 있습니다.

이 밖에도 여러 편의 영화에서 인종차별의 모습을 살펴볼 수 있습니다. 영화 〈히든 피겨스〉는 인종차별에 맞서 뛰어난 능력으로 NASA의 역사를 바꾼 여성 세 사람의 실화를 바탕으로 합니다. 주인공들은 사무실에서 800m 떨어진 유색인종 전용 화장실을 이용해야 했으며, 여자라는 이유로 중요한 회의에 참석하지 못합니다. '천재성에는 인종이 없고, 강인함에는 남녀가 없고, 용기에는 한계가 없다'라는 〈히든 피겨스〉의 광고 문구는 여전히 다양한 차별이 일어나고 있는 오늘날 우리에게 깊은 울림을 줍니다.

영화 〈그린 북〉도 인종차별을 다루고 있습니다. '그린 북'은 흑인들이 이용 가능한 숙소와 식당의 정보가 담긴 여행 지침서입니다. 미국에서 유색인종에 대한 차별이 심했던 시절, 백인 인종차별주의자가 흑인 피아니스트의 매니저로 '그린 북'에 의지하여 함께 여행을 떠나며 겪는 이야기를 그렸습니다.

백인 주인과 한 식탁에 앉을 수 없고, 화장실 또한 같이 쓸 수 없었던 시대의 흑인 가정부 이야기를 그린 〈헬프〉도 인종차별에 관한 영화입니다.

흑인의 참정권을 인정한 지 50여 년이 지난 지금, 우리가 사는 세상은 피부색으로 차별하거나 평가받지 않는 세상으로 바뀌었나요? 2020년 여름, 많은 사람이 미국 전역에서 "흑인의 목숨도 소중하다!"라고 외치며 거리를 행진했습니다. BLM 운동은 'Black Lives Matter'의 약자를 따서 만든 구호로, 인종차별에 맞서는 전 세계적인 비폭력 시민운동입니다. 사람의 목숨은 모두 소중한데, 왜 이런 말이 나오게 되었을까요?

BLM 운동은 2012년 미국 플로리다주에서 히스패닉계 백인 '조지 지머먼'이 총을 쏘아 아프리카계 흑인 소년 '트레이번 마틴'을 사망하게 했으나 이듬해 무죄 판결을 받은 사건에서 시작합니다. 2014년에는 백인 경찰관의 무차별 총격으로 흑인이 사망하는 사례가 잇따라 발생했지만 대부분 기소되지 않거나 무죄 판결을 받았습니다. 2020년에는 백인 경찰이 운전 중이던 흑인 남성을 체포하는 과정에서 약 10분간 무릎으로 흑인 남성의 목을 눌러 사망하게 하는 사건이 벌어지기도 했습니다.

이 사건으로 경찰의 공권력 남용 문제가 제기됨과 동시에 인종차별에 대한 사람들의 분노가 커져 항의 시위가 다시 확산되었습니다. BLM 운동은 온·오프라인으로 널리 퍼져 나가며 전 세계에 인종차별 문제의 심각성을 일깨웠습니다. 이러한 이유로 BLM 운동은 스웨덴 인권상 수상자로 선정되었고 노벨평화상 후보에도 올랐습니다. 단순한 항의 시위가 아닌 인권 수호를 위한 행동으로 인정받은 것입니다.

2020~2021년에는 '아시아인 혐오 범죄 반대 운동'도 활발히 전개되었습니다. 전 세계 사람들이 이용하는 SNS인 트위터는, 2021년 한 해 동안 트

BLM 운동과 아시아인 혐오 반대 메시지가 담긴 벽화

위터에서 가장 많이 재공유된 글이 가수 방탄소년단(BTS)이 올린 차별 반대 글이라고 밝혔습니다. 해당 글에는 아시아인 혐오 반대라는 의미의 'Stop Asian Hate'라는 해시태그가 달려 있습니다. 사실 아시아인에 대한 혐오는 갑자기 시작된 게 아닙니다. 1882년 미국에서 제정한 중국인들의 미국 이민 금지법은 1965년이 되어서야 폐기되었습니다. 2020년, 코로나19의 확산으로 인해 아시아계 사람들에 대한 무차별적인 증오 범죄가 급증합니다. 코로나19가 최초로 확산된 중국 우한지역의 이름을 붙여 '중국 바이러스', '우한 바이러스'라고 부르며 중국인을 대상으로 묻지마 폭행이 일어났습니다. 2021년 3월에는 미국 애틀랜타에서만 하루 동안 두 건의 총격 사건으로 총 6명의 아시아계 여성이 사망했습니다.

필리핀계 여성 노인이 발길질을 당하는데도 건물 경비원은 지켜보기만 했습니다. 집 앞을 청소하던 중국계 여성은 지나가던 남성이 휘두른 둔기에 머리를 맞아 혼수상태에 빠졌습니다. 지하철을 타고 있던 흑인 남성은 아시아계 남성을 이유 없이 무차별적으로 폭행했으나 함께 타고 있던 사람들은 환호를 보냈습니다. BLM 운동이 공권력의 남용에서 비롯된 것과 달리, 아시아인 혐오 범죄는 다수의 시민으로부터 시작되었다는 점에서 차이가 있습니다.

비영리 인권 단체인 'Stop AAPI Hate'는 2020년 3월부터 2021년 2월까지 접수된 아시아인 혐오 범죄가 약 3,800건이라고 발표했습니다. 하루 평균 11건의 인종차별이 사건이 발생한 셈입니다. 앞서 소개한 BLM 운동과 비교해 아시아인 증오 범죄는 사회적 관심이나 지원이 부족하고, 일부 사건에만 치중하여 다뤄지고 있어 보복성 피해를 걱정하는 아시아계 사람들의 고민은 여전합니다. 백인 우월주의에서 비롯한 이민자들에 대한 적대적인 태도, 다른 인종에 대한 편견과 조롱, 인종차별적 언행이 오늘날 혐오범죄로 이어지고 있습니다. 마틴 루서 킹이 꿈꾸던 '피부색이 아닌 인격으로 평가받는 세상'은 언제쯤 올까요? 피부색이 달라도 우리는 모두 같은 '사람'입니다. 편견에서 벗어나 차별 없는 세상에서 평화롭게 살아갈 수 있도록 인권 감수성을 높이려는 개인의 노력과 함께 제도 개선도 이루어져야 할 것입니다.

미디어 속 인종차별과 변화를 위한 움직임

여러분은 전 세계 어린이들이 열광하는 디즈니의 고전 애니메이션에도 인종차별이 숨겨져 있다는 사실을 알고 있나요? 1950년대 이후 제작한 여러 영화에서 인종차별적 요소를 찾아볼 수 있습니다. 〈피터팬〉에서는 아메리카 원주민들을 '레드 스킨'이라고 부릅니다. 이는 원주민들의 붉은 피부를 가리키는 인종차별적인 표현입니다. 〈아기 코끼리 덤보〉에서 주인공 덤보를 도와주는 까마귀 '짐 크로'는 공공기관에서 백인과 흑인을 분리하도록 했던 미국 남부의 인종 분리법의 이름이기도 합니다. 〈아리스토캣〉에서도 뻐드렁니에 눈꼬리가 치켜 올라간 고양이와 서툰 영어 억양을 사용하며 젓가락으로 피아노를 연주하는 고양이가 등장하여 아시아인에 대한 비하가 아니냐는 비판을 받았습니다.

이에 디즈니는 자체 플랫폼을 통해 방영하는 해당 작품에 인종차별 경고 문구를 부착했으며, 2021년부터는 '7세 이하 시청 금지' 콘텐츠로 분류했습니다. 디즈니는 "이러한 인종차별적인 고정관념은 당시에도 잘못됐고, 지금도 잘못됐다"라며 "우리는 이러한 콘텐츠를 제거하기보다는 유해성을 인정하고, 그로부터 배우고 대화를 촉발하여 더 포용적인 미래를 함께 만들고 싶다"라고 밝혔습니다.

미디어 속에 등장하는 또 다른 인종차별 사례로는 화이트워싱(Whitewashing)이 있습니다. 화이트워싱이란 원작에서의 배역이 백인이 아님에도 불구하고 굳이 백인 배우를 캐스팅하는 관행을 나타내는 용어입니다. 오드리 헵번이 출연한 영화 〈티파니에서 아침을〉에서는 백인 배우가 뻐드렁니와 찢어진 눈을 지닌 일본인으로 분장하여 우스꽝스러운 영어 발음으로 연기했습니다.

영화 〈닥터 스트레인지〉도 티베트계 아시아인으로 설정된 원작과 달리 백인 배우를 해당 인물의 배역으로 캐스팅하면서 아시아계 배우들과 단체들로부터 인종차별이라는 비판을 받았습니다. 판타지 소설을 원작으로 하는 〈해리포터와 불의 잔〉에서 '초 챙'을 연기한 중국계 배우 케이티 렁은 영화 출연 당시 온라인에서 많은 사람에게 인종차별을 당했으나 영화 홍보 담당자로부터 "인종차별 공격에 관한 질문을 받으면 사실이 아니라고 답변하라는 말을 들었다"라고 밝혔습니다. 더군다나 '초 챙'이라는 등장인물의 이름이 중국인을 비롯해 동양인을 비하하는 표현인 '칭챙총'에서 따온 것이 아닌지 논란이 있었습니다.

그러나 이렇게 백인에 의한 인종차별만 벌어지는 것은 아닙니다. 우리나라에서도 얼굴을 까맣게 분장한 '블랙페이스(Blackface)'가 여러 차례 논란이 되었습니다. 블랙페이스의 유래는 백인 배우가 흑인처럼 분장한 뒤 우스꽝스럽게 묘사하며 흑인을 비하한다는 의미가 담겨 있습니다. 국내 코미디 프로그램에서 개그맨이 블랙페이스를 한 것이나 아이돌 가수의 콘서트에서 흑인 가수를 패러디하며 흑인으로 분장했던 일 등은 많은 사람들의 비판을 받았습니다.

다행스럽게도 최근에는 이러한 차별을 차이로 바꾸는 노력이 많아지고 있습니다. 〈티파니에서 아침을〉의 감독 블레이크 에드워즈는 "할 수만 있다면 영화 속 일본인 배역의 설정을 바꾸고 싶다"라며 당시의 선택을 후회한다고 밝혔습니다. 〈블랙 팬서〉는 마블 영화사 최초의 흑인 히어로 영화로 그동안 비주류로 여겨졌던 아프리카계 인물을 주인공으로 내세워 흑인의 인종적 정체성을 잘 담아냈다는 평을 받았습니다. 영화는 가난, 전쟁, 독재 등으로 영화 속에서 부정적인 이미지가 강했던 아프리카를 흑인 감독의 연출력과 아프리카 문화를 기반으로 한 줄거리와 긍정적인 이미지로 풀어내며 많은 흑인의 환호를 이끌어 냈습니다. 또한 2021년 개봉한 〈샹치와 텐 링즈의 전설〉은 마블 영화사에서 제작한 최초의 동양인 캐릭터 단독 주연 영화라는 점에서 의미가 있습니다.

인종의 다양성을 고려하지 않는 미디어 산업을 향한 비판이 이어지자

TV 방송 및 영화 제작사는 작품에 여러 인종이 다양한 배역으로 등장할 수 있도록 하고 있습니다. 이에 더하여 영국 BBC를 비롯한 여러 방송사는 자체적으로 인종, 지역에 따른 차별 금지 정책을 만들어 시행 중입니다. 특히, 드라마에 소수인종 할당제를 도입하여 다양한 인종이 등장하고, 특정 인종에 편견을 심어 줄 만한 배역을 설정하지 않도록 주의를 기울입니다.

우리나라도 이와 비슷하게 지역 차별적인 발언이나 대사를 지양하는 내용의 방송 심의 규정이 있습니다. 여기에는 사투리를 우스꽝스럽게 표현하여 특정 지역의 사람들을 희화화하거나, 특정 지역의 인물에게 머슴, 조폭, 가사도우미와 같이 사회적 지위가 낮은 직업을 부여해 시청자들이 편견을 갖지 않도록 하는 내용이 포함되었습니다. 그런데 우리나라 드라마의 등장인물 대부분이 한국인임을 생각하면 소수인종 할당제와 같은 제도들이 얼마나 파격적이고 진취적인지 알 수 있습니다. 미디어 속 인종차별 감소를 위해 이러한 사례들을 참고하여 우리나라도 인종적 다양성을 존중하는 방향으로 나아가는 것은 어떨까요?

오늘날 정보화 사회가 진행될수록 TV, 인터넷을 포함한 다양한 매체에 대한 사람들의 접근성은 이전보다 높아지고 있습니다. 미디어가 사람들의 생활과 밀접해진 만큼 우리도 모르는 사이에 편향적이고 잘못된 메시지를 전달받고 있는 것은 아닌지 생각해 보기를 바랍니다.

우리는 인종차별로부터 자유로울까?

운동선수 손흥민이 국제 축구 경기에서 골을 넣자 상대 팀 응원석의 한 관중이 손가락으로 눈을 찢는 행동을 하는 장면이 카메라에 잡혔습니다.

쌍꺼풀이 없고 얇고 긴 동양인의 눈을 흉내 내는 것으로 아시아인을 조롱하는 대표적인 동양인 비하 행동입니다. 이는 손흥민 선수뿐 아니라 해외 스포츠 리그에서 활약하는 우리나라의 많은 운동선수가 오랜 시간 동안 공통적으로 당해 온 인종차별입니다. 국제축구연맹(FIFA)과 국제올림픽위원회(IOC)는 국제 스포츠 행사에서 특정 인종을 비하하는 말과 행동을 엄격하게 규제하고 있으며 영국, 호주 등 인종차별 금지법이 제정된 나라는 이런 표현을 법적으로도 제재하고 있습니다.

동양인 비하는 비단 스포츠계에서만 발생하는 일이 아닙니다. 다국적 커피 전문점 S사는 여러 차례 인종차별 행위로 비난을 받았습니다. 해당 카페에서는 음료를 주문한 사람의 닉네임을 컵에 표시할 때 점원이 동양인의 얼굴을 눈이 찢어진 사람으로 그리고, 또 다른 곳에서는 중국인 비하 표현인 '칭(CHING)'이라고 표기했습니다. 이와 관련해 SNS에서 '나도 비슷한 인종차별 경험이 있었다'라는 글이 줄지어 올라오기도 했습니다. 해당 커피 전문점이 전 세계에서 운영되고 있음에도 불구하고 모든 고객을 향한 최선의 서비스를 제공하기는커녕 특정 국가, 인종을 차별한다면 전 세계 소비자가 해당 기업을 부정적으로 인식하게 되지 않을까요?

그러나 다른 나라를 비판하기 전에 과연 우리는 인종차별로부터 자유로운지 살펴볼 필요가 있습니다. 법무부 통계에 따르면 2019년 국내 체류 외국인은 약 252만 명으로 우리나라 전체 인구의 4.9%에 달합니다. 다문화 사회로의 진입을 앞둔 시점에 과연 우리나라 국민은 이에 걸맞은 시민의식을 갖추고 있는지 되돌아보아야 합니다.

영화 〈청년경찰〉에서 두 주인공은 납치된 여성을 구하기 위해 서울 영등포구 대림동의 한 식당을 찾아갑니다. 영화는 대림동을 위험 지역으로 묘사하고, 험상궂은 표정의 한국계 중국인(조선족) 남성들이 그들을 위협합니다. 이에 조선족 단체가 "영화 속 장면이 조선족에 대한 혐오를 조장한다"라며 영화 상영 중지 및 손해배상 청구 소송을 제기하기도 했습니다. 〈청년경찰〉 외에도 다수의 한국 영화에서 이들은 범죄자, 인신매매범, 청부살인범으로 등장합니다. 하지만 한국에 거주하는 모든 조선족이 범죄를 저지른다고 할 수 있을까요? 영화에 나타난 특정 집단에 대한 편견과 차별은 현실에서 해당 집단을 바라보는 사람들의 인식에 무의식적인 영향을 미칠 수 있습니다.

모국을 떠나 한국에서 일하는 이주노동자는 매년 증가하고 있습니다. 2021년 5월 기준으로 국내에 3개월 이상 거주한 외국인은 133만 명이며 이 중 외국인 취업자는 약 86만 명입니다. 국적으로는 한국계 중국인이 36%, 베트남 13%, 중국 10%, 기타 아시아 30%로 아시아계 인구가 전체의 90%를 차지했습니다. 우리나라도 더는 '단일민족국가'가 아닙니다.

영화 〈방가? 방가!〉는 계속해서 취직에 실패한 주인공 방가가 이국적인 외모를 이용해 국적을 부탄으로 속이고 외국인 노동자로 생활하는 이야기입니다. 2010년 개봉 당시에는 이주노동자의 삶을 그린 코믹영화로 호평을 받았으나 지금의 시선에서 보면 마냥 웃을 수는 없습니다. 영화에 나타나는 임금 체불과 외국인을 향한 조롱, 강제 출국의 위협, 이주여성을 향한 성추행 등 인종차별적 요소들은 이주노동자를 바라보는 우리의 시선을 적나라하게 드러냅니다.

우리는 주변에서 중국인을 향해 '짱깨'라고 하거나 일본인에게 '쪽발이'라는 표현을 하는 모습을 쉽게 접할 수 있습니다. 짱깨는 '짜장면'을 속되게 이르는 표현이고, 쪽발이는 일본의 나막신 '게다'를 신은 모습을 뜻하는 말로,

중국인과 일본인을 비하하는 혐오표현에 속합니다. 최근 국내에 동남아시아계 이주노동자가 늘어나면서 이들을 향해 '똥남아'라는 표현을 사용하기도 합니다. 이런 혐오표현은 각종 미디어와 SNS를 통해 청소년들에게 더욱 자주 노출되고 있습니다. 모델 한현민은 나이지리아인 아버지와 한국인 어머니 사이에서 태어났습니다. 그는 방송을 통해 사람들이 자신을 '흑형'이라고 표현하는 것에 거부감을 드러냈습니다. 백인을 향해 '백형'이라고 하거나 아시아인에게 '황형'이라고 하지 않으면서 흑인의 피부색을 빗대어 '흑형'이라고 하는 것은 친근함으로 둔갑한 인종차별적 표현입니다.

인종차별과 증오범죄는 어느 순간 갑자기 나타나는 게 아니라 일련의 단계를 거쳐 심화됩니다. 혐오 피라미드의 구분에 따르면 혐오는 편견, 혐오표현, 차별행위, 증오범죄, 집단학살의 다섯 단계로 나뉩니다. 처음에는 특정 집단에 대해 가졌던 편견이 타인과 공유하면서 부정적인 생각이 굳어지고, 차별적 혐오표현이 누적되면 증오범죄로 이어집니다. 코로나19로 인한 동양인 혐오 및 묻지마 폭행 사건 등이 바로 여기에 해당합니다. 죄책감은커녕 차별받아 마땅하다는 보복심리에 의한 폭력이 발생하는 것입니다.

과거 독일 나치 정권에서 유대인을 집단 학살했던 홀로코스트도 처음에는 개인의 편견에서 시작되었고, 백인우월주의자 비밀 결사 단체인 KKK도 미국에서 수백 명의 백인이 흑인과 유색인종을 집단 폭행 및 살해한 사건도 처음에는 단 6명의 단원에서 시작되었습니다. 일제강점기였던 1923년 관동대지진 이후 조선인이 우물에 독을 탔다는 유언비어가 확산하면서 일본인들이 조선인 6,000여 명을 살해했던 '관동대학살'도 편견과 혐오에서 비롯한 집단학살입니다.

이처럼 증오범죄나 집단학살의 배경에는 누적된 차별과 편견이 있었습니

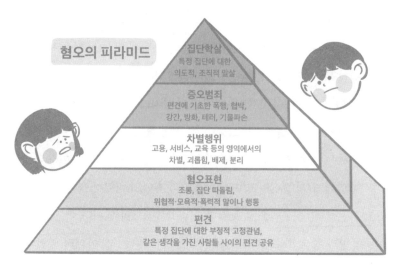

혐오의 다섯 가지 단계를 보여주는 피라미드(The pyramid of hate)

다. 오늘날에도 이주노동자, 유색인종, 무슬림, 난민, 성소수자 등 다른 집단에 대한 편견과 혐오표현이 존재합니다. 사회적으로는 '글로벌'과 '세계시민'을 강조하지만, 여전히 다른 국적이나 다른 인종의 사람에게 배타적인 태도를 보이기도 합니다. 편견이 지속되고 심화되면 어떤 문제가 발생할까요? 편견이 사회적 차별로 굳어지지 않도록, 이제는 인종차별의 피해에만 초점을 맞추기보다 우리의 인종차별적 태도를 반성해야 합니다. 여러분 스스로도 백인에게는 우호적이지만, 동남아 이주노동자에게는 편견으로 대하고 있지는 않은지 생각해 봅시다.

차이를 존중하는 아름다운 세상

우리의 피부색에는 옳고 그름이 없습니다. 서로 다른 다양한 피부색이 있을 뿐입니다. 그렇다면 '다름'을 이해하고 다양성이 존중받는 평등한 사회를 만들기 위해서는 어떻게 해야 할까요? 다양한 피부색을 고려한 제품을 생각하고, 영화 제작 과정에서 여러 인종의 배우를 주연으로 캐스팅하는 등 기업의 노력뿐만 아니라 사회 정책이나 제도적인 뒷받침이 함께 이루어져야 합니다. 무엇보다도 서로의 차이를 인정하고 있는 그대로의 아름다움을 느끼는 등 사회 구성원의 의식 변화가 선행되어야 할 것입니다.

1948년 12월 10일, 유엔 총회에서 채택된 「세계인권선언」은 다양성을 인정하고 모든 사람을 존중해야 함을 강조하고 있습니다. 평화로운 세상에서 살기 위해서는 우리 스스로 차별과 편견에서 벗어나 '다름'을 이해하려는 포용적인 태도가 중요할 것입니다. 그 시작으로 '다르다'를 '틀리다'로 사용하던 습관을 바로잡아 봅시다. 말은 보이지 않는 힘이 있으므로 사람들을 바꾸고, 우리는 여기서 더 나아가 세상을 아름답게 바꿔 나갈 수 있을 것입니다. 모두가 평등하고 존중받는 아름다운 세상을 만들기 위해 세계시민으로 성장하는 여러분이 되길 바랍니다.

인권 공부 첫걸음(존엄성)

국가인권위원회

https://youtu.be/_LjjNF380g4

지식채널e: 〈모든 사람〉 2부 차별의 발견

국가인권위원회

https://youtu.be/ziQUssSilOI

평화와 정의를
숨 쉬게 하려면

이상모(강원 북원초등학교 교사)

〈태극기 휘날리며〉(2004)

세상을 자세히 들여다보면 아직 평화롭지 못한 곳이 많고,
여전히 정의롭지 않은 일이 일어나기도 합니다.
당신은 평화롭고 정의로운 곳에서 살고 있나요?

SDG 16. 평화·정의·포용

인류와 전쟁의 역사

인류의 역사는 전쟁의 역사라 할 만큼 수많은 전쟁이 일어났고, 그로 인해 수많은 사람이 희생됐습니다. 최근 100년 동안 250차례 이상의 전쟁에서 무려 1억 1,000만 명 이상의 인간이 목숨을 잃었다고 합니다. 그런데도 여전히 세계 곳곳에서 전쟁이 끊이지 않고 있습니다.

전쟁의 기원은 신석기시대에서 찾을 수 있습니다. 신석기시대 이전에는 수렵·채집 생활을 했고, 비교적 적은 사람들이 모여 살았기 때문에 전쟁이 거의 일어나지 않았습니다. 신석기시대에 접어들면서 인류가 한곳에 정착하고, 농사를 짓기 시작하면서 사유재산의 개념이 생깁니다. 게다가 집단의 크기도 점차 커집니다. 그래서 다른 집단으로부터 지켜야 할 재산이 생기고, 이를 서로 뺏고 뺏기면서 전쟁이 일어나게 됩니다.

인류는 처음부터 재산을 다른 사람과 나누는 데 인색했습니다. 오히려 나와 가까운 사람들로 집단을 만들어, 이를 더욱 공고히 했습니다. 이와 같은 인간의 모습은 '배타성'으로 자리 잡습니다. 그리고 배타성은 예나 지금이나 다른 집단에 대한 적대감을 키워 전쟁의 도화선이 되곤 합니다.

반면, 북아메리카의 인디언 부족은 '포틀래치(potlatch)', 오세아니아의 멜라네시아 부족은 '쿨라(kula)'라는 선물 증여·교환 풍습으로 타 집단과의 평화를 유지했습니다. 나눔과 공유를 통해 전쟁 우려를 불식시킨 원시 인류의 사례는, 앞서 언급한 '배타성'과 대비되는 성향도 인간의 내면에 공존하고 있음을 알려 줍니다.

전쟁이 발발하는 공통적인 이유는 나와 다른 것을 인정하고 존중하지 않는 배타적인 태도에 있습니다. 내 생각만이 옳고, 나와 다른 생각을 하는 집단은 친구가 될 수 없다는 태도는 지속해서 대립과 갈등을 만들어 왔습니다.

하지만 나눔과 공유의 태도는 전쟁 종식의 실마리를 제공합니다. 내 생각이 옳지만, 너의 생각도 옳다. 어떤가요? 모두가 이러한 마음가짐을 가진다면 전쟁은 일어날까요?

사랑과 평화를 외치는 종교, 그리고 전쟁

영화 〈킹덤 오브 헤븐〉은 유대교, 기독교, 이슬람교의 성지가 모여 있는 '예루살렘' 지역의 지배권을 두고 벌이는 종교전쟁을 다루고 있습니다.

영화의 배경이 되는 십자군전쟁은 11세기 말부터 13세기 말까지 벌어진 유럽의 기독교 국가들과 이슬람교를 믿는 셀주크 튀르크족의 전쟁입니다. 당시 예루살렘을 차지하고 있던 셀주크 튀르크족은 유럽의 기독교인들이 자신의 땅인 예루살렘을 방문하는 것을 못마땅하게 여겨 길을 차단합니다. 이에 기독교의 성지를 방문하는 것을 종교적 의무로 생각하던 유럽의 기독교인들이 반발하면서, 세 차례에 걸쳐 무려 175년 동안 전쟁이 이어집니다. 얼마나 많은 생명이 전쟁 속에서 사라졌을지 짐작할 수조차 없습니다.

십자군전쟁은 현대에 이르러 이스라엘-팔레스타인 분쟁으로 이어졌습니다. 예루살렘이 위치한 아시아의 서쪽 끝 팔레스타인 지역은 기나긴 시간 동안 로마, 아랍 등 여러 차례 주인이 바뀐 끝에 기원전 12세기부터 서아시아계인 팔레스타인 민족이 살고 있었습니다. 하지만 1948년 유대인이 들어와 이스라엘을 건국하면서 분쟁이 일어났습니다. 이스라엘에 밀려 난민으로 전락한 팔레스타인인과 주변 이슬람 국가들이 이스라엘을 상대로 대규모 전쟁을 일으켰습니다. 그렇게 시작된 이스라엘-팔레스타인 분쟁은 여전히 진행 중입니다. 여러 차례 평화협정에도 불구하고 예루살렘을 평화롭게 공유하는 방법을 찾지 못한 채 끝없는 전쟁을 이어 가고 있습니다.

기독교의 성지를 순례하는 유럽인에게 셀주크 튀르크족이 기꺼이 길을 내주었다면, 이스라엘과 팔레스타인이 예루살렘을 평화롭게 공유했다면 전쟁은 일어나지 않았을 겁니다. 그들은 왜 평화를 지키는 방법을 외면했을까요?

종교전쟁 영화에서 인간은 '신의 뜻'임을 외치며 칼을 높이 쳐듭니다. 하지만 진정한 신의 뜻을 행하는 인간은 그곳에 없습니다. 모든 종교가 사랑과 평화를 가르치는데도, 종교로 인한 전쟁이 끊이지 않는다는 점은 참으로 아이러니합니다.

테러로 이어지는 종교전쟁

영화 〈호텔 뭄바이〉는 2008년 인도 뭄바이에 있는 호텔에 파키스탄의 이슬람 극단주의 무장단체가 침입하여 일으킨 '뭄바이 연쇄 테러'를 모티브로 제작되었습니다. '테러'란 폭력을 써서 적이나 상대편을 위협하거나 공포에 빠뜨리게 하는 행위를 말합니다.

국민 대부분이 힌두교를 믿는 인도와 이슬람 국가인 파키스탄은 오랫동안 전쟁을 했고, 지금도 민족, 종교, 영토 분쟁을 빚고 있습니다. 190년간 영국에게 나라를 빼앗겼던 인도는 2차 세계대전이 끝난 후인 1947년에 독립에 성공했지만, 독립의 기쁨도 잠시뿐 그전부터 잠재되어 있던 종교 갈등이 폭발합니다. 결국 인도 내 이슬람교도가 분리 독립하여 파키스탄을 건국

합니다.

게다가 인도와 파키스탄의 경계에 있는 카슈미르 지역은 파키스탄의 분리 독립 직후에 큰 갈등을 겪습니다. 이슬람교를 믿는 카슈미르 주민들은 카슈미르가 파키스탄에 편입하기를 원했지만, 힌두교도인 카슈미르의 지도자가 일방적으로 인도에 편입하도록 결정했기 때문입니다. 이에 카슈미르 주민이 반발하고, 인도와 파키스탄이 모두 개입하면서 인도-파키스탄 전쟁이 일어납니다.

인도-파키스탄 전쟁은 세 차례에 걸쳐 일어났고, 그 과정에서 많은 사람이 죽었습니다. 지금도 경쟁적으로 핵무기를 개발하는 등 두 나라의 증오는 풀릴 기미가 보이지 않습니다. 꼬여 버린 평화의 실타래를 어디서부터 풀어 나가야 할까요?

21세기로 접어들며, 이슬람 극단주의 무장단체의 테러는 난민 등 복잡한 정치·사회적 문제와 얽혀 유럽과 미국으로 번져 가는 모양새입니다. 대표적인 예로 미국에서 일어난 '9·11 테러'를 들 수 있습니다. 9·11 테러는 2001년 9월 11일에 이슬람 테러 단체인 '알카에다'가 민간 항공기 네 대를 납치하여, 그중 두 대로 미국 경제의 상징과도 같았던 세계무역센터를 들이받아 무너뜨린 끔찍한 사건입니다. 이 사건으로 무려 2,977명이 무고하게 희생됐습니다.

〈9/11〉은 9·11 테러 당시 세계무역센터 안에 있었던 시민들의 모습을 담은 재난 영화입니다. 9·11 테러로 직간접적인 피해를 받아 외상후스트레스장애(PTSD)에 시달리는 미국인이 무려 7만 명이 넘는다고 합니다. 영화는 테러를 당한 시민들이 얼마나 급박한 상황에 내몰렸는지를 자세히 보여 줍니다.

9·11 테러가 일어난 까닭은 무엇일까요? 첫 번째 원인은 일부 이슬람 극

단주의자들의 잘못된 믿음 때문입니다. 이슬람 극단주의자들은 이슬람 교리를 자의적으로 해석하여, 이슬람교의 부흥을 위해서는 폭력도 허용한다고 보고 있습니다. 이러한 믿음은 테러리즘으로 발전했습니다. 이슬람 극단주의자들은 9·11 테러 이후에도 2004년 스페인 마드리드 열차 폭탄 테러, 2016년 프랑스 니스 테러 등 수많은 테러로 전 세계인을 공포에 떨게 만들고 있습니다. 하지만 이슬람교는 분명 평화를 추구합니다. 이슬람 성경인 코란은 다음과 같은 내용을 언급합니다. "적이 평화 쪽으로 기울인다면 그쪽으로 향하라." 이슬람교도 대부분은 이슬람교를 자비와 관용의 종교이며 평화를 지향한다고 말합니다.

두 번째 원인은 앞서 언급한 이스라엘-팔레스타인 분쟁과 깊은 연관이 있습니다. 이스라엘의 건국 이래로, 미국은 이스라엘과 친밀한 동맹 관계를 유지하고 있습니다. 그래서 미국은 이스라엘과 이슬람 국가 사이의 분쟁이 일어날 때마다 이스라엘의 편을 많이 들었습니다. 이와 같은 미국의 태도는 이슬람 국가의 반발을 불러일으켰고, 분쟁의 해결은커녕 테러라는 끔찍한 결과를 맞도록 했습니다. 여기에 2017년 미국의 트럼프 대통령이 예루살렘을 이스라엘의 수도로 선언하면서 또다시 큰 논란이 일어났습니다. 예루살렘을 국제법상 어느 나라에도 속하지 않는 도시로 만들어 이스라엘과 이슬람 국가 사이의 평화를 유지하는 상황에서, 트럼프 대통령의 선언은 불난 집에 기름을 부었습니다.

무고한 민간인의 생명을 빼앗는 테러는 어떠한 이유로든 정당화될 수 없습니다. 그렇다고 국가 간의 갈등을 보복과 전쟁만으로 해결하려는 태도도 옳지 않습니다. 민족, 종교, 영토를 초월하여 모든 이의 생명은 존중받아야 마땅합니다.

이념으로 갈라선 나라

영화 〈태극기 휘날리며〉는 이념 때문에 갈라진 우리나라의 전쟁을 다룹니다. 특히 남과 북으로 갈려 서로에게 총을 겨눠야만 하는 형제의 모습은 민족의 비극을 더욱 처절하게 보여 줍니다.

자본주의는 정부가 질서를 유지하는 역할만을 맡고, 시민이 주도하는 사회를 말합니다. 국가는 개인의 사유재산을 인정하고, 개인은 이윤을 얻기 위한 경제활동을 합니다. 사회주의는 정부가 주도하여 사회를 이끌고, 이익을 모든 사람에게 똑같이 나누는 사회를 지향합니다. 그 때문에 초기 사회주의 국가는 사유재산을 인정하지 않았지만, 지금은 모든 사회주의 국가가 사유재산을 인정하고 있습니다.

자본주의와 사회주의 중 어떤 것이 더 우월하다고 함부로 판단할 수는 없습니다. 더욱이 1945년 당시, 국가 이념을 결정한다는 것은 우리나라 국민에게는 훨씬 어려운 일이었겠지요. 하지만 이념이라는 것이 민족을 갈라서게 할 만큼 중요한 것이었을까요? 1946년, 이념을 초월한 중도 정부를 수립하려는 시도가 두 이념의 극심한 대립으로 인해 실패한 일은 두고두고 아쉬움을 남깁니다.

이는 6·25 전쟁 이후에 자본주의 국가 미국과 사회주의 국가 소련의 대립과 맞물려 한민족을 오랫동안 갈라놓고 있습니다. 그리고 한반도는 여전히 전쟁의 위협 속에서 벗어나지 못했습니다. 아직도 우리에게 진정한 평화가 오지 않았기 때문입니다.

냉전으로 갈라선 세계, 독일과 한반도

냉전은 cold war, 차가운 전쟁을 의미합니다. 이는 무기를 사용하지 않지만, 언제든지 무기를 사용하는 전쟁으로 발전할 잠재적 가능성을 지니고 있다는 뜻입니다.

2차 세계대전 이후, 소련이 동유럽에 사회주의를 보급하면서 루마니아, 불가리아를 비롯한 많은 국가가 사회주의 정부를 수립합니다. 이에 위협을 느낀 미국과 서유럽 국가들이 각종 자본주의적 선언을 하면서 본격적인 이념 간 대립이 일어나게 됩니다.

〈스파이 브릿지〉는 냉전시대를 배경으로 한 영화입니다. 당시에는 무기를 사용하는 전쟁을 하지 않았기 때문에 상대국의 정보를 캐내는 스파이의 역할이 1, 2차 세계대전 때보다 더욱 중요한 시기였습니다. 스파이가 상대국에 잡혀 포로가 되는 일도 있었는데, 〈스파이 브릿지〉는 미국과 소련의 포로를 맞교환한 실제 사건을 담고 있습니다.

냉전은 2차 세계대전으로 패망한 독일에 영향을 줍니다. 독일의 수도 베를린과 그 밖의 전 지역은 미국, 영국, 프랑스, 소련에 의해 4개 지구로 나뉘어 있었습니다. 그 와중에 독일 내에서 냉전으로 인한 대립이 생겼고, 각각 자본주의의 서독 정부와 사회주의의 동독 정부를 수립합니다.

한반도의 분단 역사와 비슷하지 않나요? 차이점은 독일이 이념의 차이를 극복하고 1990년 통일을 이뤄 냈다는 사실입니다. 독일의 통일은 한반도 통일의 방향을 제시해 줍니다. 독일 통일의 원동력으로 '협력'과 '교류'를 꼽습니다. 통일 전부터 꾸준히 시도했던 서독과 동독 간 사람, 물자, 정보의 '협력'과 '교류'가 오랫동안 묵혀 온 이념 갈등을 걷어 내도록 했다는 것입니다.

민족에 대한 우리의 자세

세계에는 다양한 민족이 함께 살고 있습니다. 각 민족은 생김새와 문화가 조금씩 다르지만, 사는 곳만 다를 뿐 인류의 기원을 따지고 보면 모두 같은 곳에서 출발했습니다.

하지만 인류는 동질성과 소속감을 지나치게 중요시한 나머지, 타민족을 배척하여 갈등을 일으키기도 합니다. 어떤 민족은 같은 국가 안의 다른 민족을 억압하기도 하고, 또 어떤 민족은 문화적·종교적 차이로 독립을 주장하기도 합니다.

중국과 티베트족

중국 속의 또 다른 나라 티베트는 1951년 중국에 합병되었습니다. 하지만 종교의 자유를 인정하지 않는 중국과 강력한 불교 국가인 티베트 사이에는 갈등의 여지가 너무나도 컸습니다. 중국 정부의 통제를 인정할 수 없었던 티베트 독립 단체들은 1959년에 티베트의 수도 라싸에서 대규모의 민족운동을 전개합니다. 이 사건으로 인해 약 8만 6,000명이나 되는 티베트족이 희생됐으며, 티베트의 지도자인 제14대 달라이 라마는 인도로 망명하고, 망명정부를 수립하게 됩니다.

이후에도 지금까지 티베트의 독립운동은 계속되고 있습니다. 2008년 티베트의 승려 600여 명이 반정부 시위를 하던 중 충돌이 발생하여 80여 명의 사망자가 발생했으며, 2009년부터 최근까지도 무려 154명이나 되는 티베트족이 티베트의 종교 자유와 독립을 외치며 스스로 목숨을 끊는 일이 발생했습니다.

중국과 위구르족

중국의 신장 위구르 지역에는 위구르족이 살고 있습니다. 위구르족들은 현재 중국 영토 안에서 살고 있지만, 중국과는 문화가 다릅니다. 그들은 파키스탄과 같은 중앙아시아 국가와 접해 있어 이슬람 문화의 영향을 많이 받았습니다.

최근 미국의 언론 매체에서 2017년 신장 위구르 지역에 만들어진 직업 훈련소가 위구르족 등 소수민족을 탄압하기 위해 만든 구금 시설이라고 보도하여 큰 파장이 있었습니다. 이 매체에 따르면 직업 훈련소 안의 침실, 복도, 교실 등은 마치 교도소처럼 잠금장치와 CCTV로 통제하고 있을 뿐만 아니라 통제에 잘 따르지 않는 사람은 가족을 만날 수 없고, 직업 훈련소 밖으로 나가지도 못하게 한다는 것입니다. 미국은 위구르족의 인권과 종교의 자유 문제를 제기하며 중국과 갈등을 빚고 있습니다.

미얀마와 로힝야족

미얀마의 로힝야족은 어쩌면 난민의 삶을 자초해 버린 안타까운 민족입니다. 로힝야족의 고향은 방글라데시입니다. 19세기에 미얀마는 영국의 지배를 받고 있었는데, 미얀마의 농작물을 수탈하던 영국이 일손 부족 문제 해결을 위해 방글라데시의 로힝야족을 미얀마로 이주시킵니다. 하지만 미얀마는 불교 국가였고 버마어를 쓰지만, 로힝야족은 이슬람교를 믿고 자신들의 고유 언어를 가지고 있는 등 문화가 너무나 달랐습니다. 때문에 준지배층인 로힝야족은 미얀마인을 무시했고, 영국도 이를 묵인하면서 갈등이 생겨났습니다.

1948년에 미얀마가 영국으로부터 독립하자, 이번에는 미얀마인이 로힝야족을 탄압하기 시작했습니다. 그동안 받은 핍박에 대한 복수를 시작한 것입니다. 하지만 로힝야족은 고향으로 돌아갈 수 없게 되었고, 탄압을 피해 보트를 타고 다른 국가로 망명을 시도했습니다. 그런데 이 또한 성공하지 못한 채 결국 이곳저곳을 떠도는 난민 신세가 되고 맙니다. 유엔은 로힝야족을 '세계에서 가장 박해받는 소수민족' 중 하나로 꼽고 있습니다.

영화 〈보리밭을 흔드는 바람〉은 아일랜드와 영국 간 민족 갈등을 그렸습니다. 현재 영국은 잉글랜드, 스코틀랜드, 웨일스, 북아일랜드로 구성된 연합국가이고, 아일랜드는 독립국으로 남아 있습니다.

영화 속 아일랜드의 독립 전쟁과 내전에 이르는 역사의 아픔은 우리나라의 독립운동, 그리고 분단의 역사와 닮았습니다. 그토록 바라던 독립을 이루고도 같은 민족을 향해 총을 겨누는 모습은 행복한 결말을 기대한 관람객에게 씁쓸한 뒷맛을 남깁니다.

과거 아일랜드는 무려 800년 가까이 영국의 지배를 받았습니다. 꽤 긴 기간임에도 아일랜드가 영국에 동화되지 않은 이유는 민족·종교적인 차이 때문입니다. 이 때문에 아일랜드인은 엄청난 억압과 차별을 견뎌야 했지요. 영국은 아일랜드가 그들의 문화와 종교를 유지하려는 바람을 철저하게 짓밟습니다. 오히려 그러한 시련이 독립을 향한 아일랜드인의 열망을 꺼지지 않게 했는지도 모릅니다. 결국 아일랜드는 1921년에 영국으로부터 자치권을 획득하고, 1939년에 이르러 완전한 독립을 이룹니다.

20세기 초까지 이어진 제국주의는 정체성을 유지하려는 민족의 끊임없는 저항 속에서 막을 내립니다. 타민족의 정체성을 말살하려는 시도는 절대 성공할 수 없음을 우리는 영화와 역사 속에서 배울 수 있습니다.

나라의 주인이 된다는 것

우리나라의 현대사는 '민주주의'를 향한 열망의 역사입니다. 서슬 퍼런 군사독재 시대에 불의에 저항하는 민중이 없었다면, 그로 인해 희생된 수많은 청춘이 없었다면, 우리는 지금과 같이 자유로운 세상을 살 수 없었을지도 모릅니다.

영화 〈택시운전사〉는 1980년 군사독재에 항거한 5·18 광주민주화운동의 모습을 담았습니다. 이는 5·18 광주민주화운동을 전 세계에 알린 독일인 기자 위르겐 힌츠페터 씨와 그를 광주로 데려간 택시운전사 김사복 씨의 실제 이야기를 다룹니다.

12·12 군사반란을 통해 불법적으로 권력을 탈취한 전두환 등 신군부는 전 국민의 민주화 열기를 잠재우기 위해 1980년 5월 17일 국가비상사태에서 국민의 기본권을 제한할 수 있도록 한 법 제도인 비상계엄을 전국으로 확대하여 선포합니다. 그리고 5월 18일부터 27일까지 불의에 저항하는 광주시민을 무참히 학살합니다. 이 사건이 바로 5·18 광주민주화운동입니다.

당시 언론은 국가의 압력에 의해 광주에서 일어난 무자비한 탄압을 불순분자들이 일으킨 폭동을 진압하는 것으로 보도하는 등 사실을 제대로 전달할 수 없었습니다. 하지만 위르겐 힌츠페터 씨는 위험을 무릅쓰고 광주의 실제 모습을 사실대로 취재하고, 이를 전 세계에 알립니다.

우리나라는 민주주의를 지켜 내기 위해 5·18 광주민주화운동뿐만 아니라 4·19 혁명, 6월 민주항쟁 등 수많은 우여곡절을 겪었습니다. 이만큼 발전한 민주주의 국가를 만들어 낸 것은 정의로운 사회를 향한 '깨어 있는 시민 정신'이 있었기 때문입니다.

2021년 2월, 미얀마에서도 쿠데타로 인해 민주주의 정권이 무너지는 사건이 발생했습니다. 2022년 현재까지도 미얀마의 국민이 격렬하게 저항하고 있지만, 군인의 무차별적인 폭력으로 인해 한 달에 100명에 가까운 사망자가 나올 정도라고 합니다. 미얀마 국민은 인터넷을 통해 이 사실을 전 세계에 알리고, 도움을 요청하고 있습니다. 그들에게서 1980년 광주의 모습이 겹쳐집니다.

아직도 끝나지 않았습니다. 전 세계인의 자유와 인권이 보장받을 수 있을 때까지 우리의 노력은 계속되어야 합니다. 그것이 이 세계의 주인인 우리가 해야 할 일입니다.

영화 〈재심〉은 경찰의 강압적인 수사 때문에 살인자라는 누명을 쓴 청년을 위해 그의 변호사가 살인사건의 진실을 밝혀낸 실화를 바탕으로 만들었습니다. '재심'이란 확정된 판결에 대하여 사실인정에 중대한 오류가 있는 경우에 판결의 취소와 사건의 재심판을 구하는 것을 뜻합니다.

2000년, 전라북도 익산의 약촌오거리에서 택시운전사가 살해당하는 사건이 벌어집니다. 사건 당시 커피를 배달하던 15살 청년이 범인을 목격했다고 신고했지만, 어째서인지 사건을 수사한 경찰은 이 청년을 유력한 용의자로 체포합니다. 청년은 무죄를 주장했지만, 경찰의 폭행과 강요로 인해 범죄 사실을 인정합니다. 청년은 10년 동안 교도소에서 복역했습니다. 2015년, 청년은 그제야 자신의 결백을 믿어 주는 변호사를 만나게 됩니다. 그리고 재심 끝에 억울한 누명을 벗고 진범을 찾아냅니다. 하지만 청년의 삶은 이미 너무나도 망가져 버린 상태였습니다.

실제 이 사건의 판결문은 이렇게 언급합니다. "국가가 국민 기본권을 수호하지 못할망정 위법한 수사로 무고한 시민에게 돌이킬 수 없는 피해를 주고 … 이 사건과 같은 불법 행위가 국가기관과 그 구성원들에 의해 다시는 일어나서는 안 된다는 경각심을 갖게 할 필요가 있다."

국가기관은 모든 국민의 인권이 침해되지 않도록 지켜야 할 의무가 있습니다. 하지만 그렇지 않을 때도 있습니다. 국가기관이 불법적으로 정치에 개입하기도 하고, 국민의 정보를 마음대로 이용할 때도 있었습니다. 대한민국의 국가정보기관인 국가정보원 요원들이 2012년 대한민국 대통령 선거 기간 중 조직적으로 인터넷에 게시글을 남겨 여론 조작 시도를 했다는 사실이 밝혀졌습니다. 또 2011년에는 군내 방첩업무 및 군사기밀의 보안 감시를 담당하는 국군기무사령부 요원들이 한 대학교수의 이메일을 해킹하는 등 민간인을 불법 사찰한 정황이 발견되어 사회에 물의를 일으켰습니다. 그렇기에 국민은 국가기관이 올바르게 일하는지 감시해야 합니다. 불법을 저지른다면 민원을 제기하고, 언론을 통해 알려 바로잡아야 합니다.

우리나라는 2008년부터 국민참여재판 제도를 시행하고 있습니다. 우리나라의 사법은 이전까지 소수의 엘리트에 의해 독점되었고, 이는 판검사의 뇌물수수 사건, 전관예우 등 사회문제를 일으켰습니다. 국민참여재판은 재판에 일반 시민이 직접 참여함으로써 국민의 상식과 법 감정을 재판에 반영하고, 참여민주주의를 실현함으로써 국민주권주의를 강화하는 제도입니다. 우리는 이처럼 국민으로서 정치, 사법, 행정에 관심을 두고, 적극적으로 참여해야 합니다. 다수의 국민보다 현명한 소수의 엘리트는 없습니다.

정의의 품격

2014년 4월 16일은 대한민국이 영원히 잊어서는 안 되는 날입니다. 인천에서 제주로 향하던 여객선 '세월호'가 바다 위에서 침몰했지만, 선장 등 일부 승무원과 정부 당국의 무책임과 소극적인 대응으로 인해 수많은 생명이 바다에 잠겨 갔던 슬픈 날이기 때문입니다. 이 배에는 수학여행을 가는 고등학생 325여 명을 포함해서 476명의 선원과 승객이 타고 있었지만, 다시 집으로 돌아온 사람은 172명뿐이었습니다.

특히 이 사건이 국민의 분노를 산 이유는 배의 책임자인 선장의 행동 때문이었습니다. 서서히 침몰하고 있는 배 안에서는 승객들을 향해 가만히 있으라는 방송만 반복됐고, 그 틈에 선장과 일부 승무원들이 가장 먼저 배에서 탈출했습니다. 당연히 구조될 것이라 믿고 있었던 수많은 청춘이 그들에게 배신당한 채 목숨을 잃었습니다.

영화 〈설리: 허드슨강의 기적〉은 세월호 사건을 떠올리게 합니다. 하지만 영화의 결말은 세월호 사건과 너무나 달라서 우리의 마음을 씁쓸하게 합니다.

이 영화는 2009년 1월 15일에 155명의 승객을 태우고, 미국 뉴욕에서 출발한 항공기가 새와 충돌하면서 강 위에 비상 착륙한 실제 사건을 다루었습니다. 기장은 엔진을 잃은 항공기가 회항할 수 없다고 판단하고, 경로에 없던 가까운 강으로 방향을 틉니다. 그리고 항공기에서 모든 승객이 안전하게 탈출할 수 있도록 승무원들과 함께 돕습니다. 세월호와는 달리, 물이 차오르는 항공기에서 모두를 대피시키고 마지막까지 남아 있던 기장의 모습이 너무나도 인상적입니다.

정의는 모든 사람이 자신의 책임과 의무를 다할 때야 비로소 지켜질 수 있습니다. 정의에는 품격이 있습니다. 자신의 책임과 의무를 저버린 채, 목숨을 구걸하는 자에게 정의는 없습니다.

평화와 정의를 숨 쉬게 하려면

우리가 살펴본 영화는 몇몇 사람이나 몇몇 국가만으로는 평화와 정의를 지킬 수 없다는 것을 보여 줍니다. 인류의 문제가 과거에는 각기 다른 작은 범위 안에서만 머물렀다면, 이제는 나라와 지구 전체가 하나로 연결된 것처럼 광범위하고, 연쇄적으로 발생하여 모두가 서로 영향을 주고받기 때문

입니다.

　이미 세계시민은 지구라는 배에 함께 올라탄 운명공동체입니다. 다른 사람, 다른 지역, 다른 나라의 문제는 곧 나와 우리의 문제로 연결됩니다. 지속적인 협력과 연대를 통해 지구촌 문제를 해결하려는 노력이 필요합니다.

　세계평화와 정의구현을 위해 협력하고 연대하는 개인이나 단체가 많습니다. 유엔은 세계평화와 전쟁 종식을 위해 노력하는 대표적인 국제기구입니다. 유엔은 평화유지활동(PKO: Peacekeeping Operation)을 통해 현재에도 인도-파키스탄, 이스라엘-팔레스타인 등의 분쟁을 해결하고, 민간인을 보호하는 등의 평화 유지를 위해 노력하고 있습니다. 우리나라의 김대중 전 대통령은 북한과의 평화와 화해를 위한 노력을 인정받아, 2000년에 노벨평화상을 수상했습니다. 우리나라의 시민단체인 '참여연대'는 「부패방지법」 제정에 이바지하고, 공익제보자 보호를 위한 캠페인을 여는 등 국가권력의 남용 등을 견제·고발하고, 시민의 권리를 확대하기 위한 노력을 하고 있습니다. 〈재심〉의 실존 인물인 박준영 변호사를 비롯한 양심 있는 법조인들이 정의로운 사회를 만들기 위해 노력하고 있습니다.

앞서 알아보았듯, 우리는 평화와 정의의 문제를 포용과 협력의 관점으로 바라보아야 합니다. 다양한 사람들이 전 세계에 비빔밥처럼 뒤섞여 살고 있지만, 비빔밥을 뒤섞는다고 재료 하나하나의 맛과 향이 사라지지 않듯이 그들의 정체성은 그대로 남아 있습니다. 비빔밥 재료 어느 것도 중요하지 않은 것은 없습니다. 이 세상 모든 이의 가치와 권리는 존중받아 마땅합니다.

비빔밥의 재료가 뒤섞여 조화로운 맛을 내듯이, 나와 다른 것을 인정하고 존중하며 더 나은 사회를 만들기 위해 협력한다면 평화와 정의가 살아 숨 쉬는 세상을 만들 수 있을 것입니다.

전쟁에서 본 것들

자닌 디 지오반니(기자, 저널리스트)

https://youtu.be/lhY9cZPus1Y

적당한 정의는 없습니다

박준영 변호사(영화 〈재심〉의 실제 인물)

https://youtu.be/07ammzHigf0

교육 현장에서 세계시민교육을 실천하는 선생님들이 모였습니다. 선생님들은 130여 편의 영화를 17개의 지속가능발전목표(SDGs)를 중심으로 바라보았습니다. 그리고 독자 여러분에게 영화 속 인물들이 다양한 지구촌 문제를 경험하고 이를 해결하기 위해 부단히 노력하고 있음을 이야기 형식으로 소개하였습니다.

저자인 선생님들은 집필하는 동안 지구촌 문제를 더욱더 깊게 고민하고 더욱더 넓게 탐색하면서 세계시민으로서 한 뼘 더 성장할 수 있었습니다. 이 책을 통해 독자 여러분도 여러 영화에 담긴 인류 보편적 가치를 찾으며 세계시민으로 성장하기를 바랍니다. 더 나아가 지구촌 곳곳에서 지속가능발전목표를 이루기 위해 실천하고 협력하는 모습으로 만나기를 바랍니다.

유네스코아시아태평양국제이해교육원 임현묵 원장님, 경희대학교 후마니타스칼리지 정우탁 객원교수님, 부천 상원초 심은영 교감 선생님, 세계시민교육연구소 정애경 소장님, 교육과정디자인연구소 임재일 소장님, 아름다운커피 한수정 사무처장님! 추천사를 써 주셔서 다시 한번 감사드립니다. 전국 각지의 선생님들을 만날 수 있도록 장을 열어 주시고 책 내용이 더 탄탄해지도록 살펴 주신 APCEIU 이지홍 실장님과 김현 팀장님께도 감사 드립니다.

고된 길이었지만 서로 다독이며 끝까지 힘을 낸 선생님들 덕분에 우리 모두의 노력이 『선생님, 우리 영화로 세계시민 만나요!』로 결실을 볼 수 있었습니다. 마지막으로 뜻을 함께한 선생님들께 감사한 마음을 전합니다.

글쓴이를 대표하여

윤승희

1장 PEOPLE 세계시민, 영화로 사람을 만나다

빈곤을 넘어 존엄으로, 공감과 연대의 힘

논문 및 연구 자료

1) 김혜련(2009). 「근로빈곤의 동태적 분석」. 통계청 통계개발원 연구정기보고서.

2) 문미성(2018). 「사회 이슈: 알바천국, '긱노동(Gig work)'의 부상과 과제」. 경기연구원 상생경제연구실.

3) 이화여대 젠더법학연구소(2020. 12). 「청소년 노동인권 상황 실태조사」. 국가인권위원회 연구용역.

4) 최은영 외(2017). 「최저 주거 기준 미달 가구 및 주거 빈곤 가구 실태 분석」. 한국도시연구소.

5) 황세원(2020). 「정규직이란 무엇인가: 공식적 개념과 현실 인식에 대한 차이에 대한 연구」.

고시 및 공시 자료

1) 국가지표체계 K-indicator: 국민의 삶의 질 지표, 상대적 빈곤율

2) 국가지표체계 K-indicator: 국민의 삶의 질 지표, 65세 이상 노인의 상대적 빈곤율

3) OECD 국가별 비교자료는 OECD(www.oecd.org)의 가장 최근 자료인 2019년(잠정치) 자료임(2020년 12월)

4) e-나라지표(국정 모니터링지표): 1인 가구 연소득

보도 자료

1) 〈비윤리적 기업은 소비자도 투자자도 외면〉. 《MBC》, 2021. 4. 5.

2) 〈소비자들 "기업의 책임 묻고 싶다" 번지는 쿠팡 불매〉. 《JTBC》, 2021. 6. 20.

3) 〈여성 비정규직 대량해고… 노조 447일째 장기 농성〉. 《경향신문》, 2008. 9. 11.

4) 〈특수형태근로자 고용보험 가입 50만 명 넘어〉. 《KBS NEWS》, 2021. 11. 22.

5) 〈한국, 'GDP 대비 사회복지 지출' OECD 38개 회원국가 중 35위〉. 《경향신문》, 2021. 2. 25.

6) 〈H&M, 아동 노동 착취 논란… 글로벌 패션업계의 이면〉. 《아시아경제》, 2016 .8. 23.

참고 사이트

1) 유엔 공식 홈페이지 www.un.org/sustainabledevelopment/poverty/

2) 실용노동용어사전 www.elabor.co.kr/dic

3) 한경 경제용어사전 www.dic.hankyung.com/

우리 모두의 식량, 어떻게 확보할까요?

단행본

1) 파리드 자카리아(2021). 『팬데믹 다음 세상을 위한 텐 레슨』. 민음사.

2) 에릭 마르쿠스(2003). 『자연을 닮은 식사』. 달팽이출판.

논문 및 연구 자료

1) Marco Silano, Vittorio Silano(2020). 『Ensuring Food Safety in the European Union』.

보도 자료

1) 〈'기후위기는 곧 식량 위기'… 한반도 '농업지도'도 바꾼다〉. 《연합뉴스》, 2020. 12. 15.

2) 〈동물복지, 이상만으로 말할 수는 없다〉. 《매일경제》, 2021. 5. 25.

3) 〈제발 기절하게 해주세요〉. 《한겨레》, 2017. 8. 11.

4) 〈태어나자마자 분쇄… 독일 수컷 병아리 대량 학살 금지 추진〉. 《뉴스펭귄》, 2021. 1. 27.

5) 〈수평아리는 분쇄기로… 수퇘지는 마취 없이 거세〉. 《KBS》, 2021. 4. 5.

6) 〈식탁 침투하는 식용곤충… 알레르기 괜찮을까?〉. 《헬스조선》, 2021. 4. 21.

7) 〈'귀뚜라미 생각보다 맛있던데요?' 미래 식량 먹어 보니…〉. 《조선일보》, 2018. 7. 11.

8) 〈식용곤충, 지속가능한 미래 먹거리로 EU 내 관심 더 높아져〉. 《KOTRA 해외시장뉴스》, 2020. 9. 25.

9) 〈곤충 식품 학교 급식까지 납품〉. 《KBS 뉴스》, 2021. 4. 7.

10) 〈식탁 침투하는 식용곤충… 알레르기 괜찮을까?〉. 《헬스조선》, 2021. 4. 21.

11) 〈'프루테리언' 비건보다 더 극단적… 과일·씨앗만 먹어〉. 《세계일보》, 2020. 11. 10.

12) 〈폴 매카트니의 '채식의 필요성'〉. 《EBS 뉴스》, 2014. 10. 1.

고시 및 공시 자료

1) 통계청: 농가 수 및 농가 인구 추이

2) 농림축산식품부: 양곡 연도별 식량자급률('01~'17p)

3) 관계부처합동 사이트: 한국판 그린뉴딜

4) 농림축산식품부 종자생명산업과: 「2021~2025년 제3차 곤충·양잠산업 육성 종합계획」(2021. 3)

5) 서울시교육청 체육건강문화예술과: 「2021 SOS! 그린 급식 활성화 기본 계획」(2021. 4. 8)

6) 〈5 facts about food waste and hunger〉. 《WFP》, 2020. 6. 2.

자라서 좋은 사람이 되고 싶었어요

단행본

1) 공윤희·윤예림(2019). 『오늘부터 나는 세계시민입니다』. 창비교육.

2) 수 로이드 로버츠(2019). 『여자 전쟁』. 심수미 옮김. 클.

3) 이재호(2019). 『낯선 이웃』. 이데아.

4) 정학경(2021). 『세상을 바꾼 10대들, 그들은 무엇이 달랐을까?』. 미디어숲.

논문 및 연구 자료

1) 김현미 외(2020). 「국내 거주 난민 아동의 교육권 실태 연구」. 세이브더칠드런.

2) 신은주 외(2018). 「난민 아동 지원 성과 평가 및 지원 방안에 관한 연구」. 세이브더칠드런.

보도 자료

1) 〈가버나움 나딘 라바키 감독, 아이들의 분노를 표현하고 싶었다〉. 《맥스 뮤비》, 2019. 1. 29.

2) 〈국내 난민 아동은 어떤 모습으로 살아가고 있을까〉. 《시사IN》, 2018. 11. 8.

3) 〈마약사범 역대 최다. 19살 이하 급증〉. 《KBS》, 2021. 6. 9.

4) 〈세계 유령 아동 5억 명 넘는다〉. 《경향신문》, 2015. 11. 1.

5) 〈세상이 어떻게 되려고 이러나… 청소년 범죄 줄었는데 마약 도박 3배 급증〉. 《매일경제》, 2021. 7. 29.

6) 〈어른의 부재, 남겨진 아이들… 지금 우리의 문제를 꼬집는 영화 '아무도 모른다'〉. 《아시아경제》, 2021. 1. 12.

7) 〈전 세계 아동 노동 착취 1억 7천만 명〉. 《KBS》, 2017. 6. 12.

8) 〈전 세계 여자 어린이 5명 중 1명 조혼〉. 《유니세프》, 2018. 3. 8.

9) 〈죽어야 태어난다, 출생 등록 못 한 그림자 아이 2만 명〉. 《중앙일보》, 2021. 1. 19.

10) 〈파키스탄 영화감독 아피아 나다니엘〉. 《일다》, 2017. 5. 22.

11) 〈8시간 망고 따는 소년, 무서운 건 따로 있어요〉. 《한겨레》, 2013. 6. 11.

고시 및 공시 자료

1) 유니세프: 「유엔아동권리협약」, 「모든 아동을 위한 모든 권리」

2) 청와대 국민청원, 2018. 6. 13.

3) 청와대 국민청원, 2018. 7. 10.

4) 〈GLOBAL TRENDS, Forced Displacement in 2018〉. 《UNHCR》, 2019. 6. 20.

사진 자료

1) 공정무역 마크: 국제공정무역기구 한국사무소(www.fairtradekorea.org)

2) WFTO 마크: Home of Fair Trade Enterprises(wfto.com)

참고 사이트

1) 두산백과: 가버나움 www.terms.naver.com

우리 모두의 존재는 기적인가요?

인터넷 정보

1) 두산백과: 유리천장

2) PMG 지식엔진연구소 시사상식사전: 서프러제트

고시 및 공시 자료

1) UNESCO: The Salamanca Statement

2) International Paralympic Committee

3) 고용노동부: 「고용 형태별 근로 실태조사」

4) KOSIS: 「성별 경제활동인구 총괄」

보도 자료

1) 〈시청률 낮다?… '패럴림픽의 감동' 외면하는 공중파 방송들〉, 《경향신문》, 2018. 3. 12.

2) 〈돌봄 공백에 죽어가는 발달장애인 가족… "죽음의 행렬을 멈춰라!"〉, 《소셜포커스》, 2020. 6. 11.

지금 우리가 사는 세상, 이곳은 모두가 행복한 유토피아인가요?

단행본

1) 시몬 드 보부아르(2021). 『제2의 성』. 을유문화사(원서 출간 1949).

2) 주디스 버틀러(2015). 『젠더 허물기』. 문학과지성사(원서 출간 2004).

3) 주디스 버틀러(2008). 『젠더 트러블』. 문학동네(원서 출간 1990).

논문 및 연구 자료

1) 김영천 편저(2012). 『교육과정 이론화: 역사적/ 동시대적 탐구』. 아카데미프레스.

2) 김지연·김복영(2017). 「영화 속에 재현된 청소년 성소수자의 이미지」, 《한국홀리스틱융합교육연구》 제21권 제3호.

3) 서지은·양성은(2021). 「포괄적 성교육 개념에 근거한 나다움어린이책의 젠더감수성 분석」. 《한국콘텐츠학회논문지》.

4) 엄혜진·신그라나(2019). 「학교 성평등 교육의 현실과 효과」, 《페미니즘 연구》.

5) 오근숙(2005). 「특별기고」 보이지 않는 아이들-성소수자 청소년들」, 《중등·우리육》.

6) 이영선·김소라(2010). 「사이버 상담으로 호소된 남자 청소년의 동성애 관련 문제 연구」, 《청소년상담연구》.

7) 이용애(2006). 「생각 셋_청소년 성소수자」 이반검열, 우리 학교에는 없을까」, 《중등우리교육》.

8) 이은지(2021). 「성소수자 부모로의 커밍아웃 체험에서 나타난 실존적 과정에 관한 질적 연구」, 한국교육인류학회.

9) 이현진·김명찬(2021). 「성소수자 관련 질적 연구 동향 분석」, 《학습자중심교과교육연구》 제21권 제11호.

10) 정해숙·구정화·최윤정(2010). 「교과서의 성차별 실태 분석 및 개선 방안 연구」, 한국여성정책연구원.

11) 허창수(2019). 「젠더 텍스트로서 교육과정」, 《교육비평》 43.

고시 및 공시 자료

1) 유네스코: 「2018 개정판 국제 성교육 가이드(International technical guidance sexuality education)」(2018)

보도 자료

1) 〈美 여권에 남성·여성 아닌 'X'성 등장… "제3의 성 보장"〉, 《MBC》, 2021. 10. 28.

2) 〈여자씨름〉, 《경남도민일보》, 2014. 3. 28.

3) 〈위대한 수업 GREAT MINDS〉, 《EBS》, 2021. 9. 21.

참고 사이트

1) [네이버 지식백과] 시사상식사전

2) 고려대 한국어대사전

3) 국제영어대학원대학교 신어사전

2장 **PROSPERITY** 세계시민, 영화로 번영을 만나다

재난으로부터 안전하고 지속가능한 도시

단행본

1) 강현수(2021). 『도시에 대한 권리-도시의 주인은 누구인가』. 책세상.

2) 관계부처합동(2020). 『제4차 지속가능발전 기본 계획 2021~2040』.

3) 재난안전연구센터(2019). 『충청남도 재난회복력 제고 및 효과적인 재난안전관리를 위한 기초연구』.

4) OECD(2021). 『한국도시정책보고서』.

5) UNISDR(2017). 『어떻게 도시 복원력을 키울 것인가?-지방자치단체 리더를 위한 핸드북』. UNSIDR. UN: 제네바.

6) MCR2030(2021). 『기후변화와 재난에 강한 도시 만들기 2030-MCR2030 in Korean』.

논문 및 연구 자료

1) 김정곤 외(2015). 「리질리언스 도시재생 모델에 관한 연구」. 한국토지주택연구원.

2) 대외경제정책연구원(2010). 「국제사회의 아이티 지진 피해 지원 현황과 시사점」. 《KIEP지역경제포커스》 4(2).

3) 박성희·김경희(2018). 「지진 피해 도시의 지속가능한 발전 방안 모색」. 글로벌문화콘텐츠학회.

4) 조성윤·윤세미(2020). 「인천안전도시 진단 재난취약계층 지원 방안」. 인천연구원.

5) 한우석(2018). 「기후변화 홍수재해 대응을 위한 도시 복원력 강화방향」. 《국토정책》. 국토연구원.

고시 및 공시 자료

1) 국가법령정보센터: 「재난 및 안전관리 기본법」(법률 제16301호, 2019. 3. 26. 일부개정).

2) 국가법령정보센터: 「감염병의 예방 및 관리에 관한 법률」(법률 제18057호, 2021. 10. 19. 일부개정).

3) 국가법령정보센터: 「가축전염병예방법」(법률 제18017호, 2021. 4. 13. 일부개정).

보도 자료

1) 〈걸핏하면 지반 침하… 포항 땅 밑이 수상하다〉. 《연합뉴스》, 2021. 1. 3.

2) 〈국내 생산 마스크, 인도적 목적의 해외 지원 확대〉. 식품의약품안전처 보도 자료, 2020. 5. 7.

3) 〈또 재난지원금 배제된 이주민·난민… 인권위 판단도 오락가락〉. 《뉴스1》, 2021. 9. 12.

4) 〈타이타닉 생존율, 표값 비싼 1등석이 압도적으로 높았다〉. 《조선일보》, 2011. 7. 16.

5) 〈지질자원으로부터 안전한 도시를 그리다〉. 《한국지질자원연구원》, 2021. 10. 15.

6) 〈울산시, 유엔방재안전도시 인증… 재난 안전정책 국제 모범〉. 《연합뉴스》, 2020. 6. 17.

7) 〈'싱크홀 사고' 최근 5년간 1,176건… 경기도서 최다 발생〉. 《안전신문》, 2021. 9. 2.

8) 〈文, APEC서 "글로벌 백신 지원" 천명… 백신 접종자 0인 북한 받을까〉. 《서울경제》, 2021. 11. 14.

참고 사이트

1) 국민재난안전포털(www.safekorea.go.kr) 2021. 11. 14. 인출

2) 지속가능발전포털(ncsd.go.kr) 2021. 10. 25. 인출

3) 울산광역시 홈페이지(www.ulsan.go.kr/u/rep/main.ulsan)

4) 유엔재난경감사무국(UNDRR, www.undrr.org) 2021. 11. 15. 인출

5) 행정안전부(www.mois.go.kr/frt/a01/frtMain.do) 2021. 10. 29.

6) MCR2030(mcr2030.undrr.org) 2021. 11. 24. 인출.

우리 모두의 적절하고 깨끗한 에너지

단행본

1) Verbruggen Aviel(2014). 『Could it be that Stock-Stake Holders Rule Transition Arenas?』. Wiesbaden: Springer Fachmedien Wiesbaden.

2) 제임스 러브록(1978). 『가이아 – 살아있는 생명체로서의 지구』. 갈라파고스.

3) 김종철(1999). 『간디의 물레』. 녹색평론.

4) E. F. 슈마허(2002). 『작은 것이 아름답다』. 문예출판사.

5) ICLEI(2014). 『세계 지속가능발전 도시』. 리북.

6) 박춘근(2020). 『에너지 이야기』. 크레파스북.

7) 이찬복(2019). 『에너지 상식사전』. MID.

8) 최기련·박원훈(2002). 『지속가능한 미래를 여는 에너지와 환경』. 김영사.

9) 바츨라프 스밀(2008). 『에너지 디자인』. 창비.

10) 에너지고위경영자과정 변화와 미래 포럼(2021). 『기후변화와 에너지 산업의 미래』. 아모르문디.

11) 블랑딘 앙투안·엘로디 르노(2011). 『에너지 세계일주』. 살림프렌드.

12) 김기현·천영호(2021). 『2050 에너지 레볼루션』. 라온북.

13) 이은철(2017). 『에너지 위기 어떻게 해결할까?』. 동아엠엔비.

14) 제레미 리프킨(2015). 『엔트로피』. 세종연구원.

15) 산업통상산업부(2019). 『우리가 만들어가는 지속가능한 에너지 세상』.

고시 및 공시 자료

1) 산업통상자원부: 보도 자료 「프로슈머 이웃 간 전력거래, 실증사업 실시」(2016)

2) UN: 「2019 Tracking SDG 7 The Energy Progress Report」(2019)

3) IEA: 「Renewable Power Tracking Progress 2021」(2021)

4) 산업통상자원부: 보도 자료 「에너지 탄소중립 13대 분야, 197개 핵심기술 로드맵 발표」(2021)

참고 사이트

1) 유엔 https://www.un.org/sustainabledevelopment/energy/

디지털 세상 속 우리는 안전한가요?

단행본

1) 김상균·신병호(2021). 『메타버스, 새로운 기회』. 베가북스.

2) 성소라·롤프 회퍼·스콧 맥러플린(2021). 『NFT 레볼루션』. 더퀘스트.

3) 오태민(2021). 『비트코인, 지혜의 족보』. 케이디북스.

4) 이동귀(2016). 『너 이런 심리 법칙 알아?』. 21세기북스.

5) 몸문화연구소(2020). 『인공지능이 사회를 만나면』. 필로소픽.

6) 김난도 외(2019). 『트렌드코리아 2020』. 미래의창.

7) 이강원·손호웅(2016). 『지형 공간정보체계 용어사전』. 구미서관.

고시 및 공시 자료

1) 방송통신위원회 누리집 국민참여-신고센터-백신 허위조작정보 신고게시판

2) Acceleration Studies Foundation: Metaverse Roadmap Overview

보도 자료

1) 〈가상공간서 모든 경제활동… '메이드 인 메타버스' 시대 열린다〉. 《매일경제》, 2021. 12. 16.

2) 〈자율주행차 또 추돌사고… "죽느냐 죽이느냐" 트롤리 딜레마 난제〉. 《아시아경제》, 2018. 1. 25.

3) 〈코로나19: '5G 때문에?' 영국에서 잇달아 기지국 방화 발생〉. 《BBC NEWS 코리아》, 2020. 4. 5.

4) 〈잘못된 정보는 바이러스보다 더 위험… 정보 출처 먼저 확인을〉. 《중앙방역대책본부 정책뉴스》, 2020. 3. 23.

5) 〈"자연보호 앞장서는 AI?" 인공지능으로 멸종위기 야생동물 보호 나선다〉. 《AI타임스》, 2019. 4. 8.

6) 〈이 영상, 사진 진짜냐, 가짜냐?… 마이크로소프트, 미국 선거에 앞서 '딥페이크' 식별 솔루션 공개〉. 《인공지능신문》, 2020. 9. 3.

7) 〈페이스북 AI, 딥페이크 꼼짝 마라!… 100,000개 딥페이크 식별 '데이터 세트' 공개한다〉. 《인공지능신문》, 2020. 6. 14.

3장 **PLANET** 세계시민, 영화로 환경을 만나다

오늘 내가 마신 물은 깨끗할까요?

단행본

1) 에듀윌상식연구소(2021). 『에듀윌 시사상식』 2021년 5월호.

고시 및 공시 자료

1) e-나라지표: 도시, 농촌별 안전 관리 위생시설 이용 인구 비율(2017년)

2) e-나라지표: 수자원 현황(2017년)

보도 자료

1) 〈낙동강 페놀 유출 사건 30주년〉. 《메트로 신문》, 2021. 3. 24.

2) 〈[다가온 기후 위기④] "기후 위기는 곧 식량 위기"… 한반도 '농업지도'도 바뀐다〉. 《연합뉴스》, 2020. 12. 15.

3) 〈물이 말라간다, 지구가 보내는 경고〉. 《KBS 뉴스》, 2021. 4. 27.

4) 〈사방이 유독물질… 모르는게 약?〉, 《국민일보》, 2018. 7. 24.

5) 〈상하수도 특집①〉, 《엔지니어링 데일리》, 2020. 3. 18.

6) 〈세계 22억 명 깨끗한 식수 공급 못 받아〉, 《사이언스타임즈》, 2019. 6. 19.

7) 〈수질오염에 40만 명 죽은 인도, 亞 99개 도시 환경 최악〉, 《서울신문》, 2021. 5. 16.

8) 〈옷을 위한 지구는 없다〉, 《KBS 환경 스페셜》, 2021. 7. 1.

9) 〈전 국민 식수 공포 사건, 낙동강 페놀 유출〉, 《전자신문》, 2016. 3. 10.

10) 〈페놀 유출 사고, 162만 명이 오염된 수돗물 마셔〉, 《우리문화신문》, 2019. 2. 6.

참고 사이트

1) [대한민국 친환경대전 공식 블로그] 우리가 사용한 물의 사용량, 물 발자국 blog.naver.com/ggrowth_expo),
   2021. 9. 15.

2) [에듀넷 티클리어] 지구의 물 www.edunet.net/nedu

3) [월드오미터] 전 세계 인구수 www.worldometers.info/kr

4) 물발자국 계산기 www.watercalculator.org

5) 물발자국 네트워크 waterfootprint.org

6) [환경부 물 사랑 누리집] 세계 물의 날 www.ilovewater.or.kr

기후위기에 대처하는 에코 레인저

보도 자료

1) 〈귀찮은 잔반 처리 동애등에게 맡기세요〉, 《뉴스팜》, 2019. 5. 8.

2) 〈경주 지진 여파, 대한민국 지진 위험도는?〉, 《YTN라디오》, 2016. 12. 30.

3) 〈동남아 강진, 영화 속 딥 임팩트 현실로〉, 《문화일보》, 2014. 12. 27.

4) 〈마야문명의 몰락 이유 '석순'에서 찾다〉, 《한겨레》, 2021. 11. 09.

5) 〈못생겨서 버려지는 농산물의 화려한 부활〉, 《이로운넷》, 2021. 12. 11.

6) 〈보편적 복지 무상급식, 음식물 처리비용 314억〉, 《한국스포츠경제》, 2021. 4. 1.

7) 〈아무것도 사지 않는 하루〉, 《EBS NEWS》, 2016. 11. 25.

8) 〈이산화탄소를 바다 밑에 묻는다〉, 《아시아경제》, 2011. 6. 1.

9) 〈음식물 쓰레기를 자원으로 만드는 착한 곤충〉, 《미투데이》, 2018. 11. 6.

10) 〈지진 피해 줄이려면 조기경보 단축해야〉, 《사이언스타임즈》, 2021. 9. 15.

11) 〈지구촌 불끄기 행사〉, 《온라인뉴스》, 2021. 3. 31.

12) 〈2016 경주 지진〉, 《원자력안전연구회》, 2021. 9. 24.

13) 〈지구종말시계 1분 남아, 행동 않으면 재앙〉, 《세계일보》, 2021. 11. 2.

14) 〈학계도 놀라게 한 포항 지진〉, 《조선일보》, 2019. 3. 22.

참고 사이트

1) 세계자연기금 https://www.wwfkorea.or.kr

2) 환경부 공식 블로그 http://blog.naver.com/mesns

3) 한국에너지정보문화재단 http://www.keia.or.kr

4) 한국환경산업기술원 http://www.keiti.re.kr

물러서지 않는 정의, 신념, 용기가 만들어 낸 위대한 여정

단행본

1) 마크 라이너스(2014). 『6도의 멸종』. 세종서적.

2) 윌 맥컬럼(2019). 『플라스틱 없는 삶』. 북하이브.

3) 호프 자런(2020). 『나는 풍요로웠고, 지구는 달라졌다』. 김영사.

4) 이동학(2020). 『쓰레기책: 왜 지구의 절반은 쓰레기로 뒤덮이는가』. 오도스.

보도 자료

1) 〈전 세계 이상기후, 기후위기인가?〉. 《시사오늘, 시사ON》. 2021. 3. 11.

2) 〈레오나르도의 유엔 기후변화 정상회담 연설〉. 《허핑턴포스트코리아》. 2014. 9. 24.

3) 〈해양오염 예방 가이드〉. 《대한민국 해양경찰청》. 2018. 7. 17.

4) 〈태국, 바다서 산호초 파괴 성분 든 선크림 사용 금지〉. 《연합뉴스》. 2021. 8. 5.

자연과의 공존, 지속가능한 지구를 꿈꾸며

단행본

1) 디르크 슈테펜스·프리츠 하베쿠스(2021). 『인간의 종말』. 해리북스.

2) 롭 던(2018). 『바나나 제국의 몰락』. 빈니.

3) 제인구달 외(2010). 『희망의 자연』. 사이언스북스.

4) 최재천(2016). 『호모 심비우스』. 이음.

5) 최재천(2021). 『생태적 전환, 슬기로운 지구 생활을 위하여』. 김영사.

고시 및 공시 자료

1) 국가법령정보센터: 「교육기본법」(법률 제18456호, 2021. 9. 24. 일부개정)

보도 자료

1) 〈동물권 강화를 위한 프랑스의 새 법안〉. 《EBS 뉴스G》. 2021. 12. 9.

2) 〈'동물 법적 지위 인정' 민법 개정안 국무회의 통과… 다음 달 국회 제출〉. 《KBS NEWS》. 2021. 9. 28.

3) 〈생물다양성과학기구, 전 세계 생물다양성과 자연의 혜택 급속 악화 경고!〉. 환경부 보도 자료. 2019. 5. 6.

4) 〈세계자연기금, 호주 산불로 코알라 6만여 마리 죽어〉. 《NEWSIS》. 2020. 12. 8.

5) 〈수족관 돌고래 60% 죽었다… '학대 금지법' 발의〉. 《SBS NEWS》. 2021. 7. 13.

6) 〈애튼버러 경 "인류문명의 몰락 임박"… 유엔 기후회의서 경고〉. 《NEWSIS》. 2018. 12. 4.

7) 〈2020년 반려동물 보호·복지 실태조사 결과〉. 농림축산식품부 보도 자료. 2021. 5. 18.

참고 사이트

1) 표준국어대사전 stdict.korean.go.kr

4장 PEACE·PARTNERSHIP 세계시민, 영화로 평화·협력을 만나다

틀리다? 다르다! 혐오와 차별이 아닌 차이의 존중

논문 및 연구 자료

1) 김종갑·김슬기(2014). 「다문화 사회와 인종차별주의」. 『다문화사회연구』 제7권 제2호. 한국언론학회.

2) 배상식(2019). 「한국사회에서의 인종편견 사례와 그 특성」. 『대동철학』 제89집. 대동철학회.

3) 양선희(2013). 「우리도 인종차별 가해자가 될 수 있다」. 『언론중재』 통권 128호. 언론중재위원회.

4) 정혜실(2018). 「이주민, 인종차별과 혐오의 대상이 되다」. 『가톨릭 평론』 제16호. 우리신학연구소.

5) 홍주현·나은경(2016). 「온라인 혐오표현의 확산 네트워크 분석 : 이슈 속성별 확산 패턴 및 혐오표현의 유형과 강도」. 『한국언론학보』 제60권 5호.

고시 및 공시 자료

1) 고용노동부: 「2021년 분기별 고용허가제 고용동향(외국인 근로자 수)」

2) 통계청·법무부: 「2021년 이민자 체류 실태 및 고용조사 결과」

3) 한국콘텐츠진흥원: 「2010, 영국의 TV 드라마 산업 동향」

보도 자료

1) 〈'더럽고 위험한 사람들' 영화 속 편견이 중국 동포 차별 낳는다〉. 《경향신문》. 2019. 5. 23.

2) 〈미국 방송·영화계 인종차별 논란 중심에 선 한인 배우들〉. 《중앙일보》. 2017. 7. 10.

3) 〈미국 '아시아계 증오 범죄' 도를 넘었다… 곳곳서 폭행사건 발생〉. 《세이프타임즈》. 2021. 12. 1.

4) 〈"반인종차별에 연대" 존슨앤드존슨, 흑색·갈색 반창고 재출시〉. 《MBC뉴스》. 2020. 6. 15.

5) 〈'살색은 베이지가 아니다'… 24개 피부색 크레용 탄생〉. 《SBS뉴스》. 2020. 5. 27.

6) 〈영화 '바람과 함께 사라지다', 美 인종차별 시위 속 퇴출〉. 《스타투데이》. 2020. 6. 10.

7) 〈올해 세계에서 가장 많이 리트윗된 트윗은 BTS의 'stop asian hate'〉. 《뉴스1》. 2021. 12. 10.

8) 〈"피터팬, 인디언 비하"… 디즈니 고전에 인종차별 경고 딱지〉. 《연합뉴스》. 2020. 10. 17.

9) 〈해리포터 출연 중국계 여배우 "인종차별 공격 부인 강요받았다"〉. 《연합뉴스》. 2021. 3. 11.

10) 〈'흑인=범죄' 암묵적 편견… 골 깊은 인종차별〉. 《세계일보》. 2021. 1. 30.

11) 〈흑형, 짱깨… 친근함으로 위장된 차별〉. 《한겨레》. 2021. 11. 1.

12) 〈美 서커스 '지상 최대의 쇼' 역사 속으로 외〉. 《KBS뉴스》. 2017. 5. 26.

13) 〈Black Lives Matter movement nominated for Nobel peace prize〉. 영국 《The Guardian》. 2021. 1. 29.

평화와 정의를 숨 쉬게 하려면

보도 자료

1) 〈사랑, 평화 이름으로 자행되는 종교전쟁〉, 《매일종교신문》, 2014. 6. 23.

2) 〈[내 마음은 왜 이럴까] 백세 시대 인류가 원시인보다 암울한 이유〉, 《동아사이언스》, 2019. 1. 13.

3) 〈[김선우의 빨강] 포틀래치와 쿨라〉, 《한겨레》, 2014. 11. 11.

4) 〈9·11테러로 스트레스 시달리는 미국인 7만 명 넘어〉, 《NEWSIS》, 2008. 9. 11.

5) 〈[세계는 지금] "코란은 평화 지향"··· 이슬람 원리주의 무장단체가 왜곡·테러에 악용〉, 《세계일보》, 2015. 2. 15.

6) 〈[김대호 박사] 이스라엘 수도가 예루살렘이라고? 미국이 유대인을 굳이 싸고도는 이유〉, 《글로벌이코노믹》, 2017. 12. 7.

7) 〈갓난아이부터 70세 노인까지··· 미얀마 한 달 새 또 100여 명 사망〉, 《KBS》, 2021. 10. 4.

8) 〈전환점 맞은 '국정원 댓글 사건'··· 檢, 재수사 초읽기〉, 《신아일보》, 2017. 8. 13.

9) 〈조선대 교수 메일 해킹에 기무사 조직적 개입〉, 《오마이뉴스》, 2011. 10. 21.

10) 〈국민참여 재판, 한다면 제대로 해야지···〉, 《프레시안》, 2006. 10. 4.

11) 〈'약촌 오거리 살인 누명' 전 경찰관, 배상 관결 '불복' 항소〉, 《THE FACT》, 2021. 1. 30.

삶의 행복을 꿈꾸는 교육은 어디에서 오는가?

미래 100년을 향한 새로운 교육

혁신교육을 실천하는 교사들의 필독서

● **교육혁명을 앞당기는 배움책 이야기** 혁신교육의 철학과 잉걸진 미래를 만나다!

한국교육연구네트워크 총서

한국교육연구네트워크 번역 총서

● 경쟁과 차별을 넘어 평등과 협력으로 미래를 열어가는 교육 대전환! 혁신교육 현장 필독서

참된 삶과 교육에 관한
생각 줍기